高等院校早期教育（0—3岁）专业系列教材

中国学前教育研究会教师发展专业委员会组织编写

婴幼儿语言发展与教育

主编　张明红

上海科技教育出版社

图书在版编目(CIP)数据

婴幼儿语言发展与教育/张明红主编.—上海:上海科技教育出版社,2017.10(2022.7重印)
高等院校早期教育(0—3岁)专业系列教材
ISBN 978-7-5428-6580-9

Ⅰ.①婴… Ⅱ.①张… Ⅲ.①婴幼儿—语言教学—高等学校—教材 Ⅳ.① G613.2

中国版本图书馆 CIP 数据核字(2017)第 174835 号

责任编辑　邱志华　钱　吉
封面设计　符　劼

婴幼儿语言发展与教育
张明红　主编

出版发行　上海科技教育出版社有限公司
　　　　　(上海市闵行区号景路 159 弄 A 座 8 楼　邮政编码 201101)
网　　址　www.sste.com　www.ewen.co
经　　销　各地新华书店
印　　刷　常熟华顺印刷有限公司
开　　本　787×1092　1/16
印　　张　13.75
版　　次　2017 年 10 月第 1 版
印　　次　2022 年 7 月第 3 次印刷
书　　号　ISBN 978-7-5428-6580-9/G·3434
定　　价　45.00 元

高等院校早期教育（0—3岁）专业系列教材编写委员会

主 任　张明红　郑健成

委 员　（以汉语拼音为序）

　　　　贺永琴　康松玲　凌　玲
　　　　刘　馨　马　梅　皮军功
　　　　钱　文　师宇楠　孙　杰
　　　　王　婷　叶平枝

总　序

　　0—3岁是人生的开端，是个体发展的起点，是教育启蒙和最基础的阶段。心理学、脑科学等研究表明，0—3岁是大脑、语言、精细动作等发育最快、可塑性最强的关键期，遵循0—3岁婴幼儿身心发展的特点与规律，为婴幼儿提供适宜的发展与教育条件，才能起到事半功倍的效果。重视0—3岁儿童的早期发展与教育已逐渐成为全世界学前教育发展的重要趋势。21世纪初，我国政府开始加大对早期教育的关注程度和投入力度。《中国儿童发展纲要（2001—2010年）》对2001年到2010年的0—3岁婴幼儿教育发展提出了目标和策略措施。2003年，教育部等部委颁布的《关于幼儿教育改革与发展的指导意见》明确提出，要"全面提高0—6岁儿童家长及看护人员的科学育儿能力"。《国家中长期教育改革和发展规划纲要（2010—2020年）》在学前教育发展任务中也强调要"重视0—3岁婴幼儿教育"。

　　我国第六次人口普查数据显示，0—3岁婴幼儿约7 000万。同时，国家生育政策的调整和实施，势必带来未来几年新生人口的增长，也必然会对社会、经济和教育等各个层面产生影响；人们对0—3岁婴幼儿早期教育的重视程度越来越高，无疑也给0—3岁婴幼儿早期教育的发展提出了新的要求。科学、健康的早期教育需要高素质、专业的早教教师队伍。截至2017年，教育部已批准54所高专、高职院校开办早期教育专业。如何加快推进0—3岁早期教育专业建设，规范0—3岁早期教育专业课程与教材建设，尽快培养和培训一批专业化程度较高的0—3岁早教教师队伍，从而引领科学和高质量的婴幼儿早期教育，是一个亟待研究解决的现实问题。

　　针对这一现实需求，中国学前教育研究会教师发展专业委员会组建了早教教师委员会，于2015年、2016年分别召开了早期教育专业建设研讨会、早期教育课程与教材建设工作推进会，积极组织全国有关领域的专家学者，已经开设和准备开设早期教育专业的高专、高职院校相关负责人深入研究制订早期教育专业人才培养方案，并组织华东师范大学、北京师范大学、广州大学、天津师范大学、哈尔滨幼儿师范高等专科学校、福建幼儿师范高等专科学校、贵阳幼儿师范高等专科学校、国家卫健委（原国家卫计委）等有关院校和政府部门的专业人员组成了早期教育专业课程与教材建设专家委员会，组建了由部分幼高专、卫生、保健等专业人员组成的早期教育专业课程建设与教材编写委员会领导小组，围绕0—3岁早期教育专业的核心课程建设，精心组织研究编写了这套0—3岁早教系列教材，由上海科技教育出版社出版。相信这套教材的编写与出版，不仅可以为已经开设、准备开设和拟加强早期教育专业建设的有关培养院校与机构提供0—3岁早期教育专业课程建设的试用、使用

I

和实验参考，也能成为在幼儿园、早教机构、社区早教基地等相关机构从事早期教育、早期保育护理工作、早期家庭教育指导、早教管理与科研的教育者和工作者的参考用书。同时，也期望使用本教材的院校、培养培训单位和教育工作者能够根据实践，不断予以补充、修改和完善，共同推进0—3岁早期教育专业的课程与教材建设。

中国学前教育研究会教师发展专业委员会

洪秀敏

2017年7月于北京师范大学

前 言

语言既是社会文化继承、传播、创新的重要载体，也是个体获取文化资源、在社会中生存的必要工具。客观地说，语言教育具有重要的社会价值与个体价值。而语言发展是有关键期的，因此，婴幼儿阶段的语言教育至关重要。

婴幼儿语言的发展，是一个连续的、有次序的、有规律的过程，也是不断地由量变到质变的过程。本书中婴幼儿语言的发展是指婴幼儿对母语的理解和表述能力的发展。母语往往是人们掌握的第一语言。在婴幼儿期，除了有严重的学习语言障碍以外，一般婴幼儿均能成功地学会母语口语。这就证明成功实施婴幼儿语言教育是有可能的。

另一方面，婴幼儿语言发展的速度和水平都是有很大差异的，这就要求外部提供适宜的帮助与支持，促进婴幼儿语言更好地发展，为后续的学习与生活奠定重要的语言基础。值得注意的是，由于婴幼儿语言发展既有普遍性又有差异性，受到先天和后天因素的双重制约，这就要求我们的婴幼儿语言教育遵循客观规律，而不能盲目蛮干。简言之，婴幼儿语言发展的先天条件的差异性决定了实施婴幼儿语言教育的必要性。

本书八章内容可分为三个部分，其中第一章、第二章、第三章是婴幼儿语言教育理论部分，分别阐述了婴幼儿语言发展与教育中的重要概念、理论流派以及影响婴幼儿语言教育的三大因素；第四章、第五章、第六章、第七章是婴幼儿语言教育的实践部分，简明地阐述了根据婴幼儿语言发展规律进行的语言教育活动，以及在早教机构中教师如何开展语言教育活动；第八章是婴幼儿语言教育中出现的问题以及对策。

本书深入浅出地梳理了婴幼儿语言发展理论，简明扼要地阐述了婴幼儿语言发展规律，并适当地拓展了婴幼儿语言发展过程中容易出现的问题，以期学习者可以在对婴幼儿语言教育理论有一定了解的基础上，把握婴幼儿语言发展规律，进而可以顺利实施语言教育活动。本书编写任务分配如下：由张明红撰写编写提纲，确立教材框架和内容。第一章、第二章由杨家笛编写，第三章由时扬编写，第四章由刘静艳编写，第五章由杨晓静编写，第六章由陈菲菲编写，第七章由郭灿编写，第八章由邵静芬编写。由于时间有限，笔者在编写过程中，难免会有一些阐述不适切的地方，恳请各位读者批评指正，谢谢！

张明红
2017年7月于华东师范大学

目 录

1 第一章 婴幼儿语言发展与教育概述
1 第一节 婴幼儿语言发展与教育的概念
6 第二节 婴幼儿语言教育的研究任务
9 第三节 婴幼儿语言教育的意义

15 第二章 婴幼儿语言发生发展的基础
15 第一节 婴幼儿语言发生发展的生物基础
24 第二节 婴幼儿语言发生发展的社会基础

35 第三章 婴幼儿语言发展的影响因素
35 第一节 影响婴幼儿语言发生发展的生理因素
45 第二节 影响婴幼儿语言发生发展的心理因素
49 第三节 影响婴幼儿语言发生发展的社会因素

61 第四章 0—1岁婴儿语言发展与教育
61 第一节 0—1岁婴儿语言发生发展的特点
70 第二节 0—1岁婴儿语言教育活动

89 第五章 1—2岁幼儿语言发展与教育
89 第一节 1—2岁幼儿语言发展的特点
102 第二节 1—2岁幼儿语言教育活动

122 第六章 2—3岁幼儿语言发展与教育
122 第一节 2—3岁幼儿语言发展的特点
130 第二节 2—3岁幼儿语言教育活动

144	第七章 早教机构中婴幼儿的语言指导
144	第一节 早教机构中语言教育活动的特点与目标
149	第二节 早教机构中语言教育活动的集体指导
161	第三节 早教机构中语言教育活动的个别化指导

173	第八章 婴幼儿语言常见问题及对策
173	第一节 婴幼儿出现口吃的原因及对策
177	第二节 婴幼儿缄默不语的原因及对策
181	第三节 婴幼儿怕与陌生人交流的原因及对策
186	第四节 婴幼儿多种语言混杂着说的原因及对策
190	第五节 婴幼儿喜欢说"不"的原因及对策
195	第六节 婴幼儿口齿不清的原因及对策
198	第七节 婴幼儿词汇贫乏的原因及对策

208	参考文献
209	后记

第一章　婴幼儿语言发展与教育概述

学习目标

1. 了解语言的本质与内涵，理解婴幼儿语言教育的含义。
2. 能够准确把握婴幼儿语言发展规律，掌握符合婴幼儿语言发展水平的语言教育方法。
3. 初步了解婴幼儿语言教育的价值与意义，激发学习婴幼儿语言教育的兴趣。

第一节　婴幼儿语言发展与教育的概念

语言是什么？不同学科的回答不一定相同。即使同一个学科，从不同角度或不同目的出发，也可以下不同的定义。语言与哲学、心理学、教育学、逻辑学等不同学科都有密切的关系。从语言学的角度来说，语言有三种基本属性：一是符号属性，指语言是一种符号系统；二是工具属性，指语言是一种交际和思维工具；三是信息属性，指语言是一种信息系统。从儿童语言教育的角度还应补充"语言是儿童学习的对象"这一属性。弄清楚语言的本质与内涵是我们理解婴幼儿语言教育的前提，也是我们促进婴幼儿语言发展的必要条件之一。

一、语言及其相关概念的界定

（一）语言的本质

1. 语言是一种符号系统

所谓符号，可以说是一种信号，代表一定的意义，也就是说代表特定的事物。而一个语言符号之所以能代表一个特定的意义，是因为它是按照约定俗成的方式确定下来的。语言的约定俗成性，是指语言的产生和发展变化都不以个体的意志为转移，而是社会集体意志的产物，自始至终受到社会和群体意识的制约，它只能是自然约定而不可能由个体或少数人来创造。当某个社会群体经常用某个语音或词语来表示某个事物时，日久天长，这个群体里的所有人都接受了这个音或这个词，于是他们就都用它来表示那个事物。

语言作为符号系统具有其专有特性：从形式上说，是以人的发音器官发出来的声音为载体的；从内容上说，是以整个客观物质世界和主观世界为表征对象。这两点是不能分离的，是区别于其他所有符号系统包括交际符号系统的基础。语言符号的这种特性对婴幼儿的语言学习至少有以下两个方面的影响：一是婴幼儿的语言学习是后天的，成人对其语言的获得与发展有极为重要的影响，例如成人可以通过日常生活中的语言环境，或是通过直接教婴幼儿"这是树""那是船"，这都是婴幼儿学习掌握语言的基本途径。否则，单靠婴幼儿自然成熟，也许他能形成一套自己的语汇用来表示自己的需要或情感，但他无论如何也不能说出别人能理解的词汇；二是由于语言符号系统本身具有地域的、民族的、阶层的差异性，这种差异性会导致沟通不畅，因此，婴幼儿的语言学习内容不仅有适合本地区、本民族的，还要有便于与外界交流的通用的语言，比如在中国国内需要儿童掌握普通话，同时，为了便于和促进国际间的交流与合作，还应积极创造条件让儿童学习1—2门外国语。

2. 语言是一种信息系统

语言是传递信息的重要媒介。在社会交际活动中，信息还必须是意义的载体，即信息不是词或句，而是表现语义的一个单一体。语言的信息性首先表现在它是客观物质世界和主观精神世界结合的中介，也即认识的中介；其次，它对客观和主观世界起着表征的作用，又是信息的载体。

虽然，在学会说话之前，婴幼儿已经能通过各种非语言手段向成人传递自己需要的信息，如不同的哭声、各种体态语等。但是，由于受生活环境和生活经验的限制，成人常常不能及时满足婴幼儿的各种需要，只有他们最熟悉和最亲近的人才能识别其不同哭声和体态语的特定含义。而当婴幼儿具备了一定的语言能力之后，他们传递的信息才逐渐解决了准确性、精确度和有效性等问题。

3. 语言是一种交际和思维工具

语言交际和思维的功能是统一的功能，语言作为抽象思维的承担者，在交际过程中使思维成果外化和物质化。语言作为思维的介质，从思维的整体过程来说，首先是实现思维的工具；其次，整个思维过程以及思维的成果都要由语言来体现；再次，思维必然要通过语言来表达。上述语言与思维的功能关系，既包括抽象思维也包括形象思维，但主要指抽象思维，因为形象思维还有其他实现和体现的手段或工具。婴幼儿与成人和同伴之间的交际、交流思想要运用语言，他们形成思维和思想也要运用语言。因此，语言既是婴幼儿的交际工具，也是婴幼儿思维的工具。要想认识婴幼儿语言的本质，必须正确理解语言与思维的关系。语言对思维过程有一定的影响，思维的结果需要借助语言才能储存和传递。

4. 语言是婴幼儿学习的对象

语言学习是婴幼儿语言发展中非常重要的一个方面，它不是一种可有可无的虚饰的附加物。婴幼儿期是人的一生中掌握语言最迅速的时期，也是最关键的时期，婴幼儿在1—5

岁之间逐渐从非言语交际转向言语交际，其语言是依靠生活在言语交往的环境中自然获得的。

> **拓展资料**
>
> ### 荀子《正名篇》论语言的本质
>
> 关于语言本质的探讨，最早可以追溯到荀子那里，他在《正名篇》中论述了自己的语言观。
>
> 荀子认为：语言是社会现象，不是自然现象，也不是个人现象，而是社会的约定俗成，故而依存于社会，随社会而发展并作用于社会。他在《正名篇》中写道："名无固宜，约之以命。约定俗成谓之宜，异于约则谓之不宜。名无固实，约之以命实，约定俗成谓之实名。"其大意就是：词语与它所表达的客观事物之间并没有某种必然的不变的关系，只是因为大家约定俗成地给事物命名。有了约定，慢慢地就成了习惯，后面的人也就认为这是最合宜的名称，和约定名称不同的，就认为是不合宜的。
>
> 除此之外，荀子还说："名有固善，径易而不拂，谓之善名。"即名称是否用得好有固定的标准：明确无歧义，不使人误解，并且不违背约定俗成概念的，这才是好名称。反之，"异于约则谓之不宜"。这就是说荀子认为语音和语义之间并没有必然的本质联系，用什么语音表达什么含义并没有必然的理由，它们怎样结合成特定的语言成分只是社会习惯使然，社会成员的约定俗成使然。这是荀子关于语音与语义的真知灼见，在今天看来也是正确的。

（二）语言教育相关概念的界定

1. 语言和言语

语言和言语是两个彼此不同而又紧密联系的概念。日常生活中，语言和言语经常混用，但在研究言语交际过程时，区分语言和言语这两个概念是十分必要的。

语言是人类社会中客观存在的现象，是一种社会上约定俗成的符号系统。语言是以语音为物质外壳，以词汇或字形为建筑材料，以语法为结构规律而构成的体系。语言以其物质化的语音或字形而能被人所感知，它的词汇标示着一定的事物，它的语法规则反映着人类思维的逻辑规律，因此它是作为人类最重要的交际工具而产生和存在的。

言语是人运用语言材料和语言规则所进行的交际活动的过程，也就是人们说出的话和听到的话，又叫"话语"。言语交际的具体过程，实际上就是言语产生（编码）和言语理解（译码）的过程，是在社会交往中运用语言的过程。汉语、英语、俄语就是作为交际工具的各种语言。使用一定语言的人，他或者说话、或者听话、或者阅读、或者写作。这些听、说、读、写的活动，就是作为交际过程的言语。所以说，言语既是说话行为的产物，又是听话行为的对象。言语可以是一个完整的演说，如长篇小说、长篇大论，也可以简单到一个词，如约人外出喝咖啡时只要说一声"走"就够了。总之，言语是联系着特定的说话者，有特定的场合和特定的交际目的。

语言和言语两者互相影响，互相依存。一方面，言语活动是依靠语言材料和语言规则来进行的，个人言语活动的效能如何，受到他对语言掌握程度的制约，因此离开了语言，就不会有言语活动。另一方面，语言也离不开言语活动。因为语言是在人具体的言语交际中形成和发展起来的，并且任何一种语言都必须通过人们的言语活动才能发挥它交际工具的作用；如果某种语言不再被人们用来进行交际，它最终将从社会中消失。

言语和语言也存在着显著的区别，其区别最早是由瑞士语言学家索绪尔在《普通语言学教程》中明确提出的。他认为："言语活动的研究包含着两方面的内容，一部分是主要的，它以实质上是社会的、不依赖个人的语言为研究对象；另一部分是次要的，它以语言活动的个人部分即言语为研究对象。"

对于婴幼儿来说，他们只能在具体的言语环境中，通过个别的、具体的词和句子的学习，才具备一定的言语能力，学会与人进行交流，逐步掌握语言的普遍规则。而言语有许多变体，其最大的特点是它的多变性和应用性。如：一个词的语言意义是固定的，而一个词的言语意义往往随交际情境的不同而有所变化。有了这一认识，在托幼教育机构进行语言教育时就应注意以下几点：

第一是既要遵守语言的规定性，又要考虑个人的言语风格和言语习惯。语言有其约定俗成的社会规范性和统一性，教师须注意在进行有目的、有计划、有组织的语言学习和观察婴幼儿用语言进行交往时，既要关注婴幼儿的发音是否规范、表达用词是否恰当、语法是否合乎规则，又要充分考虑婴幼儿具有独特个性的言语风格和言语习惯，这是婴幼儿不同的语言环境和不同的语言经验所形成的。如有的婴幼儿语言表达较简洁，常常用省略句。如果在日常生活中听者对其所表达的意思十分明确，一般不要求婴幼儿一定要说完整句。但在语言学习中，如果是学习句型或练习造句，就必须把句子说完整。

第二是既要有规范语言模式的示范，又要有各种变体的示范。语言的规则有其相对稳定性，教师在语言教育活动中首先应示范正确的表述方式，但切忌让婴幼儿反复机械地模仿，而应允许婴幼儿或教师自身对同一内容示范不同形式的表述。如"高高的树上有一只顽皮的小猴"，又可以同义演绎成"一只顽皮的小猴在高高的树上"，或者进行引申演绎"一只顽皮的小猴在高高的树上荡秋千"等，从而培养与训练婴幼儿的创造性语言。

第三是既要有静态的语言学习，又要在言语交际过程中帮助婴幼儿学习。婴幼儿语言能力的发展是离不开语言学习的。语言作为婴幼儿学习的对象，教师既要安排静态的语言学习活动，又要组织婴幼儿在具体的操作活动中主动地学习。

2. 第一语言、第二语言和外语

第一语言指的是一个人从小就从父母或周围环境里自然学到并用于交际目的的语言，即本族语或母语。

第二语言是指在多民族聚居的国家或地区，每个民族都有自己的语言，在这种复杂的

"语言接触"环境里,为了和其他民族的人成功地进行交际,人们往往还要学习一种非本族的语言,如我国的云南、贵州等少数民族聚居的地区,儿童用两种甚至多种民族的语言进行交际屡见不鲜。在欧洲斯拉夫民族集聚的国家和地区,儿童在日常生活中自然地学会用德语、法语等多种外语进行交际。

外语是一种非本族语,是人们用来和外国人进行交际的语言。除了用它直接进行对外交往外,人们还可以以它为工具,阅读外文书刊,收听外语广播,以提高自己的科学文化水平。有人认为外语也是一种第二语言,不必细分;有的则主张略加区别,因为它们的使用环境不同。在某些地区,第二语言往往是和第一语言同时被使用的。有一部分人把语言甲当作第一语言,把语言乙当作第二语言;而另一部分人则把语言乙当作第一语言,把语言甲当作第二语言。外语则不同,往往把第二语言当作外语的国家和地区,一般没有使用它的环境,不会有一部分人把它当作第一语言。

3. 双语和双语教育

双语是指个人或集体使用两种语言的现象,一般只会语言不会文字。双语现象大多出现在多民族国家里,如瑞士人大多懂德语、法语、意大利语三种语言。从两种语言的功能大小来分类,双语可以分为两种类型,一是本民族语言为主要交际工具,使用频率高;二是第二种语言为主要交际工具,本民族语言反而使用频率低。当今世界的民族,由于科学文化的不断发展,交通往来的日益方便,使用双语的人越来越多。

所谓双语教育,是以两种语言作为教学媒介的教育系统,其中一种语言常常并非总是学生的第一语言。双语教育是相对于单语教育提出的,它的一个重要特征是在同一教育机构中,学生同时学习两种语言,并通过两种语言学习其他知识。判断一个教育机构(如幼儿园、中小学)是否实施了双语教育的唯一标准是:该教育机构中教师使用的语言是否是两种民族语言。目前,许多幼儿园出现了"双语热",这是幼儿园教育观念更新的一大产物。有些幼儿园开始了先驱探索,有的明确提出以双语教育作为他们的办园特色。其中虽然有为探索幼儿园双语教育的途径、课程设置等问题的开拓者,也不乏有为了迎合家长、以创收为目的而草草上马的投机者。如果考察一下双语教育的历史,我们不难发现,双语教育的最初目的是为了解决一个国家或地区的移民或少数民族儿童的教育平等问题,乃至促进各个种族群体和语言少数民族的和平共处。双语主要存在于双语区或多语区内的幼儿园、中小学。

时至今日,在许多单语国家或地区,为了适应未来"世界一体化"的需要,双语教育开始担负起培养面向未来、面向世界的双语或多语人才的重任。我国许多单汉语区的幼儿园实施汉英双语教育,就是在这个背景下产生的。我国在幼儿园实施汉英双语教育的最终目的是为了培养双语幼儿,满足 21 世纪我国社会、经济和文化的发展对人才的需求,但是培养双语幼儿并不能以牺牲幼儿其他方面的发展为代价,双语教育也要达到与单语教育相同的非语言目的。

4. 语言能力和语言运用

这是乔姆斯基提出而又时常被人引用的两个概念。语言能力指的是在人的大脑中形成的一种能够按照本族语的语言规则把声音和意思联系起来的能力，即语言使用者对语言内容内在规则的了解能力；语言运用则是这种语言能力的实际运用，是指在一定的语言环境中对语言的具体运用。乔姆斯基认为语言能力是隐秘的语言规则的集合，是语言或语言知识的核心。但是研究语言只限于研究语言能力是不够的。语言能力只是描述语言中的规则，这些规则怎样应用，就构成了语言研究领域的另一重要领域，即语言运用的领域。语言能力和语言运用并不直接对应，应该区别开来，因为语言运用并非语言能力的简单反映，只有在某种理想的情况下，语言运用才是语言能力的直接反映。语言运用牵涉到许多因素，特别是一些心理因素，如有的人因为记忆力差，注意力不集中，心绪不宁，常会讲出一些不合语法的话。研究语言运用，就是要解释或描述人们使用语言能力的过程，其中包括语言的生成、理解和获得的过程。

二、婴幼儿语言教育的内涵

（一）狭义的婴幼儿语言教育

婴幼儿语言教育有狭义和广义之分。狭义的婴幼儿语言教育只把婴幼儿掌握母语口语的过程，特别是把婴幼儿早期掌握母语的听说训练和教育作为主要研究的对象，对婴幼儿加强口语听说训练。一般说来，母语是人们掌握的第一语言，而且认为母语的学习方式主要是自然获得，也称母语获得或第一语言习得，它不同于第二语言的学习。因此，狭义的婴幼儿语言教育无论在研究对象上还是对婴幼儿语言学习、第二语言学习的看法上，都是有偏颇的。而且对它的狭义限定既不利于婴幼儿阶段语言一体化研究与教育，也不利于婴幼儿语言的健康发展，更不利于在实际教育工作中对婴幼儿语言的具体指导。

（二）广义的婴幼儿语言教育

广义的婴幼儿语言教育把婴幼儿的所有语言获得和学习现象、规律以及训练与教育作为主要研究的对象，对婴幼儿应加强听、说、读、写的训练。在婴幼儿期，除有严重的学习语言障碍外，一般婴幼儿都能成功学会母语的口语；在现有的教育条件下，绝大部分婴幼儿还应学习母语的书面语，即从出生开始进行早期阅读的训练；有条件的婴幼儿还要学习一到几门外语；随着科学技术的发展和社会教育观念的进步，即使有学习语言障碍的婴幼儿（如聋哑婴幼儿等）也将不同程度地受到语言康复教育。

第二节　婴幼儿语言教育的研究任务

作为婴幼儿早期教育的一个重要领域，婴幼儿语言教育的基本任务是：提供普通话的**语言环境**，培养婴幼儿正确说普通话；创造一个自由、宽松的语言交往环境，培养婴幼儿语言交往的习惯,提高婴幼儿语言交往的能力;为婴幼儿入园后的学习生活做好准备。而婴幼儿语言教育的研究任务主要包括:明晰婴幼儿语言教育的作用;探索婴幼儿语言发生发展的规律;解释婴幼儿语言学习的过程。

一、探讨婴幼儿语言教育的作用

(一)促进婴幼儿语言和行为的社会化进程

语言教育的基本任务就在于促进婴幼儿语言能力的发展。因此,语言教育的首要任务也就是使婴幼儿发音清晰、词汇丰富、口语表达完善、语言交往技能提高。

在语言教育中,成人会为婴幼儿提供各种各样的语言范例,包括日常对话、故事、诗歌等,让婴幼儿自己去感知、体会、理解和记忆。在此过程中,婴幼儿不断积累新的语音和词汇,不断吸收新的句式和表达方法,然后逐渐把这些他人的语言转化为自己的语言,用来表达自己的思想和情感,对他人的行为施加影响,完成各种交往任务。

在心理学中,语言的获得被视为婴幼儿社会化发展历程中的一个里程碑,对其身心健康、全面发展具有积极的影响。婴幼儿获得语言之后,就能用语言与周围人进行交流。这种交流有助于婴幼儿克服自我中心的言行,使他们能够主动地适应他人的行为调节,并在此基础上逐渐提高语言自我调节能力,使自己的情感、态度、习惯、行为等与社会规范逐渐接近并相吻合。如"未经允许不能随便拿别人的东西""自己能做的事情自己做""得到别人的帮助要说声'谢谢'"等,都是社会对婴幼儿的行为要求。先是成人用语言对婴幼儿进行他律,以后婴幼儿就可以用语言进行自律,形成一定的、较稳固的行为习惯。婴幼儿语言和社会化行为的发展,也使得婴幼儿社会交往的精神需要得到一定的满足。

(二)促进婴幼儿认知能力的发展

语言具有高度的概括性,语义内容也相当丰富。婴幼儿语言的加工,与其他认知加工有许多相似之处。语音需要理解,语法规则需要抽象和概括,婴幼儿加工语言使认知能力得到训练与提高。但是语言加工又不等同于其他的认知加工,语言通过语词、概念向婴幼儿传递间接经验,有助于扩大婴幼儿的眼界,提高思维和想象能力,也有助于婴幼儿学习能力的发展。

在语言输出的加工过程中,婴幼儿要把话语表达得正确、清楚、完整和连贯,也需要有感知、记忆、思维、想象过程的积极参与。随着婴幼儿语言水平的提高,语言和认知能力的结合也渐趋密切。我国心理学家朱智贤教授认为:婴幼儿言语连贯性的发展是婴幼儿言语能力和逻辑思维能力发展的重要环节。心理学家们普遍认为:婴幼儿早期语言能力的发展是他们认知发展的重要标志。

(三)促进婴幼儿语言兴趣的提高

随着语言的不断丰富,语言交往技能的不断提高,婴幼儿学习和运用语言的兴趣也越来越大。听和说的兴趣、自信和主动精神都有赖于语言听说能力的提高,而婴幼儿一旦产生学习语言的兴趣，就会主动寻找学习语言的机会，学习更多的语言符号，尝试更新的言语技巧，语言的潜能就能得到尽情发挥。这种兴趣不仅对婴幼儿当前的语言学习活动有积极影响，而且可能影响到他们入学乃至成年后学习和运用语言的兴趣。如国内外许多作家小时候经常听大人讲故事、读书，正是这些经验才使他们对文学作品和写作活动产生浓厚兴趣，并最终走上文学创作的道路。

二、揭示婴幼儿语言发展与教育规律

充分描述婴幼儿语言的发展过程是科学的基础，但不是科学的目的，科学的重要目的之一是要揭示规律；也只有在描述的基础上总结出规律，研究才具有科学上的意义。如果说婴幼儿语言的发展过程是"自然意义上的是什么"的问题，那么，揭示婴幼儿语言的发展规律才是"科学意义上的是什么"的问题。

当前学术界已经揭示了一些婴幼儿语言的发展与教育的规律，如：前置的语法形式比后置的语法形式先掌握；无标记成分比有标记成分先掌握；肯定句比否定句先掌握；婴幼儿先理解"感觉比喻"后来才能理解"关系比喻"等，因此，婴幼儿语言教育中要针对这些特点开展教育与训练。许多教育工作者在实际教学中也摸索出了丰富的经验，揭示了婴幼儿语言教育的一般规律，而且在实际应用中也取得了一定的成效。但是，上述探索所揭示的规律还很有限，而且许多规律是在有限的材料的基础上概括出来的，是否具有普遍性，也还有待于事实的检验。

三、解释婴幼儿语言发展过程及各种现象

就某种意义而言，科学的力量在于解释，解释是科学研究最高层次的追求。婴幼儿语言发展的过程尤其是婴幼儿语言习得的过程是有规律可循的，无论他们出生的地点、出生后所接触的语言如何，也无论他们开始掌握语言的时间快慢、智力发展的水平高低如何，婴幼儿掌握母语的过程都惊人地相似。主要可以分为以下几个阶段：

（一）出生后半年至1岁左右为喃语阶段

在这一阶段里，婴儿能自言自语似地发出各种声音，但还不能说这些声音表示了什么意思，这就是通常所说的咿呀学语阶段。这时的婴儿已能理解成人的一些面部表情和语调，如果成人板着脸对他大声呵斥，他就会号啕大哭起来。这时候的婴儿也已经能对成人的某些手势和简单的指令作出相应的反应。当成人说"笑一笑""谢谢""欢迎欢迎"时，他就会做出相应的动作。

（二）从1岁左右开始说话，进入单词句阶段

儿童开始说话的时间有早有迟，早的为10个月，晚的要到1岁半，最迟的是2岁前后；多数是女孩较早，男孩较迟。单词句阶段通常延续半年时间。在这个阶段，婴幼儿说出的

句子由一个单词构成，随语境的不同可以表示多种意义。例如："妈妈"在婴幼儿的语言中可以表示"妈妈到这儿来""我要妈妈""妈妈抱抱我""妈妈我要小便"，也可能是"妈妈，我肚子饿了，我要吃饭"等。

（三）大约1岁半以后进入双词句阶段

组成双词句的词可以分成两类：一类是轴心词，它们的数量少，使用频率高；另一类是开放词，它们数量多，但使用频率低。有的句子由轴心词加开放词构成，如唱琴（弹琴），多多饼干（再要吃些饼干）。有的句子由开放词加开放词构成，例如：坐坐，饭饭（我要坐在椅子上吃饭）。

（四）大约在2岁半以后进入实词句阶段

实词句是只用实词不用虚词组成的句子，字数可以超过两个。例如"妈妈班班"等。这种句子和成人打的电报相仿，故称为"电报式"。在这个阶段，幼儿开始掌握语言的语法系统，往往出现过度概括现象，例如：幼儿和母亲一起在超级市场里购物时，会拉着妈妈的手说"妈妈买，妈妈买"，至于买什么谁也搞不清楚。

第三节　婴幼儿语言教育的意义

婴幼儿语言教育的价值与意义重大。词汇是人们认识世界的最初的思维工具，因为掌握词汇就可以理解概念，而掌握概念就可以让我们脱离时间、空间的束缚，自由地学习古往今来的优秀文化知识。优秀的文化可以滋养幼小的心灵茁壮成长，可以把社会规则内化为孩子的个体道德，这将为他的一生发展奠定坚实的基础。

一、促进社会和谐发展

语言是一种社会现象。没有人类社会，很难设想会有我们现在天天使用着的语言。就我们现代科学知识范围内来说，人类社会以外的动物世界，尽管存在着种种不同的交际方法（或者说有着种种不同的信息系统），但还没有发现在哪一种动物的交际活动中有类似人类语言的交际工具。语言是伴随着人类社会的产生而产生的，而且跟随着社会生活的变化而发展。社会生活的任何变化，都会或多或少地在语言——主要在词汇中有所反映。语言是社会生活中进行交际活动的最重要的手段，语言为整个社会服务，并发挥其独特的功能。婴幼儿语言教育的社会功能具体表现在以下几方面：

（一）内化社会规则

对于我们国家来说，同样需要通过学校培养合格的社会主义公民与未来事业的接班人，这不仅是发展经济的需要，也是社会主义民主政治得到保证的需要。社会主义政治生活要求全体人民关心自己的民族和国家的命运，具有主人翁的责任感，同时有关心、参与国家政事与民主管理的意识与能力。婴幼儿语言教育需要选择一些有利于婴幼儿品行和社会化发展的内容与信息，如爱祖国、爱人民、爱集体、爱劳动、爱科学、爱学习等，团结友爱、互助合作、讲文明、讲礼貌等。这些品德教育和社会化行为习惯培养的内容在成人日常随机的语言教育与有组织的语言教育活动中随处可见。

（二）促进文化发展

语言是人类最重要的交际工具，是文化的载体，是文化的表现形式，而且它本身也是一种文化现象。文化是语言的内核，它制约着语言表现形式。语言是一个民族历代智慧的积累，是文化的结晶体，它包含了一个民族长期创造性活动的成果。正如德国学者J.G哈曼所指出的，语言是民族的象征，是一个民族从事一切精神活动和维持社会的联系的必要基础；一个民族的语言，记录着该民族漫长的历史进程。

1. 婴幼儿语言教育具有延续文化的功能

人类文化的延续有多种方式，通过语言、文字记录保存是其中重要的方式。但是，只有保存是不够的，如果没有人理解和懂得这些文物和文字的意义和价值，那么，文物就成了图形、线条，没有任何意义，再好的精品也会失去光泽。此外，文化中心理、行为形态的构成部分的延续，只有通过代与代之间的传递才能实现。所以，任何一种文化的富有生命力的延续都要通过教育才能实现，这是教育传递渠道与其他文化传递渠道的区别所在。而婴幼儿由于种种原因，大部分文化传递只能通过语言来进行。在现代社会中，文化品种的繁多和总量的猛增，更需要通过语言教育对文化进行过滤和重组，使其中对人类社会发展和婴幼儿个体发展有价值的东西得到高质量和高效率的传递。

随着社会的进步、人类文明的发展，现代社会的文化市场可谓异常繁荣，但其中不乏鱼目混珠的现象，令人真假难辨。儿童文学作品中也时常充斥着暴力、欺诈、色情等腐朽没落的思想，对婴幼儿的成长极其不利。早期教育工作者应对社会文化中的信息去粗存精，去伪存真，根据婴幼儿的年龄特征与接受能力，对文化进行选择与重组，以一种浓缩、简洁和有效的方式进行传递。如儿童文学作品中应充满着对儿童的知识启蒙和智力启蒙以及思想教育的内容，教师在运用文学作品对婴幼儿进行教育时，往往自觉不自觉地都在传递社会文化中这些真、善、美的经典内容。所以，正如著名社会学家凯森所说："孩子从根本上说永远是'文化的产物'。"

2. 学前婴幼儿语言教育承担着文化启蒙的重任

延续是从纵向谈学前婴幼儿语言教育的文化功能，而启蒙则从横向扩展的角度谈。我们可以从三个方面来理解这种启蒙：其一，我国实行独生子女政策以后，社会更加关注早期教育的质量，家长对子女的教育问题也越加关注，其中早期教育已得到了积极的关注；其二，早期教育机构还有对婴幼儿进行早期启蒙教育的责任，语言教育是重要的传播文化知识的工具之一；其三，早期教育机构是传播新文化、新知识的重要场所，在现代社会中，文化更新速度的加快使早期教育在这方面的作用加重了。语言教育的内容应大大扩展，及时吸取最新的科学文化知识，充分发挥语言教育的文化功能。

这里还须指出，语言教育的文化功能主要是通过对婴幼儿个体发展的影响来实现的。语言教育先把人类共同创造的文化财富转化为个体的认知、情感与态度、能力、技能等，再进一步发展学前婴幼儿的想象力、创造力和动手操作能力。通过入学以后的继续学习，这些个体成长了的智慧和才能的发挥作出新的创造，使个体智慧重又汇入人类智慧中去，完成由群体—个体—群体的一个螺旋式的上升过程。

我们要想让语言教育完成其肩负的重大使命，还必须从人类文化发展的层次审视和认识语言教育的价值。任何一种语言都负载着其民族的思维方式、思想感情，传承着民族绵延不息的文化。人们一代跟着一代传下去，每一代生活的成果都保留在语言里，成为后代的宝贵财富。一代接一代，把各种深刻而热烈的运动结果、历史事件的结果，信仰、见解，生活中的忧患和欢乐的痕迹，全部积累在语言宝库里。总之，一个民族把自己全部精神生活的痕迹都珍藏在民族的语言里。因此，使婴幼儿了解本族语的同时，我们也就使他们了解了本民族人民的思想、情感和生活领域，了解了人民的精神领域。可见，语言教育绝不仅是听、说、读、写能力的培养，而且对继承人类文化、弘扬民族精神、培养高尚情操、提高文化修养有着巨大的影响。教育工作者必须站在这样的高度去认识语言和语言教育的作用，去构建适应21世纪社会高要求的语言教育。

二、促进个体全面发展

由于语言和人类思维及交往等有密切联系，语言教育功能就不仅仅局限于促进学前婴幼儿语言的发展，它对婴幼儿的认知和社会性发展也有较大的影响。

（一）促进婴幼儿的语言发展

语言教育的基本任务就在于促进婴幼儿语言能力的发展。因此，语言教育的首要作用也就是使婴幼儿发音清晰，词汇丰富，学会用恰当的词句表达自己的思想，描述周围的事物。

在语言教育中，家长或教师会为婴幼儿提供各种各样的语言范例，包括日常对话、故事、童话、诗歌等，让婴幼儿去感知、体会、理解和记忆。在此过程中，婴幼儿不断积累新的语音和词汇，不断吸收新的句式和表达方式，然后逐渐把这些他人的语言转化为自己的语言，用来表达自己的思想和情感，对他人的行为施加影响，从而更好地完成各种人际交往的任务。同时，家长和教师常常有意无意地为婴幼儿提供运用语言进行交际的机会，如向婴幼儿提问，引导他们讲述自己的经历，介绍自己的作品；要求婴幼儿见到别人要有礼貌地打招呼，和人们告别时说"再见"；有意给婴幼儿发出一定的任务指令，让婴幼儿学话传话；请婴幼儿讲故事、朗诵诗歌等，这些都不失为语言训练与发展的好办法。交际的需要可以有效地激发婴幼儿学习和运用语言的愿望，同时他们的言语交往能力也可以在不断的交往联系中得到巩固和提高。

随着语言的不断丰富，婴幼儿的言语交往技能不断提高，婴幼儿学习和运用语言的兴趣会越来越大。一旦婴幼儿对语言产生兴趣，就可能主动要求学习更多的语言符号，尝试更新的言语技巧。这种兴趣不仅对婴幼儿当前的语言学习活动产生积极影响，而且可能影响到他们入学乃至成年后学习和运用语言的兴趣。

（二）促进婴幼儿认知能力的发展

婴幼儿最初基本上是通过直接感知来了解周围事物的。他们用眼睛看，用鼻子闻，用耳朵听，用手摸，甚至通过拆卸、敲打等动作来了解事物的各种特征：颜色、形状、声音、质地、结构和功能等。也就是说，如果事物不在眼前、不在身旁，他们就不可能认识这些事物的特点。当婴幼儿能理解语言之后，成人开始用语言向他们描述周围的事物，这使他们的认识空间得以扩展，使他们可以通过间接经验来认识世界。例如，幼儿吃糖时经常听成人说起"甜"字，渐渐地他们知道了"甜"指的是一种味道，就是糖的那种味道。之后，即使他们当时不能尝到西瓜的味道，也能从成人的描述中知道它很"甜"。

同时，婴幼儿还可以借助语言辨别事物的不同点，概括同类事物的相同特征。由于知识经验缺乏，知觉精确性和概括能力较差，婴幼儿往往难以区分事物的细微差异。例如，婴幼儿常常分不清小鸡和小鸭。一些儿歌或故事就针对这一点，用专门的词汇来描述两者的差别，如："小小鸡叽叽叽，尖尖嘴巴叽叽叽。小小鸭呷呷呷，扁扁嘴巴呷呷呷。"这些语句可以引导他们在观察小鸡和小鸭的图片时，注意区分两者的嘴巴和叫声的差别以及生活习性的差别。与区分事物差异的过程相类似，婴幼儿也可以借助语言找出事物的共同特征，如小鸡和小鸭都有翅膀、羽毛、两条腿，鸡妈妈和鸭妈妈都会生蛋等。

（三）促进婴幼儿社会性的发展

语言是人们日常生活中进行交际的重要工具，离开语言人们无法正常地表达自己的思想情感，也无法实现与人交往的愿望。语言不是人生来就会的，每一个新生儿都只能用哭声来表达自己的需求，慢慢地他们学会用面部表情来表达自己的情感，但是在没有付出辛苦的智力劳动之前，他们是不可能掌握语言这一交际工具的。因此，对婴幼儿开展语言教育是必须的，而且是越早开始越好。

成功的婴幼儿语言教育可以增强孩子的安全感，促进亲子关系健康发展。在婴幼儿还没有学会使用语言的时候，他们只能用哭声来唤起成人的关注，以获得某种需要的满足。但是令人沮丧的是，并不是婴幼儿的每一次啼哭都能获得成人的关注，有时候即使获得了关注也不一定能够得到真正的理解，他们的需求也就无法得到满足。而利用语言教育帮助婴幼儿尽快地掌握语言，使用语言表达自己的需求而不是哭闹，这就减少了成人与孩子之间的矛盾，帮助婴幼儿争取更多的资源。事实上，当婴幼儿慢慢掌握了与成人沟通的新方式——语言交流，他们对自己的生活就有了更强的主宰感，而不是总是处于不被理解的境地。语言教育除了可以帮助婴幼儿增强生活的安全感，更重要的意义还在于语言教育为和谐亲子关系的建立创造了一个机会。试想，如果家长能够平心静气地陪伴在婴幼儿的身边，并持续用温和的语气与他们说说话，读故事，或者做一些有益于语言学习的小游戏，孩子肯定是"如饥似渴"地学习每一个新词的，而成人也在持续不断语言教育活动中惊觉婴幼儿强大的学习能力，并且为之惊喜、为之骄傲，和谐的亲子关系就在孩子对成人依赖中、成人对婴幼儿的惊喜中慢慢地培养起来了。

婴幼儿语言教育也为婴幼儿走出家庭，友好地与同伴交往打下坚实的基础。语言发展较好的婴幼儿在遇到别的孩子的时候，他会主动与人打招呼，玩玩具，做游戏，很容易在交往中获得成功的体验，而愉快的同伴交往和集体活动同时又提高了婴幼儿学习语言和运用语言的积极性。这种早期成功的人际交往经验会对孩子的后续人际交往乃至性格发展产生积极的影响。

除此以外，婴幼儿语言教育也会促进其学习社会行为规范，这是因为婴幼儿学习语言时会接触大量以社会生活为内容的语言材料，其中包含着许多反映人们社会交往行为的事例。如家里来了客人时，主人应该怎样接待客人；小朋友不小心打扰别人时该怎样道歉等。

婴幼儿在感知、理解和体会这些语言材料时，也常常在观察和学习其中人物的社会行为。从各种人物的身上，婴幼儿可以观察和体会到，哪些行为和语言可能在社会交往中取得成功，哪些行为和语言可能导致他人的排斥或忽视。于是，他们将会在自己的语言体系中有所舍弃、有所保留、有所创造、有所发展。交际的成功与失败的经验，使婴幼儿懂得自己该怎样做，不该怎样做，这对婴幼儿的社会交往能力的发展，及道德情感和行为的发展都将产生深远而积极的影响。

本 章 小 结

婴幼儿语言教育在早期教育中占有重要的地位，这是因为语言教育有着重要的发展价值。一方面，婴幼儿语言教育促进社会和谐发展；另一方面，语言教育可以促进婴幼儿语言的发展、认知能力的提高以及婴幼儿社会性的发展。由此不难看出，研究如何对婴幼儿进行语言教育是早期教育的关键问题。

学习本章，需要我们准确理解婴幼儿语言教育规律。语言是人类表征信息的符号系统，它既是婴幼儿交际的工具，也是发展婴幼儿思维的工具。在早期教育中语言是婴幼儿重要的学习对象。在正确理解婴幼儿语言发生发展规律的基础上，将婴幼儿语言教育渗透到日常生活的方方面面，这是婴幼儿语言教育的任务所在。

延 伸 学 习

 拓展阅读

联合国教科文组织的世界濒危语言地图文献指出，世界上的 2279 种语言正在面临不同程度的濒危，其中 538 种处于极度濒危状态：会说这些语言的人都是老年人，一旦这些老年人离世，这538种语言将永远消失。语言濒危是因为人们不再使用他们的母语，而使用在政治、经济等方面占主要地位的语言。语言濒危的原因除了人类和自然灾害，还包括：①正式的教育语言不是学生的母语，因此孩子们没有完整地学习他们的母语；②大众传媒、娱乐和其他文化产品都使用政治、经济等方面占主要地位的语言；③主要语言的地位远远高于少数民族语言的地位；④城市化、移民、就业流动导致了少数民族语言群体的解体；⑤劳动力市场对占主要地位语言知识的要求有损于少数民族语言；⑥语言多样化没有得到重视，政治、经济等方面占主要地位的语言单语制被认为是充分和理想的，所以孩子们主动或被动地选择学习占主要地位的语言。

（资料来源：许娥．少数民族濒危语言的保护研究［J］．

贵州民族研究，2012，33〈146〉：185．）

 学习活动

组织学生去早教中心进行观察，每个学生可以选取1—2位婴幼儿进行观察并加以记录，回来后讨论他们处在语言发展的哪个阶段以及判断依据。

 复习与思考

1. 了解语言和言语、第一语言和第二语言、双语和双语教育的含义。
2. 了解婴幼儿语言教育的研究对象及其含义。
3. 把握婴幼儿语言发生发展的规律，理解婴幼儿语言教育的意义。
4. 托班的一个家长反映孩子最近说话有点口吃，认为一定是模仿班级中的某位小朋友而造成的，请问这是怎么回事？你如何向家长解释？

第二章　婴幼儿语言发生发展的基础

学习目标

1. 了解婴幼儿语言发生发展的理论假说。
2. 理解婴幼儿语言发生发展的基础。
3. 能够分析婴幼儿语言发生的条件，并对生活中婴幼儿语言发展水平作出一定的解释。

第一节　婴幼儿语言发生发展的生物基础

语言的发生发展既有其生物基础也有其社会基础，但是不同的理论假说强调的重点却是不同的。强调语言发生发展生物基础的理论流派是先天决定论，其中最有代表性的是先天语言能力说和自然成熟说，它们强调遗传因素对婴幼儿语言发展的决定性作用，忽视乃至否定后天环境因素的影响。

一般来说，婴幼儿语言发生发展的生物基础主要包括：发音器官的成熟、语音听觉系统的成熟、大脑神经中枢的成熟。

一、强调生物基础的理论假说

（一）先天语言能力说

乔姆斯基在其《句法结构》（1957）一书中提出先天语言能力说，即"转换生成语法说"。"先天语言能力说"认为，决定儿童能够说话的因素不是经验和学习，而是先天遗传的语言能力，这里的语言能力指的是语言知识，即普遍的语法知识。

儿童"是自然界特别制造的小机器，是专为学语言而设计的"。乔姆斯基注意到以下的事实：儿童掌握本族的语言异常迅速，极其完善和极富创造性；尽管语言环境不同，但世界各民族儿童获得语言，尤其是句法结构的顺序基本一致，时间也大致相同；尽管各种句子的形式不一样，但它们都有着共同的普通语言的基本形式，即语法结构。据此，乔姆斯基提出了自己的理论假设：儿童大脑中有一种受遗传因素决定的先天的语言获得装置（Language Acquisition Devise，简称LAD），语言获得装置包含两样东西：一是包括若干范畴和规则的语言普遍特征；二是先天的评价语言信息的能力，为这套普遍的语言范畴和规则赋上各种具体语言的值。

（二）自然成熟说

自然成熟说是由美国哈佛医学院心理学家勒纳伯格提出的一种儿童语言发展的理论。

勒纳伯格的自然成熟说的理论基础是生物学，他把儿童语言的发展看作一个受发音器官和大脑等神经机制制约的自然成熟的过程。语言是人类所特有的，人类具有一种先天的潜在语言结构，有适合语言的生物学基础。语言是人类大脑机能成熟的产物，当大脑机能的成熟达到一种语言准备状态时，只要受到适当外在条件的激活，就能使潜在的语言结构状态转变成现实的语言结构，语言能力就能显露，儿童的语言也就逐渐发展成熟。不同民族儿童的生理发展是相似的，所以其语言的发展过程和速度也是相似的，儿童生理的发展是由遗传因素决定的，语言获得是由先天遗传因素决定的。

勒纳伯格认为，语言既然是大脑功能成熟的产物，语言的获得必然有个关键期，从2岁左右开始到青春期（十一二岁）为止。他指出儿童在发育时期，语言能力受大脑右半球支配。在成长过程中，语言能力要从右半球转移到左半球，即大脑的侧化。侧化一般发生在2—12岁的关键期。在大脑侧化之前，如果左半球受损，语言能力就留在右半球；如果在侧化之后左半球受损，就会失去语言能力。

随着现代脑科学的发展和神经心理研究的深入，人类言语活动的生物学基础正在逐步被人们所认识，被称为"黑箱"的大脑加工语言的机制逐步被揭开。本节试图运用神经心理学、神经语言学的研究成果来阐述儿童语言发展与生理基础成熟的关系，寻求通过刺激生理基础的成熟促进语言发展的途径。言语活动包括听、说、读、写四个方面，其中说话和书写是言语的表达过程，被称为表达性言语。它主要是通过言语活动分析器的活动来实现的。听话和阅读是言语的感受过程，被称为印入性言语。它主要是通过言语听觉分析器和言语视觉分析器的活动来实现的。此外，为了说出有声言语，还需要一套专门的发音器官。因此，儿童语言的发生还依赖其发音器官、语音听觉系统和神经中枢的成熟。

案例1

著名的同卵双生子爬楼梯实验

美国心理学家格塞尔认为，儿童心理的发展过程是有规律、有顺序的一种发展模式。这种模式是由物种和生物进化顺序决定的，是由生物体遗传的基本单位——基因决定的。所谓"成熟"就是"给予通过基因来指导发展过程的机制一个真正的名字"。儿童发展都是按照成熟所规定的顺序或模式进行的，遗传类型或其他因素只是影响其发展速度而已。为了验证这一想法，他进行了著名的"双生子爬楼梯实验"。

实验具体过程如下：格赛尔让一对同卵双胞胎练习爬楼梯。其中一个（代号为T）在他出生后的第48周开始练习，每天练习10分钟。另外一个（代号为C）在他出生后的第53周开始接受同样的训练。两个孩子都练习到他们满54周的时候，T练了8周，C只练了2周。实验结果出人意料——只练了两周的C爬楼梯的水平比练了8周的T好——C在10秒钟内爬上那特制的五级楼梯的最高层，T则需要20秒钟才能完成。由于同卵双生子有相同的基因，格赛尔得出结论：在儿童的生理成熟之前的早期训练对于最终的结果没有多大的作用，而一旦在生理上有了完成这种动作的准备，训练就能起到事半功倍的效果。

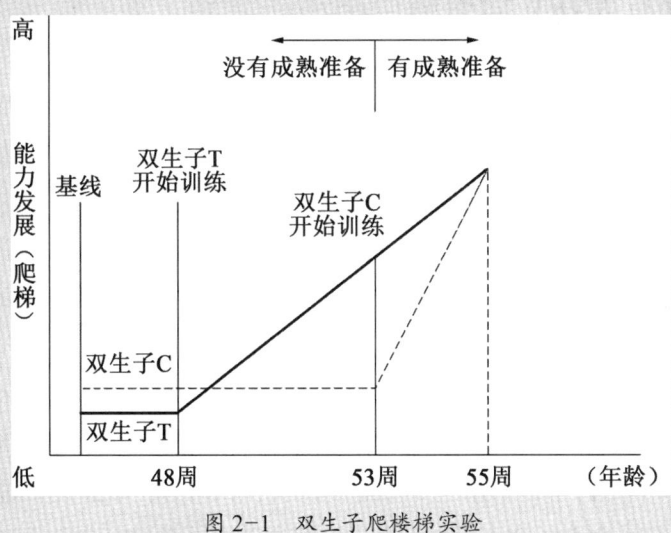

图 2-1　双生子爬楼梯实验

由这个实验，格赛尔得出以下结论：

1. 遗传因素是引导和影响发展的主要力量。儿童固有的品质形成了广泛的个体差异。儿童的发展中存在着"成长模式"，这个概念强调了内部的有秩序的机制的力量，说明了儿童虽然在早期生活中遇到过不幸的事情，但他们有自我修正的能力。

2. 儿童的准备过程影响发展过程的机制的变化。没有足够的成熟发展，就没有真正的变化，发展的过程不可能通过改变环境而有相应的变化。因此，影响发展过程的机制的变化是儿童由不成熟到成熟的生理机制的变化，即称之为准备过程。

3. 年龄在儿童发展过程中具有一般界标的作用。如果成熟是构成发展基础的机制，年龄则是生物变化的一个相当精确的指示物。格塞尔曾经通过电影报告和个人观察等方法，着力研究并试图确定与生物年龄相一致的质变。

4. 个体发展过程中有一定的发展关键期或敏感期。在一个特定的时间内发展更具敏感性或更具感染力。如果在儿童对阅读领域有较高敏感性的特定时间内去教他,或许效果会好得多。

5. 成熟是通过从发展的一种水平向另一种水平的突然转变而得以特定化。从发展的一端到另一端存在着自我摆动,行为的发展具有不连续的本质,倾向于周期性的变化。

6. 成熟机制的影响。发展变化在本质上具有结构性。因为结构的变化是行为发展变化的基础,基本结构的变化按照生物的影响(如成熟)有规律地发展着,而心理形态的变化则是在心理水平上的结构变化。

二、发音器官是婴幼儿语言输出的生物基础

据研究,人类的婴儿和灵长目动物(猴、猩猩)的婴儿,发音器官形状相似,都不能发出说话所需要的语音。故而,发音器官的成熟是婴幼儿语言发生发展的重要生理基础。人的发音器官分为三大部分:呼吸器官,声带和喉头,口腔、鼻腔和咽腔。

(一)呼吸器官

呼吸器官包括从口腔、鼻腔,通过咽喉和气管到达肺脏的一连串管道,主要部分是肺支气管和气管。人类发音的原动力是呼吸时所产生的气流,肺脏是呼出和吸入气流的总机关。肺脏位于胸腔。

由于肋骨和横膈膜的运动,胸腔可以扩大或缩小,肺脏随之扩大或缩小。胸腔扩大时,气流吸入;胸腔缩小时,气流呼出。当气流呼出或吸入时,它都会在通过的管道上(如鼻腔、口腔、咽腔、支气管和气管等)的某些部位发生冲击或摩擦,造成声音;语音一般都是在气流呼出时发生的。

(二)声带和喉头

在言语中声带是主要的发音体。喉头是由四块软骨组成的一个圆筒形的筋肉小室。小室的中央就是声带,也就是说声带位于咽喉的中间。声带是由两片附着在喉头上的黏膜构成的,两片声带之间有狭缝,叫做声门。构成喉头的几块软骨,由于肌肉的运动,可以互相移动,从而调节声带,使它形成开闭或松紧的状态。婴幼儿的喉头和声带是在不断地成熟、发展的。新生儿不能学会说话,是因为发音器官还没有发育到能够说话的水平。新生儿的喉头是由很薄的软骨组成的,位置比成年人高三个颈椎,软骨和膈的位置都比较高,膈的肌肉部分也非常不发达。新生儿能发出声音,但不能发出音节分明的语音。此外,婴幼儿的声带比成人的短,所以婴幼儿的声音比成人的高。

(三)口腔、鼻腔和咽腔

人的口腔、鼻腔和咽腔是音色的三个共鸣器。鼻腔是固定的形式,而口腔有形式上的

变化，口腔中的舌、小舌、软腭等部位可以自由活动，使共鸣器的容积和形状发生种种变化，这使声音产生各种不同的语音音色。在语音中以口腔共鸣的音占绝大多数，鼻腔共鸣的音占少数。由此可见，口腔、鼻腔和咽腔不仅是人类发音的共鸣器，也是不同声音的制造厂。一般来说，声音的高度决定于声带的长短和松紧程度，空气压力也改变了语音的强度。声音节奏的快慢和清晰度则受到口腔中的舌、小舌、软腭等部位活动程度的制约。而婴幼儿的这些部位若发育不健全，也影响其正确发音。

概括地说，人的发音器官发出声音主要通过如下程序：空气在一定压力下由肺部发出，通过声带间的狭缝时使声带振动，产生声音。由于共鸣器的共鸣作用，大大增加了声音的响度，又由于口腔容积以及舌、小舌、软腭、唇、齿的相对位置的变化，形成种种各具风格的语音音色。

三、语音听觉系统是婴幼儿语言输入的生物基础

掌握语音，必须依靠语音听觉的发展。研究表明，婴幼儿的听觉发展较早，幼小的婴儿已能辨别语音的细微差异。语音听觉系统包括外部听觉器官和听觉神经中枢。婴幼儿语音听觉的发展，主要依靠大脑皮质听觉神经中枢的成熟。

人的听觉器官主要包括外耳、中耳和内耳。婴幼儿的耳的构造和成人相比有许多不同之处。他们外耳道比较狭窄，鼓膜较厚。内耳的耳蜗是听觉的重要部分。婴幼儿基膜纤维的感受能力较成人强，所以婴幼儿的听觉较成人敏锐。

人耳的构造与它感受声音的能力是相适应的。研究表明，人类发出声音的范围与听觉的范围是相符合的。人耳对语音的各种频率特别敏感，使人有可能在感知言语时区别细微的差异。在个体发育过程中，听觉发育得比较早。新近的研究发现，妊娠20周的胎儿就已具备听觉能力。美国心理学家特鲁布指出，6个月以上的胎儿对母亲的语言有反应，对不同的乐曲声甚至也有不同的反应。例如，听到贝多芬的交响乐以及各种摇滚乐曲时，胎儿会用力蹬腿。法国心理学博士贝尔纳曾做过一个有趣的实验，他从孕妇妊娠第8个月起定期让胎儿听俄罗斯作曲家普罗科菲耶夫的作品《彼得和狼》和巴松管的录音（声源放在母腹上方2厘米半处），这时胎儿会移动，显然这是对音乐的反应。当婴儿出生后，一旦听到这些乐曲，就会停止叫喊和哭闹，大有"似曾相识"之感。婴儿对人类发音器官发出的各种声音，在出生后的1—4个月，就产生了特殊的敏感性，使他易于感受母亲和周围成人声音中的细微差别，也就是说婴儿对母亲的嗓音比对其他人的嗓音更为熟悉与敏感，这说明婴儿对语音信号的频率特征的分析是非常精细的。这种对嗓音的敏感性和已经发育的听觉器官，为婴儿和成人的早期咿呀对话提供了条件。这种对话从出生第一、第二个月就可以开始在母婴之间进行，成人要创设条件让孩子多听、多说、多看、多交往，给予多种形式的语言刺激和语言交流，一直可以延续到1岁以后，使婴儿在正确、清楚地发出这些音之前，就能正确辨别这些音。

发音器官和听觉器官的特殊能力，使婴儿很早就产生了与人进行口头交往（言语的和非言语的）行为。这种交往，在婴幼儿的成长过程中在形式上会有所变化，但婴幼儿与成人的交往习惯一旦形成后就会变得牢固而持久，成为半自发的动机。这一点，对婴幼儿语言发展具有十分重要的意义。

四、大脑神经中枢是婴幼儿语言发展的动力

随着脑科学的不断发展，语言研究与其产生了学科交叉，这些研究发现或成果为婴幼儿语言教育更科学地开展也提供了某种程度上的支持与启示。

（一）脑神经成熟支持婴幼儿语言发展的生物学依据

婴幼儿出生时平均脑重量为390克，3岁时为1101克，而7岁时可达1280克，基本接近成人的脑重量（1400克）。1岁半以后，脑内细胞的大量增殖已基本结束。随后出现的脑生长主要表现为脑细胞体积的增加，轴突和树突的延长和分枝，神经纤维的迅速形成髓鞘，使得神经传导的数量增多，速度加快，内在联系复杂化，也就是说神经网络的复杂性不断增加，这是加工词语形成概念的物质基础。因为词概念的形成依赖于大脑能吸收和整合词所代表的事物或现象的全部信息，只有神经网络才能将这些信息相互沟通，进行同时性的加工，对词作出本质的、全面的理解。

已有的生物学研究表明：在婴幼儿期，大脑中语言中枢并没有定位，换言之，婴幼儿的大脑左右半球都可能为婴幼儿发生语言提供形态学基础。此外，已有的临床案例表明，对患病婴幼儿施行大脑部分剥离手术，年龄越小的孩子恢复语言能力的可能性更大，而当患者的年龄超过10岁则会形成永久的语言缺陷。

如若细心观察其实也可以从生活中发现某种依据：比如在学习外语时，青春期或者成人期才开始学习的人，往往无法获得或是很难获得纯正的口音，而婴幼儿则很容易掌握一门与自己母语不同的发音体系。产生这种现象的原因是：婴幼儿言语定向尚未完成，他们在学习语言的过程中就不会受到大脑语言中枢定位的影响，母语的干扰随之降低，进而可以更好地学习另外一种或是同时学习两种语言。这说明为婴幼儿提供高质量的语言教育是顺应其语言发展的需要的。

（二）大脑功能的侧化和定位对婴幼儿语言教育的启示

进入20世纪，随着神经科学家对语言脑机制研究的深入，大脑半球与语言功能的关系成为研究的重点。科学家们发现脑在解剖上具有不对称性。最早发现的是成人左、右半球外侧裂的长度不同，若以后水平支的平均长度来比较，左脑为58.2毫米，右脑51.8毫米。若以后水平支与半球全长的比值来比较，则左脑比值为28，右脑为24.4。有学者发现两侧外侧裂是一致的，直到中央沟2.5厘米处，右侧外侧裂向上直转，伸入顶下叶部分，而左侧外侧裂继续向后延伸，可见两侧外侧裂向后不仅是长度，还有向后弯的角度都有不同。左侧外侧裂向后终止愈长，则在其上面的顶盖部、在其下面的后颞盖部，以及在外侧内的颞平

面就相应增大。近来，发现额叶 Broca 区附近的左、右不对称，外侧裂伸入额下回的前支，左侧常为双支，而额叶盖部左侧大于右侧。颞平面左、右不对称比外侧裂的不对称更为明显。这样左、右侧半球颞平面的不对称在肉眼水平即可看出，左侧颞平面几乎比右侧颞颊长 1 厘米，面积大三分之一。已有研究发现：与视觉功能有关的视觉皮质纹状区的面积为右侧大于左侧；皮质下结构为左侧大于右侧，此提供了大脑两侧半球功能侧化在解剖学上的物质基础。

除了解剖学的证据，著名的临床学研究"裂脑人"实验也佐证了大脑两半球功能侧化与语言发生发展有着某种密切的联系。裂脑人实验从 60 年代开始，美国加利福尼亚大学生物系教授斯佩里等人，对裂脑人进行了仔细的观察和研究取得了可喜的成果。斯佩里向裂脑人左脑输入举手或屈膝的命令，结果，病人的右侧身体服从了命令，而左侧身体却不听指挥。把裂脑人的双眼蒙上以后，用手接触他身体左侧的任何部分，他都说不出被接触的部位。斯佩里将一张年轻女人照片的左半部和一张小孩照片的右半部，拼成一张照片；然后让裂脑人注视照片的中心，使这张照片的左半部正好置于裂脑人的左半视野，右半部置于他的右半视野，要他指出、说出看见了什么，结果，他左手指着青年女子的照片，嘴里却说看见了小孩的照片。在这里，人体的左侧和右侧各行其是了，思维发生了分裂，在一个人身上好像出现了完全不同的两种思想。据此，斯佩里认为，裂脑人具有两个精神，是两个人。

科技的迅速发展为科学研究注入新的活力，脑科学的研究亦是如此。科学家利用电子技术实现了大脑功能定位：大脑中管理语言的两个部位：布洛卡区（通常处理语法）和韦民克（通常管理词汇），并逐渐确定了正常婴幼儿语言中枢的成熟顺序和具体定位问题，可以从语言发展的外部行为表现和脑生长发育的顺序进行比较和推测。神经系统的发育顺序是从下到上（即从脊髓、脑干、皮质下中枢直至皮质），大脑皮质的发育顺序从后到前（即中央回后部的各皮质区先发展，逐渐向中央回前部推进，最发达的额叶最后发育完成），这与婴幼儿语言行为发展顺序基本上是一致的，给我们进行 0—3 岁婴幼儿语言教育以很大的启迪：

首先，语言中枢的成熟顺序决定着婴幼儿听、读、说、写的先后顺序，这就要求成人在对婴幼儿进行语言教育时，遵循其发展顺序循序渐进地开展活动。例如，婴儿的听音、辨音能力和对词意最初的理解能力的发展，早于发音能力和表达能力，成人应该先说给婴幼儿听，而且要尽量多说，为婴幼儿语言发展输入大量的词汇，而不必过分担心他们听不懂，婴幼儿不说不代表听不懂。这也为早期阅读是否有意义给出了一定的解答，很多家长甚至老师认为婴幼儿还小，他们都不会发音，怎么可能听得懂、理解得了绘本上的故事呢，事实上婴幼儿的理解能力发展是早于他们的发音能力的。另外一个误区就是一些心急的家长往往会急于引导婴幼儿去发音，而不注意在平日生活中给孩子很多的词汇输入量。婴幼儿开口说话是一个"厚积薄发"的过程，前期丰富词汇的输入是必须且可能的。

其次，尽管大脑语言中枢发展具有顺序性，但是其成熟水平仍存在个体差异。比如：开口说话时间有不同。有的婴幼儿不到 12 个月就可以开口说话了，而大多数婴幼儿要到 18 个月才可以说话，更晚的则要到 24 个月，这种个体性差异是由于生理成熟速度不同造成的，家长和老师不必过分担忧或干预，过分关注反而可能给婴幼儿心理压力。再比如：对语言的敏感性不同。在与人交往过程中，有的婴幼儿会积极观察对方说话的口型变化，还会模仿成人的发音，并以此为乐，而有的婴幼儿更倾向于"安静"地看着成人说话，并没有要积极参与到对话中的热情。此外，每个孩子对语言的兴趣点也不尽相同。有的孩子在婴儿期就对语言表现出了最初的兴趣，这和早期语言环境和教育的刺激不无关联。有的婴幼儿喜欢听语音和各种声音，有的喜欢说话和与人交流，有的则喜欢看书、看图片等。婴幼儿在听、说、读、写上所表现出来的兴趣一旦产生，就会激发婴幼儿主动寻找机会去练习和演示，语言的潜能就能得到尽情的发挥。

虽然正常婴幼儿之间由于语言中枢成熟顺序的不同而表现出语言能力发展上的种种差异，但是这种差异可以利用后天的语言刺激和语言教育来弥补，也就是说婴幼儿语言教育可以一定程度上地加快婴幼儿语言中枢成熟的速度。教师和家长应对婴幼儿语言发展的进程有正确的认识和评价。根据皮质技能区的发展顺序，根据语言理解和语言表达的情况，从先天和后天两个方面综合考察婴幼儿的语言发展正常与否，对婴幼儿语言发展中出现的种种问题，既不能操之过急，又不能听之任之，而应积极创造条件给语言发展迟缓的婴幼儿提供更多的语言实践的机会，促进他们的语言正常发展。

案例 2

关于右侧大脑半球语言功能的研究

长期以来，关于双侧大脑半球的功能，普遍接受的观点为左、右大脑半球在进化过程中，功能发生分化：左侧大脑半球主要与语言、意识、数学分析等密切相关；右侧大脑半球则主要感知非语言信息、音乐、图形和时空概念，认为具有语言功能的一侧是绝对优势半球，而非优势半球与语言功能毫不相关，随后，大量神经科病历也证明语言优势在左侧半球。那么，事实真的如此吗？对此，科学家进行了一系列观察、研究。

1. 右侧大脑半球在语言功能方面的作用

在神经心理学研究中，有些学者应用事件相关电位对单侧脑损害和施行胼胝体切开术的患者，进行平行研究发现韵律学、韵律的实用价值及其情感范围为右侧大脑半球的功能，认为失语症患者的这些功能优于右侧大脑半球受损的患者；也有学者在正常被试者中，发现主要涉及信息加工的大脑半球上的 α 波抑制，接着又证实，与神经系统损害的正常对照组比较，流畅性与非流畅性失语症患者的右侧大脑半球 α 波活动减少，推测右侧大脑半球也加工正常由左侧大脑半球处理的信息；综述一些应用刺激 - 地形图对语言的研究，发现非优势半球皮质的刺激可以改变视觉空间作业。

中国学者综述中国患者右侧大脑半球病变导致的语言功能障碍认为，由于汉字既具有语言意义又具图形意义，许多字的区别在于笔画的位置和长短，汉字的整体构型比线条型的拼音文字复杂，且更具有几何意义，而右侧大脑半球在立体定位、空间结构的识别、几何图形的处理及回忆方面占优势，因此，右侧大脑半球主要参与汉字图形信息的处理，而左侧大脑半球主要参与汉字语言信息的处理，由此得出汉字的处理是两侧大脑半球并用的，汉字认知的完整，需要大脑两半球的协同活动。

2. 右侧大脑半球在失语症恢复中的作用

伴随语言功能的恢复，Demeurises 等观察到右侧大脑半球血流量增加；Weiller 等观察到 Wernicke 失语症完全恢复的患者，显示右侧颞上回、额叶前部皮质局部脑血流量增加；说明有些左侧大脑半球严重病变的患者，右侧大脑半球具有潜在的代偿作用，这种潜在的代偿作用依赖于病变前双侧大脑半球波及的语言功能区。Knopman 等观察到在右利手失语症的患者中，右侧大脑半球局部脑血流量增加的患者获得较好的恢复，有理解缺陷或左颞、顶区病变的患者，6 个月后显示，右额叶局部脑血流量增加。亦有文献采用经颅多普勒超声研究了恢复期患者在字词流利性作业中的大脑中动脉血流速度，发现失语症恢复期患者右侧平均血流速度明显增加；Gur 等发现在语言作业过程中，双侧局部脑血流量增加，这些资料表明对侧语言网络对语言恢复起一定的作用。

关于儿童获得性失语症的恢复，研究认为其语言功能可能全部转移到未受损的右侧大脑半球，表明右侧大脑半球具有产生语言的潜在能力，如左侧病变影响了传统的语言功能区，则语言优势可以转移到右侧大脑半球，语言转移发生的年龄在五六岁之前，且此时期语言转移到另一侧是完全的。右侧大脑半球在失语症恢复中的代偿机制还不明确。有文献指出右侧大脑半球的代偿可能有两个机制：左侧大脑半球对右侧大脑半球语言功能抑制的快速解除及新的语言过程被右侧代替。有作者假设优势半球通过非优势半球相应胼胝体的抑制调节来提供语言功能，非优势半球承担语言功能可能为这种抑制的释放。Cappa 等指出非优势半球低代谢的提高与语言功能的恢复相关，但没有证据表明胼胝体切除术、左侧大脑半球切除术可以提高右侧大脑半球语言功能。Andrews 等发现，在一侧缺血后超早期对侧大脑半球的血流量、视觉诱发电位及听觉诱发电位波幅增加，切除胼胝体上述现象消失，其切除对糖代谢也有相似的影响。

综述以上文献，可以看出，左侧大脑半球并非是绝对的优势半球，右侧大脑半球同样具有语言功能，提示对失语症患者进行康复治疗时，要注意开发右侧大脑半球的功能，提高患者的生活质量。

（资料来源：张玉梅，王拥军，朱镛连，周筠，张宁. 右侧大脑半球语言功能的研究[J]. 中国临床康复，2004, 8〈16〉：3114 3115.）

第二节　婴幼儿语言发生发展的社会基础

语言是人区别于动物的一个重要标志。著名的瑞士语言学家、结构主义语言学的重要代表人物索绪尔指出："语言是一种社会现象，是社会强加于全体成员的一种特殊的规约，一种必须遵守的规范，它具有稳定性、长期性等特点。"由此，我们不难看出语言具有社会性，那么语言发生发展的社会基础是什么呢？后天环境决定论者给出了自己的解释，并且在他们思想的基础上产生的"规则学习说"和"社会交往说"对此作出了一定范围的解释。

一、强调社会基础的理论假说

（一）后天环境决定论

在对待儿童成长的问题上，一直存在着先天（遗传、生理）与后天（环境、教育）的争论，这种争论也影响到对于儿童语言发展的看法。以巴甫洛夫的条件反射和两种信号系统的学说、华生的行为主义学说为理论基础的学者，在儿童语言发展的问题上都比较强调后天环境的因素。这些学者关于儿童语言发展的理论，可以称为后天环境论。对于语言发生发展具有一定解释力的有"模仿说"与"强化说"。

模仿说认为，儿童是通过对成人语言的模仿而学会语言的。成人的语言是刺激（S），儿童的模仿是反应（R）。

强化说是行为主义最有影响的解释儿童语言发展的理论，在20世纪40年代和50年代初非常盛行。强化说以刺激－反应论和模仿说为基础，并特别强调"强化"在儿童语言学习中的作用，认为儿童是通过不断的强化学会语言的。

案例3

巴甫洛夫的经典条件实验

俄国著名生理学家巴甫洛夫一直致力于条件反射的研究。他设计的条件反射实验：在喂狗食前几秒钟，发出铃声或节拍器响声，接着再将肉末送入狗的口中。开始时，狗听到铃声只加注视，并不流口水，只是吃到食物时，才淌口水。但这种操作过程经过若干次后，只要一发出铃声或节拍器声，狗就立刻分泌唾液。很显然，狗对声音作出了反应。这种本来和唾液分泌无关的铃声和节拍器声，由于它们和食物出现的时间接近,现在则可以引起唾液的分泌。这种反应是后天学习得来的,巴甫洛夫称之为条件反射(简称 Rc)。铃声和节拍器声称为条件刺激(简称 Sc),它们受一定条件的制约。巴甫洛夫称食物为无条件刺激(简称 Su),称那种吃食物时流口水的反应为无条件反射(简称 Ru),因为它是生来就会的,不是后天学习得来的反射活动。

经典条件反射在现实生活中也有很多生动的例子,比如小学生听到上课铃声就会自动坐到自己的位置上去,而不需要别人提示。

案例 4

斯金纳的操作条件实验

美国著名心理学家认为:学习是不断强化的过程。为了证明自己的观点,他设计了一种动物实验仪器即著名的斯金纳箱。在箱里放进一只白鼠,并设一杠杆或键,箱子的构造尽可能排除一切外部刺激。动物在箱内可自由活动,当它压杠杆或啄键时,就会有一团食物掉进箱子下方的盘中,动物就能吃到食物。箱外有一装置记录动物的动作。斯金纳的实验与巴甫洛夫的条件反射实验的不同在于:①在斯金纳箱中的被试动物可以自由活动,而不是被绑在架子上。②被试动物的反应不是由已知的某种刺激物引起的,操作性行为(压杠杆或啄键)是获得强化刺激(食物)的手段。③反应不是唾液腺活动,而是骨骼肌活动。④实验的目的不是揭示大脑皮质活动的规律,而是为了表明刺激与反应的关系,从而有效地控制有机体的行为。

斯金纳通过实验发现,动物的学习行为是随着一个起强化作用的刺激而发生的。斯金纳把动物的学习行为推而广之到人类的学习行为上,他认为虽然人类学习行为的性质比动物复杂得多,但也要通过操作性条件反射。操作性条件反射的特点是:强化刺激既不与反应同时发生,也不先于反应,而是随着反应发生。有机体必须先作出所希望的反应,然后得到"报酬",即强化刺激,使这种反应得到强化。学习的本质不是刺激的替代,而是反应的改变。斯金纳认为,人的一切行为几乎都是操作性强化的结果,人们有可能通过强化作用的影响去改变别人的反应。在教学方面,教师充当学生行为的设计师和建筑师,把学习目标分解成很多小任务并且一个一个地予以强化,学生通过操作性条件反射逐步完成学习任务。

事实上,不管是巴甫洛夫的经典条件实验还是斯金纳的操作条件实验都证明了一点,那就是学习需要外部给予一定的刺激,不过前者认为刺激在学习行为之前,而后者则认为这个刺激出现在学习行为之后。

（二）规则学习说

规则学习说是在乔姆斯基和行为主义的双重影响下形成的一种儿童语言发展理论。这一理论的提出者和赞同者主要有布朗、弗拉瑟、伯科等学者。

规则学习说认为，儿童具有一种理解母语的先天处理机制，但是，这种机制主要是一种学习和评价的能力，而不具有如乔姆斯基所说的语言普遍特征。儿童学习母语是一个归纳的过程，而不是一个演绎的过程。儿童用先天的语言处理机制，通过对语言输入的处理归纳出母语的普遍特征和个别特点。

儿童的语言学习主要是对规则的学习。因此在儿童语言发展的早期，还有许多过分概括的显现。对规则的归纳，凭借的是工具性的条件反射，是刺激—概括的学习过程，是先天因素同后天因素的相互补充和相互影响。

规则学习说与行为主义的最大不同，是它强调儿童的语言学习有先天能力的存在。它与乔姆斯基学说的最大不同，是认为儿童学习语言的先天能力中，不包括语言的普遍特征；语言学习是一种在先天能力参与下的条件反射，对语言的学习是归纳的而不是演绎的。

（三）社会交往说

社会交往说是布鲁纳、贝茨等学者的理论主张。他们认为语言获得不仅需要先天的语言能力，而且也需要一定的生理成熟和认知的发展，更需要在交往中发挥语言的实际交际功能。因此，他们特别重视儿童与成人语言交往的实践，并认为儿童和成人语言交际的互动实践活动，对儿童语言的发展起着决定性的作用。

社会交往说还认为，社会交往几乎可以看作儿童的一种天性。儿童在会说话之前，就已经能用体态与成人交际，并听懂一些成人的话语；在单词句和双词句阶段，儿童以语言、体态或者是体态语言相结合的方式作为交际手段；最后过渡到可以完全用语言进行交际。

规则学习说和社会交往说是比较有前途的理论。但是，由于这两方面的研究工作还没有全面展开，所积累的材料有限，所以其学说的系统性还不够，还需要进一步完善和发展。

语言的基本职能是作交际工具。交际是一种社会活动，因此，语言从一开始就与社会有密不可分的关系。语言是一种社会现象，它随着人类社会的产生而产生，随着人类社会的发展而发展，并且将随着人类社会的消亡而消亡。

案例5

班杜拉的"观察学习"

班杜拉设计如下的实验：将被试儿童分为甲、乙两组，在实验的第一阶段让两组儿童分别看一段录像片，甲组儿童看的录像片是一个大孩子在打一个玩具娃娃，过一会儿来了一个成人，给大孩子一些糖果作为奖励。乙组儿童看的录像片开始也是一个大孩子在打一个玩具娃娃，过一会儿来了一个成人，为了惩罚这个大孩子的不好的行为，打了他一顿。看完录像片后，班杜拉把两组儿童一个个送进一间放着一些玩具娃娃的小屋里，结果发现，甲组儿童都会学着录像片里大孩子的样子打玩具娃娃，而乙组儿童却很少有人敢去打一下玩具娃娃。这一阶段的实验说明对榜样的奖励能使儿童表现出榜样的行为，对榜样的惩罚则使儿童避免榜样行为。在实验的第二阶段，班杜拉鼓励两组儿童学录像片里大孩子的样子打玩具娃娃，谁学得像就给谁吃糖。结果两组儿童都争先恐后地使劲打玩具娃娃。这说明通过看录像，两组儿童都已经学会了攻击行为。第一阶段乙组儿童之所以没有人敢打玩具娃娃，只不过是因为他们害怕打了以后会受到惩罚，从而暂时抑制了攻击行为，而当条件许可，他们也像甲组儿童一样把学习到的攻击行为表现出来。

这表明儿童语言学习不仅可以通过自己的学习获得，还会通过他人的行为获得。作为成人，我们如何与人交往、对话，孩子会潜移默化地受到影响，这就提示我们要为儿童语言学习创造文明和谐的语言环境，避免在孩子面前说脏话，出现不文明礼貌的用词用语。下面的这一案例就很好地说明了该问题。

案例 6

宝宝喜欢模仿别人说粗话、脏话

我有一个 4 岁的宝宝，最近我发现他嘴里的粗话多了起来，常常一不如意就冲我说："去你的！"要么就是"打死你"。我说过他很多次，甚至打过他的屁股，可总是纠正不过来，有时我越生气他就越说得起劲，我真是要被他弄得气死了。

宝宝总算咿咿呀呀地开始喊爸爸妈妈了。但是，随着宝宝语言能力的增强，一些不该说的脏话、粗话也随之出现。突然有一天，宝宝莫名其妙地冒出一句脏话。看着眼前这可爱的小宝宝变得那么不文明，爸爸妈妈可着急了。

案例中的妈妈是不是说出了很多爸爸妈妈的心声？我想，很多爸爸妈妈一定也像这位妈妈一样，责怪宝宝的不文明行为，或"说过他很多次"，或"打过他的屁股"。那么，爸爸妈妈们想过宝宝突然间说"脏话"的原因吗？

一方面，年幼的宝宝还没有明确的是非观念，他们根本没弄懂那些脏话的真正含义。"别人骂，我也跟着骂"，这是宝宝学骂人的一种普遍心理。或许，在宝宝看来，骂人与说脏话、粗话只是好玩、逗乐而已。为了引起周围人的注意，他们愿意用这种方式来表现自己。

另一方面，宝宝说脏话、粗话往往是爸爸妈妈疏忽的结果。宝宝刚学说话，好奇心强，有一种情不自禁的模仿本能。有的爸爸妈妈平时不太注意自己的言行，宝宝受其影响，也学会了说粗话。宝宝生活在社会的大环境中，难免受到各种不良言行的影响，说粗话也是如此。

许多爸爸妈妈听见宝宝说脏话、粗话，就气不打一处来，会像案例中的妈妈一样说宝宝，甚至是打宝宝。但是，宝宝似乎对脏话、粗话"情有独钟"，而且有愈演愈烈之势。难道说脏话、粗话也会上瘾吗？

面对宝宝这种不好的做法，爸爸妈妈们该怎么办呢？当我们了解了宝宝喜欢模仿别人说粗话、脏话的原因，想要解决这个问题也不是很困难了。我们提出以下几个建议：

首先，让宝宝的语言环境纯净透明。我们在为宝宝做好榜样的同时，也要注意宝宝周围的生活环境。尽量不要让宝宝从电视媒介上学会脏话、粗话。从同伴那里也容易学到各种各样的脏话、粗话、不好的顺口溜等。因此，爸爸妈妈要关注宝宝周围同伴的情况，为宝宝选择讲文明、懂礼貌的同伴，以减少相互学骂人的机会。

其次，面对说脏话、粗话的宝宝，我们的态度也很重要。如果宝宝经常重复一些脏话、粗话，我们应该严肃地告诉宝宝这些话不文明、不好听，爸爸妈妈和所有的人都不喜欢听。在我们批评宝宝的时候，要注意用词文明，不可以在批评中也掺杂脏话、粗话，这会让宝宝觉得：爸爸妈妈能说粗话和脏话，我为什么不能说呢？

爸爸妈妈要提高自己的修养，严于律己，从头做起，为宝宝营造文明、礼貌的语言环境；通过讲故事、做游戏等形式教会幼儿学用礼貌用语。如果爸爸妈妈偶尔再犯，那么就应该坦诚地跟宝宝检讨："刚才是由于不高兴，说出了那句话，我们是不对的，你也不要学，今后我们谁都不说这种话了。"

再次，我们要找准问题所在，对症下药。如果宝宝说脏话、粗话是因为没有明确的是非观念，我们就要在日常生活中，抓住每一个能增强宝宝判断是非能力的机会，加以利用，进而给其深刻而有力的教育。如果宝宝说脏话、粗话是因为发泄不满，我们就要随时教给宝宝表达情绪的正确方式。可以在宝宝安静时告诉他如何表达心中的不满，如告诉对方"你没道理""我想你不对"等，甚至生气不理对方也行，总之都比骂人更能解决问题。如果宝宝说脏话、粗话只是因为觉得新鲜好玩，故意说来取悦成人或表现自己，我们可以在宝宝每次说脏话、粗话时，表示出不高兴或觉得无味，几次下来宝宝就不再说脏话了。

此外需要注意的是不要强化孩子说脏话，即我们要采取忽略法。当宝宝说粗话的时候，不妨把它当成一些平凡的字眼，不要给予过分关注，切忌因此责备宝宝甚至打宝宝，这样只会加深他对粗话的印象。

二、语言产生于社会

只有当人类的活动由个体活动进入有组织的群体活动的时候,或者说,只有当人类进入一定的社会生活的时候,语言的产生才有了前提。人类的祖先是生活在热带森林中高度民主发展的类人猿,是一种群体动物。人类的劳动一开始就是以相互协作、共同劳动的集体形式出现的,正是原始人的生产劳动的协同活动,引起人们产生交际需要。换句话说,人类的交际需要产生于有组织的社会劳动中。交际是为了进一步或更好地组织和协调劳动,因为人类只有通过有组织的劳动来改变生存的条件和质量。也正是原始人的生产劳动,提供了产生语言的可能。

三、语言存在于社会

语言作为一种主要的交际工具使用于社会,为社会全体成员服务,由社会全体成员使用。社会是语言唯一的活动天地。语言在使用中有各种不同的存在形式,发挥不同的作用,体现不同的功能。

（一）个体形式和整体形式

语言存在于言语活动之中,言语活动是一种个体活动,这种活动虽然受到社会的制约和规范,但在个体的使用中表现出千差万别,这些反映在语音、词汇、语义和语法上的差异尽管是非本质和非系统的,但这些个体差异仍然形成了语言的个体形式。语言的整体形式是指存在于语言个体形式之中、由个体形式中抽象概括出来的完整形式,因为就个体形式反映整体形式来说,都具有局限性,任何一个个体形式都不能全部包含和反映整体形式。语言的整体形式是完整的形式,也是抽象和概括的形式,是全部言语活动的总和,是全部个体形式的最大公约数。从根本上说,语言的个体形式和整体形式是统一的,语言的个体形式是在整体形式制约和规范下的个体形式,语言的整体形式又是个体形式基础上的整体形式,二者是个别和一般、抽象和具体、偶然和必然的关系。

（二）固定形式和环境形式

语言就其作为交际工具的本质来说,它的存在形式是一种动态形式,即在使用中发挥应有的作用,体现交际的功能。因此,语言就其构成要素来说,可以分为固定形式（即稳态形式）和环境形式（即动态形式）。无论语音、词汇、语义和语法,都有其基本的表现形态,即基本的形式、含义、功能和规则,但在使用中,或者说在特定的语境中,他们又表现为相应的特定形态或变化的形态,即在语言使用的不同环境中,在语音、词汇、语义和语法上表现出一定的差异,比如语言使用于一般场合和正式场所产生的差异,这些差异既反映在语音、词汇、语义等个别因素上,也发生在综合的因素上。

（三）全民形式和社团形式

语言在社会使用中一致的形式是全民形式,而由于不同的社会因素所造成的语言差异就是语言的社团形式。这些社会因素有的是政治的,比如一些贵族的语言;有的是文化的,比如知识阶层的语言;有的是性别的,有的是年龄的,还有的是职业的等。语言社团形式与全民形式没有质的差别,他们只是在语音、词汇、语法上反映出少量的特点或差异,并不影响彼此的交际。

(四)标准形式和地域形式

地域形式是指同一语言分布在不同地方的方言土语。标准形式是指地域形式经自然选择形成或以法令形式规定的共同形式或标准形式,也称标准语或普通话。标准语并不是专门的名称,汉语的标准语即普通话是以北方方言为基础、以北京语音为标准音的汉语标准形式。标准形式是在地域形式的基础上形成的,它原来也不过是一种地域形式,或者由于政治、经济和文化等的历史原因,逐渐成为一种大家都学习使用的比较通行的共同形式,或者由于社会的发展特别是创造文字的需要,经过同一种语言不同方言土语的使用者的协商或约定,确立一种方言作为标准形式,以此作为标准语和文字创造的依据。一般来说,一种标准语的确定都要通过一定的立法手续,受到一定法令法规的制约。标准形式一旦确立,将对地域形式产生重大影响,地域形式的使用范围将受到一定的限制,并在适应中自觉和不自觉地向标准形式靠拢。从理论上说,地域形式最终将为标准形式所替代,事实上这是一个漫长的过程。标准语是多层次的,或者说一种语言不一定只有一种标准语,比如我国苗族创造四种文字,以四种方言为基础,选择四种标准语。这些文字具有方言文字的性质,因此这些标准语本身就具有一定的地域性,与由全部地域形式基础上集中起来的标准语不属于同一个层次。

(五)书面形式和口头形式

文字是记录语言的工具。由文字记录下来的语言形式就是语言的书面形式,人们日常生活中口头上使用的语言形式就是语言的口头形式。语言的书面形式与口头形式是不完全一致的。因为,第一,文字固定下来的语言形式是一种规范、准确、精练、文雅的形式。第二,书面形式比口头形式具有更丰富的历史和方言积淀,比任何一种口头形式都要丰富。第三,一般来说,书面形式以口头形式为基础,在反映口头形式时总是落后于口头形式。然而,词汇的扩展、语法的精密化和语言的文学化,大多是通过书面语来实现的。从这种意义上来说,书面形式有时又走到了口头形式的前面。第四,口头形式是任何一种语言的必然形式,而书面形式却不一定,因为有的语言只有口头形式而没有书面形式。我国许多少数民族,如满族、白族、撒尼族等,都是只有本民族的口语而没有文字。第五,有的语言只有书面形式而没有口头形式。这是因为这些语言在口头使用上已经消亡,但书面形式却以文献的形式保存下来。如契丹文、西夏文所反映的契丹语、西夏语的书面形式。

语言的各种存在形式不是固定不变的,而是不断地变换和发展的。比如有的地域形式变为标准形式,口头形式变为书面形式,社团形式变为全民形式等。语言的存在形式及其发展和变化,是语言学尤其是社会语言学研究的一项重要内容。

四、语言发展于社会

由于社会的发展，物质文明和精神文明的提高，语言为了适应这种发展的需要，要不断地进行修订和改进，最大限度地满足物质和精神两方面的发展，使语言这个交际工具无论在反映新事物、新概念方面，还是在表达的准确性和丰富性方面，都与社会获得同步的发展。语言的发展有两个不同的方面：一是语言系统内部结构要素的发展，如词汇、语义和语法的发展。二是语言的整体存在形式的发展，如语言的形成、语言的分化、语言的统一和语言的消亡等。语言发展的这两个方面有联系，但又并不相同。语言系统内部各结构要素的变化比起其他上层建筑的发展是缓慢的、渐进性的，这也是由语言和社会的关系所决定的。如果语言发生突变，就会失去社会的"约定俗成"性，就会使交际发生困难。

各语言要素的发展速度是不均等的，其中以词汇的发展最为迅速，这是社会对语言的要求。科学技术和人类文明的不断进步，人类活动领域的不断扩大，新事物的不断出现，都要求语言的表达内容不断更新。据记载，宋朝之前没有桌椅，人们席地而坐，宋朝以后才有桌椅，"桌""椅"的词汇也随之相继出现。近几十年来，新事物层出不穷，新词汇也不断涌现，如"电脑""千年虫""网虫""多媒体""碟片""打工"等，外来语也进入汉语词汇体系，如"因特网（互联网）""AA制""沙龙""克隆"等。词汇的增加和更新，最能反应语言的社会特色，每一个历史阶段都会产生一大批反映当时政治、经济和社会生活的词汇，如"文革"期间的"知识青年""插队落户""上山下乡"等，改革开放初期的"万元户""联产承包责任制""一国两制"等，市场经济时期的"跳槽""大款""股民""豆腐渣工程"等新词汇。但无论怎样变化，语言中的基本词汇还是很稳定的，许多新词汇都属于一般词汇，是由基本词汇和其他一些词汇组合而成的。

与词汇的发展速度相比，语法的发展比较缓慢，但也随着社会的发展而不断地发生着变化。据有关部门研究表明：我国商代的甲骨文字，人称代词不完备，数词中还没有序数词和基数词的分别，介词和连词非常少；句子中以单句为主，复句很少见；而少见的复句中以并列复句为大多数，其他复句较少。这一语法水平大约相当于当今4岁左右儿童的发展水平。社会的发展、交际的需要以及人类思维水平的提高，推动着语法结构的不断完善。

语音的发展变化速度也比词汇慢。从方言的语音、古诗词的韵脚与当代普通话语音的比较中可以发现，语音也是不断发展的。

五、语言依存于社会

语言是一种社会现象，离开社会语言就会消亡。如中国历史上的契丹语、西夏语等古代语言都是由于社会的消亡而消亡的。这是因为语言作为交际工具使用于社会，交际功能就是使用的功能，语言一旦脱离社会，就等于停止使用，难逃消失的命运。社会的消亡不能简单理解为政治制度的更迭或统治集团的崩溃，也不能简单理解为社会成员的消散，尽管这两种因素是造成语言消亡的重要原因，比如在上述两种古代语言的消亡过程中，这两种因素都曾起到过非常重要的作用。但从现实和历史上语言消亡的过程来看，语言的消亡主要是由于使用上的退化，即语言功能的削弱而造成的。导致语言功能削弱的原因是多方面的，既有政治的因素，也有经济和文化的因素，甚至还有语言使用者的心理因素。因此，所谓社会的消亡，不是社会成员的消失，语言的消亡只是使用的停止，换句话说，只是语言原来的使用者放弃了对这种语言的使用而改用另外的语言，因而不能想象这些语言的使用者不再使用任何语言。由此可见，社会的消亡导致语言的消亡，而语言的消亡却不一定以社会的消亡为前提，或者说与社会的消亡有必然的联系，比如我国满族语的消亡，并不是因为社会的消亡，而是由于上述其他原因。

反过来说，社会同样也要依赖于语言，客观上也不存在没有语言的社会，因为社会要靠语言来维系，语言的消失必然会导致社会的崩溃。社会的发展影响语言的发展，反过来语言的发展同样推动社会的发展，因为语言的发展促进了思维的发展，语言的发展也加速了语言使用的发展。语言的使用包括语言的传播、交际和教育等各个方面，包括了社会物质生产和精神活动的全部内容。一般来说，语言的发展总是落后于社会的发展，因为语言对社会的反映主要是间接的反映，社会的发展永远是第一性的，社会发展的需要促进了语言的修订、改进和更新，语言只能在一定的条件下对社会起到推动和促进的作用。

本 章 小 结

语言的发生发展既有其固有的生物基础，也需要一定的社会基础，已有的理论和研究都已经证明了这一点。婴幼儿语言发展的生物基础是发音器官的成熟、语音听觉系统的成熟、大脑神经中枢的成熟，其社会基础则是婴幼儿所处的社会环境，婴幼儿是在社会交往中学会某种语言的。作为早期教育工作者，我们需要有这样一种意识：对于健康的婴幼儿来说，早期正式的语言教育以及人际交往才是婴幼儿语言发展的关键所在，这也是我们在早期教育阶段重视、实施语言教育的依据所在。

延 伸 学 习

 拓展阅读

狼孩的启示

1920年，在印度加尔各答东北的一个名叫米德纳波尔的小城，人们常见到有一种"神秘的生物"出没于附近森林，往往是一到晚上，就有两个用四肢走路的"像人的怪物"尾随在三只大狼后面。后来人们打死了大狼，在狼窝里终于发现这两个"怪物"原来是两个裸体的女孩，大的七八岁，小的约两岁。这两个小女孩被送到米德纳波尔的孤儿院去抚养，还

有了名字，大的叫卡玛拉，小的叫阿玛拉。到了第二年，阿玛拉死了，而卡玛拉一直活到1929年。

"狼孩"刚被发现时用四肢行走，慢走时膝盖和手着地，快跑时则手掌、脚掌同时着地。她们总是喜欢单个人活动，白天躲藏起来，夜间潜行。怕火和光，也怕水，不让人们替她们洗澡。不吃素食而要吃肉，吃时不用手拿，而是放在地上用牙齿撕开吃。每天午夜到早上三点钟，她们像狼似的引颈长嚎。她们没有感情，只知道饥时觅食，饱则休息，很长时间内对别人不发生主动兴趣。不过她们很快学会了跟辛格的妻子去要食物和水，如同家犬一样。只是在一年之后，当阿玛拉死的时候，人们看到卡玛拉流了眼泪——两眼各流出一滴泪。

七八岁的卡玛拉刚被发现时，她只懂得一般六个月婴儿所懂得的事，花了很大气力都不能使她很快地适应人类的生活方式，两年后才会直立，六年后才艰难地学会独立行走，但快跑时还得四肢并用。到死也未能真正学会讲话，四年内只学会6个词，听懂几句简单的话，七年才学会45个词并勉强地说几句话。在最后的三年中，卡玛拉终于学会在晚上睡觉，也怕黑暗了。很不幸，就在她开始朝人的方向前进时，她死去了。辛格估计，卡玛拉死时已16岁左右，但她的智力只及三四岁的孩子！

"狼孩"的事实，首先证明了人类的知识和才能并非天赋的、生来就有的，而是人类社会实践的产物。人不是孤立的，而是高度社会化了的，脱离了人类的社会环境，脱离了人类的集体生活就形成不了人所固有的特点。而人脑又是物质世界长期发展的产物，它本身不会自动产生意识，而意识的材料来自人们的社会实践。所以，这种社会环境倘若从小丧失了，人类特有的习性，他的智力和才能就发展不了，一如"狼孩"刚被发现时那样：有嘴不会说话，有脑不会思维，人和野兽的区别也泯灭了。

其次，"狼孩"的事例说明了儿童期在身心发育上的重要性。在人的一生中，儿童时期在生理上和心理上都是一个迅速发展的时期。例如仅就脑重量而言，新生儿平均约390克，9个月的婴儿脑重660克，2岁半到3岁的儿童脑重增至900—1011克，7岁儿童约为1280克，而成年人的脑重平均约1400克。说明在社会环境作用下，儿童的脑获得了迅速发展。正是在儿童时期，人逐步学会了直立和说话，学会用脑思维，为以后智力和才能的发展打下了基础。"狼孩"在动物中间长大，错过了这种社会实践的机会，这就使她们的智力水平远远比不上同年岁的正常儿童。

再次，正如个体发育史是它的种系发展史简短的重演一样，人类幼儿智力的成长过程也反映了从猿到人漫长历程中人的智力的发展历史。由于缺乏社会实践活动，"狼孩"未能学会直立，不得不用四肢爬行，使得她们的发音器官——喉头和声带的运用受到阻碍，发不出音节分明的语言；更重要的是，由于脱离人类社会，印度"狼孩"自然不会有产生语言的可能。此外，她们总是四肢爬行，面部朝下，只得从下方摄取印象，不可能使头脑获得较其他四脚动物更多的印象，这一切根本阻滞了她们智力的发展。"狼孩"的事例从反面深刻地反映了，人类起源过程中如果没有直立行走和语言的形成，人类祖先就不可能实现由猿到人的转变。

（资料来源：周国兴．狼孩的启示[J]．化石，1977〈4〉：14—16．）

 学习活动

举行一次小组辩论，在辩论中进一步明晰婴幼儿语言发生发展的生物基础与社会基础是什么，以及它们在婴幼儿语言学习中的作用与地位。议题：对婴幼儿语言的发生发展影响更大的是其生物基础还是社会基础？

 复习与思考

1. 基于婴幼儿语言发生发展理论，试论述婴幼儿语言发生发展的生物基础是什么，并思考如何促进儿童语言发生发展。

2. 结合婴幼儿语言发生发展理论，试论述婴幼儿语言发生发展的社会基础是什么，并思考如何利用社会因素促进儿童语言发生发展。

3. 讨论影响婴幼儿语言发生发展的生物因素和社会因素哪个更为重要。

第三章　婴幼儿语言发展的影响因素

学习目标

1. 了解婴幼儿语言发生发展的影响因素。
2. 形成科学锻炼婴幼儿语言发展的态度。
3. 初步掌握婴幼儿语言发生发展的机制。

第一节　影响婴幼儿语言发生发展的生理因素

婴幼儿语言的发展深受生理因素的影响。但是，生理因素只是提供了一种发展的可能性和规定性。先天的这种潜在可能性和规定性，要在后天得以实现，自然要受到后天因素的制约与影响。

所谓生理因素，是指整套发音系统（例如口腔、声带、气管、肺等）和大脑神经系统是否健全，都会影响儿童的语言学习。此外，感觉器官包括眼（视觉）、耳（听觉）、皮肤（触觉）、口（味觉）、鼻（嗅觉）等，对语言的学习也会产生重要的影响。这些感觉器官把环境中的信息反映给大脑，大脑把信息记录、储存、分析，再运用到口语以至书面语上。例如婴幼儿认识"苹果"这个名称，他靠视觉看到苹果的外形和颜色，靠触觉（包括手和舌头）辨别出苹果的皮和肉的不同质感，靠味觉和嗅觉分辨出苹果的味道，而靠听觉听到别人对他说出"苹果"这个名称。于是，当婴幼儿说"苹果"的时候，他可以把苹果的特征描述出来；当他看到符合上述特征的水果时，便能正确说出"苹果"这个名称。也就是说，感觉器官是否健全，会影响婴幼儿的语言学习和语言发展。这正好说明，视觉和听觉有障碍的婴幼儿，学习语言会备感困难，因为他不能靠视觉和听觉去接受外界的信息。

研究表明，人类的发音器官在出生后随年龄不断变化成熟，受其影响，语音的学习并不是一蹴而就的。成长到6个月，婴儿的语音发展主要受其生理因素的影响，元音的习得过程经历了从央元音到前后元音的变化过程，辅音习得则主要出现在三个月后，以唇辅音的出现为开始。

本节主要从三个方面来分析：发音器官的成熟、语音听觉系统的成熟和大脑神经中枢的成熟。第二章已经详细介绍过这三个方面在婴幼儿语言发展过程中所起到的重要作用，所以本节就作简要的分析。

一、发音器官的成熟

人的发音器官分为三大部分：呼吸器官、声带和喉头以及口腔、鼻腔和咽腔。发音器官的成熟需要经过一定时间的锻炼，学前儿童的发音器官尚未发育完善，还很稚嫩，处在不断成熟之中。声带是发音的振动器官，声带的振动才会产生语音，所以可以说声带是人类发音的振动器官。声带由有黏膜上皮、声韧带及声带肌组成。声带前端起于甲状软骨板内侧，向后附于构状软骨，达喉室后端。随年龄变化，声带长度、声带黏膜及声带肌都有不同程度变化。总体来说，人的声带是随年龄逐渐增长增厚的，声带肌逐渐变厚，声韧带逐渐发育成熟。因此，在儿童语言教育和语言学习的过程中，成人要注意保护儿童的发音器官。

（一）培养婴幼儿良好的卫生习惯

婴幼儿的发音器官正处在生长发育时期，一定要注意保护发音器官，保持口腔、鼻腔和咽腔的卫生，以免影响婴幼儿发音的准确度。如要教育婴幼儿尽量不要用手去挖鼻孔，以免损伤鼻腔稚嫩的黏膜；要保持口腔、牙齿的清洁，培养良好的卫生习惯；同时还要注意锻炼婴幼儿的身体，增强体质，预防感冒、咳嗽等疾病的发生。当咽喉部位有炎症时，应尽量减少婴幼儿的发音，直到完全恢复。

（二）注意婴幼儿说话、朗读以及唱歌时声带的保护

教师应选择适合婴幼儿声域特点的歌曲和朗读材料，过高或过低的声调都很容易使婴幼儿声带疲劳。要避免婴幼儿大声唱歌和喊叫，以免拉伤声带。说话、朗读或唱歌所处的环境，空气必须清新流通。教室应拥有流通的新鲜空气，教师应经常开窗通风换气（因为新鲜空气里病菌较少且含有充足的氧气，利于并促进人体的新陈代谢，可以增强婴幼儿对外界气候变化的适应能力）。同时，室内外还应有一定的潮湿度，相对湿度保持在40%—60%之间，这对婴幼儿发音时声带的保护有利。

> **案例1**
>
> **不要小视了小儿急性喉炎**
>
> 每年秋冬季节交替之时，有些宝宝会在天气骤变时流清涕、发热，嗓音也会变得嘶哑，同时还会咳嗽，而且咳嗽声音有些特别，好像小狗叫。更令妈妈感到担忧的是，有些宝宝在夜里突然脸色会发青，呼吸困难，要迅速送到医院急救。这种情况往往被医生诊断为"急性喉炎"及"急性喉水肿"。
>
> 急性喉炎是喉部发生的弥漫性炎症，以1—3岁的宝宝多见，大多发生于冬

季，特别是北方气候寒冷时。由于急性喉炎会造成喉部梗阻，如果患病后未及时控制病情，很快就会引起喉头水肿，造成呼吸困难甚至窒息，对宝宝的生命造成很大威胁。

急性喉炎的典型特征——咳嗽声音好似犬叫

1. 患儿咳嗽得特别厉害。患儿通常先有轻微感冒症状，也许并不发烧或仅有轻微发烧。突出的表现是咳嗽特别厉害，但很具有典型特征，即声音"哐哐哐"似犬叫，同时嗓音嘶哑。

2. 喉头炎症发展迅速。一般来讲，患儿的病情白天较轻，但往往在夜间加重。喉头是空气的必经之路，而宝宝的喉头组织尚未发育成熟，喉头很狭窄，淋巴管和血管却很丰富。一旦发炎，大量的炎症液体就会渗入疏松的喉头组织内，使喉部迅速水肿。

抵御急性喉炎的策略

发生喉部水肿后，喉腔更为狭小甚至消失，导致患儿呼吸困难，鼻翼扇动。如果未能急救，患儿会因缺氧而窒息，一定要加强预防及紧急处理：

1. 平时注意预防。经常带宝宝到户外锻炼及做游戏，以增强体质，提高耐寒能力。天气变冷时注意宝宝的身体保暖，以防受寒而使病菌趁虚而入。

2. 患病后积极控制病情。宝宝患上呼吸道感染应积极治疗，以免并发急性喉炎。在宝宝刚一出现犬样咳嗽时，就要赶快去看医生，以控制喉头炎症，避免引发喉头水肿。如果病情不见减轻，特别是宝宝出现呼吸困难时，必须尽快去医院输液治疗。

（资料来源：宝宝树网站）

二、语音听觉系统的成熟

随着年龄的增长，特别是在掌握语言、接触音乐环境的过程中，婴幼儿的听觉不断发展与成熟。具体表现在以下几个方面：

（一）婴幼儿辨别声音细微差别的能力，随着年龄的增长而不断提高

苏联的研究材料证明，婴幼儿往往由于不能区别发音上的细微差别，而不能正确发音，常常出现错音、丢音、换音等语音错误现象。如把"狮子"（shi zi）读成"希儿"（xi ji），把"六"（liu）读成"又"（you），把"岗亭"（gang ting）读成"钢琴"（gang qin）。因此，婴幼儿应该重点进行语音练习，而婴幼儿时期是掌握语音的关键时期，搞好婴幼儿的语音教学意义重大，切不可忽视。教婴幼儿正确发出汉语基本语音的任务，基本都要在这个时期完成。

（二）婴幼儿听觉感受性不断增长，听觉较成人敏锐

美国心理学家鲍厄（1977年）提出，婴儿的耳较成人小。由于耳的大小不同以及婴儿耳内基膜纤维较短的缘故，婴儿接受振动频率的范围更大，因此成人不能听到的某些尖细的声音或高音哨声，婴儿都能听到。而听觉能力在成年期开始逐渐降低，20岁以后，每增加10年，听觉能力都有所下降。到老年期，在高频率部分的听力基本丧失。这说明婴幼儿的听觉较成人敏锐，所以从婴儿期就可以训练婴幼儿对语言的敏感度，培养婴幼儿的倾听能力。

拓展资料

亲子活动

1. 方案一

活动目标：提高婴儿的听觉敏感性

活动准备：小铃铛一对

活动过程：①用浴巾或小被子把婴儿包起来，露出双手；②把铃铛系在婴儿的手腕上；③摇摇婴儿的双手，让铃铛发出响声；④让婴儿自由玩一分钟。

活动建议：本方案适用于1个月大的婴儿。当婴儿摇动双手，铃铛发响时，必须及时给予鼓励。

2. 方案二

活动目标：提高婴儿的听觉敏感性

活动准备：芭蕾舞乐曲音带

活动过程：①把双手夹在婴儿腋下，使他的双脚踏在成人身上；②抬起婴儿，配合音乐舞蹈般轻轻摇动婴儿；③反复三次。

活动建议：本方案适用于2个月大的婴儿。在摇动婴儿时要合着音乐节奏，确认婴儿是否感到快乐。

3. 方案三

活动目标：让幼儿分辨不同的声音，发展有意倾听能力

活动准备：增进幼儿彼此之间的熟悉程度，并熟悉所模仿的动物的叫声。

活动过程：①请所有幼儿闭上眼睛；②老师指定一名幼儿模仿一个动物的叫声，如公鸡、小狗、小猫等；③让其他幼儿猜一猜刚才是谁在学动物叫；④幼儿确认自己猜得对不对。

活动建议：该方案适用于1—3岁的幼儿；活动需要参与的幼儿彼此之间较为熟悉；对于年龄稍小的幼儿可以降低活动的难度，如减少参与人数。在家庭中使用该方案时，可以通过录制好的动物的声音让幼儿以猜的形式进行。

（资料来源：袁萍，祝泽航编.0—3岁婴幼儿语言发展与教育［M］.复旦大学出版社，2011.）

（三）婴幼儿听觉的个别差异性很大，随着年龄的增长而不断减少

我国心理学工作者廖德爱等人（1983年）的研究表明，新生儿的听觉反应强度和形式有较大的个别差异。他们把出生后24小时以内的新生儿听觉反应强度从弱到强分为5个等级。当听到强烈的声音刺激时，新生儿的反应依次如下：第一等级为眨眼或嘴动一下；第二等级是睁开眼睛，皱皱面孔；第三等级是头扭动一下，或面部带有哭相；第四等级是眼珠转动，头眼有寻声运动；第五等级是扭头张望。由此看来，儿童听觉的个别差异自出生以来就相当明显。

在婴幼儿语言教育中，就婴幼儿语言学习和发展而言，倾听是不可缺少的一种能力，它是婴幼儿感知和理解语言的行为表现，而婴幼儿语音听觉系统的不断成熟与发展，为婴幼儿倾听能力的培养提供了生理基础和物质前提。

掌握语音，必须依靠语音听觉的发展，婴幼儿的听觉发展较早，幼小的婴儿已能辨别语音的细微差异，婴幼儿听觉的发展影响着婴幼儿言语和思维的发展。因此，要保护好婴幼儿的听觉器官和听觉功能。

案例2

如何保护宝宝的听力

听觉是人与周围环境相协调的重要途径，现代信息社会更需"眼观六路，耳听八方"。因此，家长和老师应保护好宝宝的听力，多了解一些有关的基本知识。

一、避免噪声污染。婴儿的听觉器官发育尚未完善，太大的声音刺激会损伤稚嫩的听觉器官。迪斯科、摇滚乐等高音量、快节奏的音乐，会导致内耳的微细血管痉挛，供血减少，从而使听力下降，甚至造成噪声性耳聋。应尽量少带宝宝到歌舞厅等娱乐场所，家庭影院中的音响音量也应适当控制。有些宝宝喜欢模仿大人戴耳机听音乐，这很容易导致听力受损，一旦发现应当加以制止。

二、避免意外伤害。切莫让宝宝将细小物品如豆类、小珠子等塞入耳内，以免造成外耳道黏膜损伤、感染，从而使听力下降。若头部受到外伤，也容易波及内耳，严重的会使耳膜破裂。有些家长喜欢用发夹、耳勺等给宝宝挖耳，这很容易造成鼓膜外伤穿孔，引起耳聋。

三、防止外耳及中耳的污染。中耳腔内有一条通往鼻咽部的细管，称咽鼓管。婴儿的咽鼓管比较短、宽且直，呈水平位。感冒等一些疾病引起的鼻咽部分泌物增多，或当婴儿吐奶或呛奶时，细菌便很容易从咽鼓管进入中耳。给婴儿哺乳时姿势要正确，应把婴儿抱起来，取半卧位。如果母乳过于充足、压力过大，可使婴儿头稍低，以免来不及吞咽而误入咽鼓管。用奶瓶喂奶时，奶瓶不宜举得太高，奶嘴孔也不宜太大。此外，在给宝宝淋浴、洗头或游泳时，千万不要让污水进

入耳内；同时应避免宝宝躺着时眼泪流进耳道，造成感染。

（资料来源：育儿网）

三、大脑神经中枢的成熟

婴幼儿时期是人的生理发育和机能发展最迅速、最重要的时期。人体大脑语言神经中枢趋于成熟。大脑皮质的发育顺序是从后到前，即中央后回的各皮质先发育，逐渐向中央前回部推进，额叶发育最后完成，这与儿童语言行为发育的顺序基本一致。从大脑皮质的发育顺序看，阅读神经中枢的发育先于说话神经中枢。这个时期，人的感知觉能力相对比较发达，是接受各种外界刺激的敏感期。婴儿从出生就可以通过观察和接触物体、倾听声响进行"学习"。早期生活基本上是在用各种感官感受外部世界过程中，形成由微而显的内在体验，而且各种感官的刺激往往相互贯通，产生带有综合性的反射作用或学习体验。随着孩子年岁的增长，感受体验逐步深化。

官群在其文章中指出，从婴儿一出生，大脑左半球就对语言的一些方面很敏感。如在生命的第一天，言语的声音已能引发婴儿大脑左半球较多的电活动，而音乐和其他非言语的声音则引起大脑右半球较大的活动。由此可见，婴儿的大脑在出生时就已经能够感知周围的世界，对周围的世界作出一些简单的判断。

苏联研究者经过实验发现，语言发展水平与手指的精细运动高度相关，而语言发展水平与一般运动的发展相关性是低的。这可能出于两方面的原因，一是手的运动在皮质的投射区紧靠着语言中枢，神经通路很多，有可能通过手的活动的神经冲动通向语言中枢，促进其发育；二是手的活动引起表象的分化，获得物体性质的经验与结果的经验，由于动作思维的发展促进了语言的发展。当然，上述实验只是针对语言初始发展时的状况而进行的。当语言从动作符号和形象符号中分离出来之后，精细动作与语言水平的高相关就不存在了。

为了促进语言中枢的成熟，加强后天的语言训练也是十分必要的。对于加强语言训练，优化外部刺激，可以从以下几方面进行：

（一）协调听、说、读、写，促进儿童语言全面发展

在学前期，儿童语言训练时，要对听、说、读、写的能力进行全面训练，使其得到协调发展。在教孩子发音时，父母要切记不要重复孩子错误的发音。刚学会说话的孩子虽然基本上可以用语言来表达自己的愿望和要求，但是很多时候还存在着发音不正确的现象，比如把"吃"说成是"七"，把"苹果"说成"苹朵"，这是因为孩子的发音器官发育还不够完善。听觉的分辨能力和发音器官的调节能力都相对较弱。在这种情况下，父母不能够去模仿和重复孩子的错误发音，而是应当使用正确的发音来进行纠正，多重复这些孩子容易出错的词汇，久而久之，孩子的发音器官和听力逐步完善，就能够进行正确的发音。同时，作

为父母,当孩子出现这种情况时不能着急和担忧,只要进行正确的发音训练,孩子是可以正确发音的。在听和说的训练方面,使听和说之间的神经联系的频率增加,接通的速度加快,使儿童的听说能力同步发展。因此,平时父母要加强这方面的训练,对儿童经常接触到的事物,要训练他能表达出来,熟悉这些物品的名称,并能将物品和名词联系起来。也可给婴儿照镜子玩,让他看自己身体的部位,再看看镜子里的婴儿。这样充分利用婴儿各种感官的发展和动作的形成,通过让婴儿观察周围环境来发展婴儿的认识能力。

(二)选择恰当的时机,丰富语言环境

父母是孩子语言的第一任老师,对儿童语言发展起着重要的作用。而这一阶段的儿童无意注意、无意记忆占优势,更易受环境的影响,因此,父母选择较适当的说话时机是非常必要的。如儿童睡前倾听儿童文学作品,对保持记忆有较好的促进作用。教师和家长可根据实际情况灵活地安排儿童睡前倾听的时间和内容,只要坚持一定会收到良好的效果,不仅有利于学前儿童语言的学习,而且有利于发掘儿童记忆的潜能。另外,还有研究表明,婴儿获得的词汇量的多少,很大程度上取决于母亲对他说话的数量。如当给婴儿穿衣服时,或给婴儿喂奶、换尿布时,要和婴儿说话,告诉他"妈妈在给你换衣服,凉不凉啊?伸伸小胳膊、抬起头"等。也就是说要尽可能地与婴儿多说话,时间一长,这种语言信息就储存在了他的大脑里。随着他的智力发育,再经过几十次的语言重复,他就明白,原来总抱着自己的人就是妈妈。

其次,在丰富语言环境的同时,还要注意环境的甄别。现在很多家庭都是三代同堂,爷爷奶奶会和孩子住在一起,而老人经常会使用方言跟孩子进行交流,父母经常会用普通话,甚至在一些家庭里会出现两种以上的语言,这对于处在学习发音阶段的孩子是十分不利的。复杂的语言环境会给孩子带来一定的困扰,其结果是导致孩子说话晚,发音不清晰。曾经有一个案例,一位3岁多的孩子,在家里父母、爷爷奶奶都是用上海话同孩子讲话,这样的结果是孩子不会说普通话,到了该上幼儿园的时候,才发现自己的孩子没有办法融入到幼儿园环境中,因为别的孩子说的都是普通话,他没办法用普通话跟别的孩子交流,这对他的成长是非常不利的。所以,对于语言环境的甄别也是十分重要的,要根据所处的语言环境适当调整发音训练,这也是父母要注意的。

(三)进行听说练习,将练习融入在有趣味性的游戏中

1. 组句扩词练习。把一个词组成句子,把短句扩成长句,如"布娃娃,我玩布娃娃,我在玩一个大眼睛的布娃娃,我玩一个头上戴着小红帽的大眼睛的布娃娃……"句子的长度以儿童能够说出为依据。

2. 词语的替换练习。上一例句中的任何一个词都可以用处在同一聚合结构中的词来替换。如"我玩布娃娃",在"我"的位置上可以用"你""他""小红""小平"……来替换;在"玩"的位置上可以用"拿""抱""拍"等来替换;在"布娃娃"的位置上可换上"皮球""积木""铃铛"等。

3. 围绕同一内容进行扩句和缩句的练习。深层结构和表层结构的相互转换,此处要

求成人既可以先给一个词,也可以给一个比较长的句子,让儿童压缩成一个短句和词,还可以凭一个内容把一个句子扩充成几个表层结构不同的句子,如"我拍皮球""皮球被我拍了""我把皮球拍了""拍皮球的是我"等。

4. 连词成句。如把"飞机""蓝天"两个词,扩充成一个句子,"飞机在蓝天上飞""蓝天上飞着飞机""飞机飞在蓝天上"。还可以增加词汇,组成新的句子,如"蓝蓝的天空上飞着一架大飞机"或"蓝蓝的天空中有一架大飞机在展翅飞翔"等。上述练习有助于聚合结构、组合结构、深层结构和表层结构的大脑机能的成熟,有助于培养儿童对语言规则的抽象以及运用语言的灵活性。

此外,还可以通过故事表演、编构故事、仿编诗歌和散文等来提高儿童学习语言的兴趣,优化外部语言刺激,并且促进与形成与语言紧密相关的感知、记忆、思维等认知能力的发展。

拓展资料

儿童早期语言发展

探讨儿童早期口语能力常用的研究方法包括观察和记录儿童的自然对话、父母问卷等,如儿童语言语料交换库存储了大量的各种语言的儿童与父母的自然对话。国际上已经发展了一些量表,用来评估儿童的语言能力。比较通用的量表是《MacArthur-Bates 沟通发展量表》(MacArthur-Bates Communicative Development Inventory,MCDI)。该量表可以帮助了解8个月到2岁半的儿童语言发展是否正常。目前,这一测量儿童语言发展的方法已被推广应用于约20种语言的研究。结果表明,16个月以前,儿童能够表达的口语词汇非常有限,一般在50个词以内,儿童最初能说的词主要是具体词、生活中熟悉的词、单音节词(如"猫"),能说出的词汇受到儿童概念发展、生活经验、发音器官等的限制。儿童在17—18个月以后的口语词汇爆发性增长,2岁半左右能达到600—700个词。随着儿童生活经验的丰富和社会交往的增加,儿童词汇进一步迅速增长,5—6岁能说出的词汇达到2000—2500个词,可理解的词汇增长至14000个词,包括很多抽象词,如"友谊""成功"等。12岁儿童能理解的词汇可达到50000个词。汉语研究中,相关学者也发展了相应的早期语言发展量表。

对于语言习得的研究者来说,一个基本的研究问题就是,儿童在最初的几年中如何快速而轻松地习得大量的词汇?儿童是如何学习理解词汇的?有研究者认为,环境中的线索对儿童语言学习十分重要,说话人的眼睛注视、身体朝向、手势、微笑都为儿童理解词的意义提供了线索。例如,通过指点物体、身体朝向等,儿童可以学习名词"狗"、动词"看"及其他词汇,如"这里""那里"等。通过这些线索,儿童可以成功地将一个新的词汇与它指代的对象相联系,建立音义对应关系（比如将声音 /māo/ 与毛茸茸的动物建立联系）。环境提供了一个社会、感知、认知、语言线索的联合体。儿童可能一开始只能使用有限的线索，随着年龄的增长，能够使用更多的线索。研究还发现，儿童在词汇习得过程中逐渐建立和丰富大脑中的"心理词典"。尽管儿童可能是一个一个地学习词汇，但是这些词汇并不是杂乱无章地摆放在"心理词典"中的，一旦孩子掌握了一定量的词汇，就会按照名词、动词和形容词这样的分类原则把这些词组织起来。每种分类中，又可以按照自然组织原则，进一步把这些词汇分成不同的组群，例如在名词类别下可以分成食物、衣服和玩具等。事实上，通过观察正常儿童的早期词汇习得，研究者看到仅仅在几个月的时间内，孩子最早获得的那些词汇就已经形成了清晰而有意义的组群，在相关计算机模拟中也得到了类似的结果。

　　学前时期，儿童口语词汇的发展存在很大的个体差异，口语丰富的儿童与口语贫乏的儿童的词汇量相差 3—5 倍。有很多因素影响儿童的词汇发展，其中语言输入量、语言输入的特性是影响儿童语言发展的重要因素。有研究者在 42 个家庭中记录了儿童 7—36 个月期间的口语词汇，每天记录一个小时。当儿童 9 岁时，研究者再对他们进行阅读和其他学习能力测验。研究结果发现：儿童在 1—3 岁时的口语能力已经存在很大的个体差异，其口语能力与父母对儿童说话的数量有高相关；儿童在 1—3 岁时在家庭中得到的母亲的言语输入量与他们在 9—10 岁时的阅读能力有高相关。例如，如果追溯学校期间阅读能力高的儿童在 1—3 岁时的早期发展，可以发现他们的母亲每天对儿童说的词汇量达到 30000 个词。而对于那些在学校期间阅读发展较差的儿童，其母亲每天对孩子说的词汇量仅为 7000—8000 个词。这表明早期语言输入量对儿童学龄期阅读能力的发展十分重要。对 CHILDES 语料库中的英语、汉语和粤语儿童及其看护者的言语词汇中词类比例的语料分析以及计算机模拟研究都表明，语言输入的特性限定了词汇的学习，影响了儿童的动词、名词、形容词等词类的发展变化。近期的研究进一步发现，除了成人的语言输入量，儿童与成人的对话轮换数也是重要的影响因素，表明语言学习不是一个被动学习的过程，儿童的主动参与及亲子交流在语言发展中也十分重要。这也就意味着，父母应该积极参与儿童的语言交流与沟通过程。

（资料来源：舒华，李平．学前儿童语言与阅读的发展及其促进［J］．学前教育研究，2014〈10〉：3—10．）

案例 3

为幼儿营造"童话气氛"

某幼儿4岁，父母均为大学学历，父亲是某公司销售经理，母亲是某公司业务骨干，家庭结构是三代同堂，经济情况较好。该幼儿性格内向，不爱讲话，如果问他一些问题，要么点头，要么摇头，要么干脆一声不吭，不得已时偶尔蹦出一两个词来。家长反映幼儿在家也很少说话，碰到生人就更不肯说了。

分析：父母工作繁忙，幼儿由祖辈抚养。由于是隔代教育，老一辈过分宠爱，孩子有需求时不用开口就被满足了，使得该幼儿从小缺乏语言训练；同时，老人缺乏必要的幼儿教育的知识，仅限于幼儿吃好、穿好，少了些互相交流；加上幼儿性格又较为内向、敏感，自尊心比较强，怕自己讲错了被别人取笑，所以胆小、怕羞，最终就变得不爱讲话了。但是，幼儿的语言器官本身并无损害，其主要问题是不能像正常幼儿那样用语言顺利进行交流，语言发育迟滞。

对策：俄国教育家乌申斯基曾经说过："幼儿掌握祖国语言时，不仅掌握词，它们的组合和变化，而且还掌握关于事物的无数概念和观点，掌握语言中的很多思想、情感、艺术形象、逻辑和哲学。"语言是一个人表达思想和情感的载体和纽带，幼儿语言能力的培养非常重要。幼儿的语言学习纵然有多种方式，但是要让幼儿主动说话，善于说话则大有学问。事实上，运用童话这种艺术形式帮助减轻或解决语言发育迟滞，不失为一种成功的办法。因为，童话浅显通俗，适应幼儿的身心发展特点，在幼儿的眼里，一切的景、情、事、物均是童话，他们对童话有极强的适应能力，童话中创造的情境和形象也可以反映生活，教育、启发幼儿。为此，可以从以下几个方面着手：

1. 精心装扮居室，力求体现童话环境。叶圣陶先生说过，"图画不单是文字的说明，且可拓展幼儿的想象，涵养幼儿的美感"，在为幼儿开辟的小房间或划出的一角内，应当精心地加以布置。如墙上可以挂些幼儿喜爱的动物图片、幼儿活动图片、卡通人物图片等，适当地摆放一些动植物工艺品；家居布置颜色丰富多彩，活泼、亲切；幼儿的床单、被面、枕头、窗帘、衣裤、鞋帽等生活用品均可伴以童话图案，更可以请幼儿一起帮助布置、挑选，从而锻炼幼儿的能力，使这片属于幼儿的领地能够得到幼儿的认可，同时密切了亲子关系，诱发幼儿自主的交际愿望，丰富幼儿的词汇，为幼儿提供语言实践的机会，提高运用语言进行交际的积极性。

2. 有目的有选择地购买童话玩具。为幼儿购买合适的玩具，做到循序渐进，由浅入深，由简到繁，以适应幼儿的不同年龄特征。既不能对购置有教育功能的玩具不屑一顾，只在幼儿吃、穿、学习方面多花钱；也不能简单地认为玩具价格越高越能启发幼儿的智力,一味追求高档玩具。事实上,有些简单的玩具更能唤起幼儿的想象力,活跃幼儿的思维。与此同时,要利用各种时间和幼儿一起玩玩具,以加强正确的语言示范,为幼儿提供语言模仿的榜样,提高幼儿说话的兴趣和信心。

3. 用童话语言熏陶幼儿。随着年龄的增长,幼儿的语言由单一词汇向句子表述发展,语意表达也由简单到复杂。而多讲一些童话故事,是训练幼儿语言能力的有效方法。童话中的词汇形象生动,极富趣味性,如"太阳公公""月亮姐姐""风伯伯""星宝宝"……易记、易读;也可以鼓励幼儿多用童话语言,描述较为熟悉的猫、狗等动物的外貌、神态、动作、心理等。长此以往,幼儿就会逐渐地爱讲、会讲,提高语言表达能力。

4. 用童话书籍、磁带、动画片启迪幼儿。可以有步骤地购买童话书籍,并加以必要的讲解、指导,在幼儿的头脑里不断积累童话故事;要创造条件让幼儿多听音乐、童话故事磁带,启发幼儿的想象力,培养他们和谐的精神和愉快的情感;动画片内容精彩,角色直观、形象,也能帮助幼儿分辨是非,认识生活中的真善美与假恶丑。在此基础上,根据幼儿的兴趣,可以要求他们推测童话中的一些情节,进而续编、创编故事、儿歌,提高语言的综合运用能力。

另外,经常带幼儿去郊野,观察各种家禽动物,观赏迷人的自然风光;经常做一些跟童话内容相关的游戏;带领幼儿参加力所能及的劳动和有意义的活动等,可以为幼儿积累更多的说话材料,逐步使幼儿真正掌握语言。

总之,长期感受"童话氛围"的幼儿,感知能力、理解能力、判断能力、表达能力、想象能力等,都相对较好。因此成人要想方设法为幼儿创设语言交际的情境,让幼儿多听、多说、多实践,尽可能在家庭环境中创设"童话氛围",潜移默化地启发熏陶幼儿,提高他们的智力和心理素质,从而促进幼儿语言能力的发展。当然,实施"童话氛围"教育最终离不开家长、幼儿的共同努力。家长既是实施教育的主体,更是具体的设计者、执行者,平时要多多陪伴幼儿,与幼儿多沟通、多交流。

(资料来源:第二教育网)

第二节　影响婴幼儿语言发生发展的心理因素

在上一节中,我们详细地讨论了生理成熟因素对婴幼儿语言发展的巨大影响,这可谓是语言发生的先决条件。然而,语言的发生发展是一个极其复杂的过程,所有生理正常发育的儿童都能在出生后四至五年内未经任何正式训练,依然取得较好的发展,但为什么有的程度高一点,而有的却程度低一点呢?这就需要我们觉察到语言发展中复杂的心理过程和心理特点。

一、认知能力的发展

  在心理因素中，最重要的方面是大脑的认知能力。语言能力无论是印入性的（例如听和阅读）还是表达性的（例如说和写），都建立在对语言内容理解的基础上。也就是说，语言能力和认知能力有密切关系，语言能力是受一般认知能力制约但又有自己特殊性的认知能力。皮亚杰及其追随者，强调认知能力对婴幼儿语言发展的单向作用，未免片面，但是语言能力确实受到认知的影响，这是无可置疑的。例如，通过感觉器官，婴幼儿能分辨出物体的长短、大小、高矮、宽窄等；理解到什么是高低、上下、内外、前后、左右等；通过听觉辨别出人声、动物的叫声、音乐声、各种物体的撞击声，以及哪些声音悦耳、哪些声音嘈杂等；通过触摸物体分辨其外形、质地、软硬度、温度等；通过味觉分辨出酸、甜、苦、辣、咸、鲜美等味道；通过嗅觉闻出不同的气味，再凭气味辨别出不同的物质；通过运动觉知道不同的动作，例如走、跑、跳、爬、攀登、抛、掷、弯腰、踢腿等。如果婴幼儿对环境中事物的属性有了基本的概念，当他掌握到相应的词汇时，便可以用语言进行沟通了。

  其实，在婴幼儿学会用语言表达自己的时候，他们也会经历一个特殊的语言过渡阶段——手指语言，即用手指指东西。在这一阶段，他们虽不会用语言表达交流，可是你却会惊奇地发现，当人们向婴幼儿提问："宝宝，妈妈在哪里啊？"大部分婴幼儿都能很快从人群中找到妈妈，并指向妈妈，似乎这就是在告诉你"妈妈在那里"。当然，除了指认人物外，婴幼儿还可以指认出各种小动物、小物件，或是熟悉的生活物品等。婴幼儿的手指语言也充分表明，当他们对事物积累了相当水平的认知了解后，就能将其所熟知的事物与语言建立起准确的联系，增加词汇积累，促进语言的发生发展。

拓展资料

婴儿的手指语言预示心情

  有时候婴儿虽然还没学会说话，但是会用手指来表达自己的要求，父母只要仔细观察，就能轻松地领悟婴儿的手指语言。

  小手张开、手指向前伸展：婴儿带着愉快的心情醒来时小手通常是这样的动作，这是他在邀请身边的父母和自己一起玩。

  小手的指头放松地弯着：这时婴儿已经不再东张西望，他的手臂也松软地耷拉下来，说明婴儿已经累了，想睡觉了。

  小手捏着松松的拳头：婴儿在睡眠中会有这种手势，说明他正在做梦，他的眼球在眼皮下轻轻地转动，有时还会发出轻轻的鼾声。其实，梦中的婴儿睡得并不深，随时可能会醒来。

> 小手紧紧地握着拳头：婴儿紧张时通常会有这样的动作，或许这时婴儿害怕某个陌生环境或人，也可能是他的小肚子有些不舒服。
>
> 手臂放松、小手轻轻地握着：这时的婴儿正心满意足地享受着美妙的时光，他愿意独自呆着，而不需要外来的干扰。
>
> （资料来源：太平洋亲子网）

语言是反映客观世界和人类社会生活的一种符号系统，语言运用受制于各种语境因素，特别是人际关系。在语言系统和语言运用的一系列规则中，深深地注入了语言社团的代代相传的文化因素。而要获得语言系统，学会按照社团的习惯使用语言，就必须对语言所表达的客观世界和人类社会生活有一定的了解，就必须掌握注入在语言系统和语言运用习惯中的文化因素；而要掌握这些因素，必然需要一定的认知能力。

相反，如果婴幼儿对语言中所描述的事物全无概念，又不理解词义，当他人说出一些物体的名称或描述一些物体的形状时，他便会感到茫然，难以理解其语言内容。同样，他也不能用语言或文字去描述这些事物。因此，儿童如果缺乏认知能力和概念知识，当他听到别人说话时，便很可能产生理解错误，或者表达障碍。相关研究表明"学前儿童的表达层次是零乱的，篇章意识是缺乏的，思维的逻辑水平是薄弱的、低下的""结构杂乱、层次不清的讲述，在婴幼儿期最主要的表现及原因在于：第一，不理解讲述的对象，不但讲述无重点、主次混杂，而且条理不清；第二，讲述前缺乏观察和思考，边看、边想、边说，以致语无伦次；第三，思维过于具体，以致事无巨细，均作具体琐碎的描述，讲述必然轻重倒置；第四，自我中心的思维特点，使其在讲述时沉醉于对事物所见所闻的过程中，因而表达随心所欲，缺乏条理；第五，缺乏概括与综合能力，对丰富的内容不知归类叙述，因而，内容越多，讲述越杂乱无章。"由此可以看出，认知发展对于婴幼儿语言学习的制约。

二、个性品质的差异

除了认知因素以外，儿童的其他心理素质也会影响儿童的语言学习和语言发展。比如，个性品质的差异。一般说来，性格外向、喜欢与人交往的儿童，其语言发展的速度较快，这是因为个性外向、自信、善于交际的儿童对周围人的言行比较注意，常常会自觉或不自觉地加以观察和模仿，敢于在各种场合表现自己，因此他们就能争取到许多语言学习和表现的机会。而个性内向的儿童往往缺乏自信、胆小怕羞，因而也就失去了许多语言学习和表现的机会，缺少成功与失败的体验，缺乏吸收语言信息的主动性和有效性。也有研究指出，女孩比男孩更乐于同成人交往，她们在干一件事情之前，往往要向成人请示。男孩和女孩这种心理差异及其带来的行为上的差异，是导致女孩语言发展快于男孩的原因之一。

案例 4

孩子不自信怎么办？

3岁的玲玲，漂亮可爱，无拘无束，在父母面前，唱歌跳舞无所不能。但见到陌生人就变得很拘谨，不愿意叫人，也不敢在众人面前表演。这样的情况很多孩子和家长都遇到过，作为家长应该如何来应对这一问题呢？

我们要知道孩子不自信有可能是缺乏父母信任所致。不少家长不相信孩子，总认为孩子年纪小，这也不行，那也不行。当孩子可以独立生活的时候，大人往往不给孩子这样的机会，吃饭怕孩子弄脏、浪费而喂他；当孩子满心欢喜地自己穿衣服时，大人却为了赶时间而麻利地给孩子穿上了；当孩子和小伙伴抢玩具发生争吵时，大人总会挺身而出怕自己的孩子吃亏。父母当初的做法当然是爱孩子的，但这种不信任的爱，却让孩子丧失了学会照顾自己，与人交往和独自面对困难和挫折的机会，以致缺乏独立人格、以自我为中心、不自信。那么家长应该怎么做呢？

首先，家长要选择相信孩子，让孩子做力所能及的事。这主要是对孩子生活自理能力的培养，让孩子把自己力所能及的事情做好。如孩子3—4岁逐步学会自己吃饭、穿脱衣物、入厕、饭前便后洗手、收拾玩具等。孩子到5—6岁可以自己洗漱、洗袜子等小件衣物。放手让孩子自己动手，不仅可以培养孩子的生活自理能力，还可以培养孩子的自信心。

其次，家长要多给孩子正面的赏识、鼓励。哲人詹姆士说："人类本质中最殷切的要求是：渴望被肯定。"而肯定一个人（特别是孩子）的具体表现是赏识、赞扬、鼓励，这些更是孩子自信心的树立所必需的。要善于发现日常生活中孩子的优点和长处，适时鼓励和表扬。例如鼓励孩子时，可对他说"我相信你可以的"；当指出孩子的优点时，父母可以说"我觉得你在数学方面很有天赋""你会主动整理自己的房间，真懂事""你的字写得很好看，看起来很舒服"等。

最后，家长要接纳孩子，不要有不切实际的期望。望子成龙、望女成凤是中国人根深蒂固的观念，父母总是不衡量孩子的能力，以自己的心愿来要求孩子。作为父母，不管孩子怎样，都要尽量接纳孩子的原貌，不要按照自己所希望的去强求他，不仅他的优点要接受，他的缺点也要接受。不要时常指责、批评孩子的做事方式，这样会使孩子误以为自己的能力不够而自暴自弃。家长应该鼓励他勇于尝试，勇敢地面对挫折、面对失败。"自信力"并非父母或别人给他的，是从自己身上找到的。这种重要的观点一定要让孩子懂得，将来他才会有意识地去锻炼、培养自身的自信力。

第三节　影响婴幼儿语言发生发展的社会因素

社会的各种因素对婴幼儿的语言学习也有相当的影响。这里所说的社会因素，是指儿童所接触到的人和事，比如成人和同伴对他的态度。社会的影响因素很多，其中最为重要的是儿童的社会生活环境、成人的语言观念和对待儿童的态度。

一、社会生活环境的影响

婴幼儿都是在特定的社会生活环境中获得语言的。社会生活环境是由物质的和精神的、家庭的和社会的诸多因素交叉组合而成的。各种各样的因素都会对儿童的语言发展发生直接的或间接的、巨大的或细微的影响。

武进之执笔的《幼儿使用形容词的调查研究》一文，向我们展示了许多因社会生活环境不同而影响儿童语言发展的例子。例如，云南的撒尼族生活在山区，撒尼族儿童对于"陡"这个形容山势的形容词，比汉族的城市儿童要掌握得早；四川、湖南以吃辣椒而著称，这两个地区的儿童对于"辣"这个词的掌握，要比其他地区的儿童早一年或一年半。该文还指出，各地的方言习惯不同，从而也影响到儿童语言的发展。比如"皮、顽皮、调皮、淘气"这组同义形容词，各地使用的习惯有差别，儿童在学习这些形容词时也表现出较大的差异。上海地区的儿童三岁半会用"皮"，五岁半会用"顽皮"；四川、广东、湖南和福建的儿童则分别于四岁半、五岁半时会使用"调皮"一词；北京地区的儿童在三岁半时会使用"淘气"一词，但是对于其他几个形容词，至六岁半时，使用的儿童还没有超过半数。此外，还发现儿童对于"咖啡色"和"棕色"、"冷"和"凉"的使用，也反映出方言因素的影响。

教育的差异也会导致儿童语言发展的差异。许多研究都发现，农村儿童的语言发展落后于城市儿童的语言发展，现在儿童的语言发展要胜过过去儿童的语言发展。刘兆吉等发现同年龄的农村儿童，特别是3—4岁的农村儿童，语言发展落后于城市儿童。主要原因是农村环境和教育条件，特别是早期教育条件不如城市。再如，过去有人研究，儿童在进入小学时对"因为"一词还不能较好掌握。后来有人发现，儿童到五六岁时，出现了"因为"。然而，现在的儿童三四岁时就会使用"因为"。这三个年龄差异，如果不是观察上有问题的话，就正好说明了不同时期的教育状况对儿童语言发展的影响。

吴凤岗在《中国家庭教育与儿童青少年的心理发展》一文中，报道了我国学者对"猪孩"的调查。我国东北有一个叫王显凤的女孩，其母智力在正常与低常之间，其父有精神分裂症，她家又独居村外，所以王显凤从小就缺乏照料，常与猪为伍，有时就吃猪奶猪食，睡猪圈。1983年王显凤被发现时已经8岁，但是智力不足3岁，表现出很多猪的生活习性，如不用手挠痒，而是在树干或墙上蹭痒；生吃高粱和谷穗时不用手摘，而是用嘴叼、咬；有时四肢爬行等。"猪孩虽然8岁但语言水平很低。经过幼儿园和小学4年的教育，才能把话说清，可以与一般人进行简单的交谈。"猪孩的悲惨命运剥夺了她早期与人交往的机会和接受教育的权利，严重地影响了她的语言以及其他方面的发展。

此外，语言环境的连续性也会影响幼儿语言的发展。在1—2岁这个阶段，父母与幼儿的语言交流仍是非常重要的，除了多与孩子进行语言交流和沟通之外，随着幼儿语言表达能力的迅速增长，家长在与幼儿交流的内容上要更加丰富多样，以适应幼儿的语言发展需要。不过，在这个阶段，家长要注意的是，尽可能为幼儿提供连续的语言环境，这对于幼儿的语言发育是非常重要的。在这里，连续的语言环境指的是语言环境的一致性。我们的生活中就经常有这样的例子。有个孩子从小在云南生活了一年，后来又去了四川半年，之后又回了云南。现在孩子两岁了，夫妻俩都在河南工作，把孩子接到身边教孩子说普通话，可是发现孩子只会一些简单的表达，因此担心孩子会不会是接触的语言种类太多，不知道该怎么表达。其实，孩子两岁了却只会说一些简单的话，说明孩子的语言发育的确落后了。原因是什么？接触的语言，准确地说是方言，种类多并不是幼儿语言发育落后的真正原因。真正的原因是幼儿接触到的语言环境的不连续性。在语言发育过程中，幼儿是在不断与周围环境相沟通的过程中习得语言的，如果这种语言交流不顺畅或不成功，则会抑制幼儿的语言发育。对婴幼儿来说，在不断地变换养育环境的过程中，他们遭遇了很多这样的阻力，因此，久而久之，语言发育就受到挫折，变得迟缓。因此，我们提倡父母还是尽可能自己带孩子，多跟孩子沟通。当然，如果已经出现类似的语言发育迟缓的情况，父母也不必过于担心，多了解孩子的想法和语言表达习惯，多跟孩子进行语言沟通，给孩子提供一个顺畅的语言交流环境。

拓展资料

婴幼儿常看电视不利于语言发育

美国一项研究发现，让婴幼儿看电视的时间越长，他们的语言甚至脑部发育受影响的程度就越大，这是因为看电视会减少婴幼儿和大人的语言交流，婴幼儿从大人那里学到的新词汇量显著减少。

美国华盛顿大学教授季米特里·克里斯塔基等人在《儿童青少年医学文献》上说，他们对329名2个月到4岁的婴幼儿进行了为期两年的跟踪研究，让他们穿上特制的背心，携带一台小录音机，录制他们在连续12到16小时内听到别人及自己所说的话。研究人员计算了大人说的单词量、孩子喃喃学语发出的声音以及大人和孩子之间的语言交流量。他们发现，只要电视机开着，不管有没有人看，大人和小孩之间的各种语言形式都明显减少。

克里斯塔基说，没有什么东西能比模仿大人讲话更能促进婴幼儿的语言发育,大人说的每个单词对婴幼儿都有意义,电视代替不了人照顾孩子。

(资料来源:新华每日讯,2009年6月5日第007版科技·健康)

案例 5
语言环境对幼儿语音发展的影响

观察对象为一名3岁9个月的男童,其主要看护人为外婆。外婆平时很注意与他多说话,读诗歌、童谣给他听,但外婆是四川人,说的是川普(四川式普通话),口音较重;除川普外,家中其他成员有讲标准普通话和江西普通话的。该幼儿在2岁10个月时进入了公办幼儿园。在2岁半至3岁9个月期间,该幼儿语言发展迅速。语音不标准的情况首次引起家人重视是在该幼儿3岁3个月时。然而在其后的半年时间内语音问题并未得以纠正,反而随着词汇量的增加,问题日益突出,该幼儿语音体现了十分明显的川普特色,乃至于最终幼儿园老师评价为"说话不清楚"。该幼儿常见发音问题如下:

(1)平舌音与翘舌音不分

汉语拼音声母 zh、ch、sh 读成 z、c、s。例如:

知道(zhī dào—zī dào)长大(zhǎng dà—zǎng dà)

吃饭(chī fàn—cī fàn)穿衣服(chuān yī fu—cuān yī fu)

睡觉(shuì jiào—suì jiào)生气(shēng qì—sēng qì)

(2)n 和 l 不分

汉语拼音中,绝大多数情况下用 l 代替 n。

例如:牛奶(niú nǎi—liú lǎi)那里(nà li—là li)哪里(nǎ lǐ—lǎ lǐ)

(3)舌尖音

干净(gān jìng—gān zìng)形状(xíng zhuàng—síng zhuàng)

(4)英语中的常见问题

在英语中 /ʃ/ 这个音该幼儿也发不出来。例:shake /ʃeik/—/seik/

单词 sleeping 中将 /l/ 的读音直接省去。/ˈsliːpiŋ/—/ˈseipiŋ/

英语单词中 /r/ 的读音,/r/ 常常读作 /j/

rainbow/reinˈbou/—/ˈjuːnbou/   green /griːn/—/gjuːn/

基于以上对该幼儿的观察,可确知该名幼儿在普通话语音上基本体现了四川方言的特点,英语发音上也受到了一定影响。从该名男童的情况看来,其语言定式基本在2岁半左右即已形成,所以其后受到幼儿园教育都未能根本改变他的语音定式。

鉴于此,幼儿关键期内语言发展,尤其是语音发展要做到:一方面,也是最重要的一方面，家长应正确评估幼儿的语言成长环境，积极地促使自身的语音标准化，为幼儿起到良好的示范作用，并力求自出生起为幼儿创造更多听、说标准普通话的机会，克服方言对幼儿的影响，这将有助于幼儿掌握标准语音，培养对语音的敏感性，也能为学习外语打好基础；另一方面，幼儿教育工作者对帮助幼儿形成标准的语音负有神圣的职责，幼教工作者应具有高度的耐心，细致的观察，能够诊断出幼儿的语音问题，并能给予重点关注，及时干预，纠正幼儿不正确或不到位的发音，能做到保护幼儿的自尊心、自信心，激发并维持幼儿学习语言的热情。此外，学前教育师资培训人员应理解方言环境对学习者语音发展的影响，并能帮助幼教师资受训人员明确标准语音的重要意义，提升受训人员语音标准程度和语音问题诊断能力，培养合格的幼教师资。家庭、幼教工作者和幼教培训机构应共同努力，为幼儿的语言发展打造良好的学习环境。

（资料来源：唐艳霞．初探语言环境对幼儿语音发展的影响——一例川普影响下三岁九个月幼儿语音发展情况案例简析［J］．才智，2013〈22〉：115.）

二、成人语言观念的影响

语言观念是指人们关于语言的一系列态度和看法。诸如口语和书面语的地位，民族共同语和方言的地位，对本族语和外语的情感等。成人的语言观念对于儿童的语言学习具有一定的影响。

例如，汉族人有一个根深蒂固影响至今的传统的语言观念：重视书面语，轻视口语。读书诵经可以明道知理，赋诗作文可以中举进士。汉代规定，能背九千字的儿童可当"史官"；唐代科举考试设有"童子科"；宋代专设"念书童子科"考读书诵经。因此，历代都特别重视对孩子进行识字、读经、赋诗作文的教育，而轻视口语教育。

纵观古今的神童，大多都是学习书面语的佼佼者，而鲜见学习口语的领先人物，这就是汉族传统语言观念的典型写照。如唐代著名诗人李白"五岁读六甲"，白居易5岁能作诗，王勃6岁善辞文，宋代方仲永5岁"能指物作诗立就"，清末梁启超4岁精通四书。今天的许多"神童"也多是用识字多少来衡量的。如四川万县的罗翔，2岁3个月识字1400个以上，能读300多字的文章；沈阳的吴大江，3岁识字3000个，会查字典，背诵近百首古诗。浙江舟山的朱焱，2岁时识字3000个以上。

然而，西方有较早的"说话"传统。在古希腊时代由于民主政治的需要，演讲便受到重视，亚里士多德的《修辞学》就是专讲演讲艺术的。古罗马时代，有昆体良的《演说术原理》问世。到了中世纪，演说被列为"七艺"之一。18世纪坎普贝尔的《演说学讲义》被作为许多国家说话训练的教材。这种语言观念使得西方比较重视儿童的口语发展。比如，英语世界两部最权威的词典之一——《英语大词典》的编写者韦伯斯特，一降生就开始学习英语、法语、德语和北欧语，很小的时候就能流利地用四种语言对话。19世纪德国神童小卡尔·威特，在5岁时已经掌握了3万多口语词汇。东西方对待口语的态度不同，导致我国儿童和西方儿童在口语发展上出现一些差异。

此外，发挥成人的主导作用，提供丰富的语言刺激也是十分重要的。在儿童早期的亲子语言活动中，家长处于主导地位。同时，对于刚刚进入语言发展期的儿童而言，成人的语言输入对其语言的习得也具有重要的作用。但结合目前亲子交往的普遍现状而言，研究者认为仍需要借助相关政府部门、早教机构、幼儿园、社区等多种力量，进一步向成人强调与深化他们参与亲子言语活动的重要性。同时，还应该为成人提供更为直观、更为具体的案例或者指导策略，使成人真正意识到自身在亲子言语活动中的重要作用，激发成人充分发挥自身主导作用的积极性，并掌握为儿童创设丰富的语言环境、提供丰富的语言刺激的正确方法。《幼儿园教育指导纲要（试行）》对语言领域提出的教育要求的第一条就是"创造一个自由、宽松的语言交往环境，支持、鼓励、吸引幼儿与教师、同伴交谈，体验语言交流的乐趣"。该要求强调了丰富语言环境在幼儿语言习得过程中的重要作用。研究者认为这一要求不仅仅适用于3—6岁儿童，对处于整个语言发生、发展时期的儿童均具有重要的意义。

因此在儿童语言发展的早期阶段，成人可以根据所处的环境，结合具体的情境不断与儿童说话，不断为儿童提供丰富的语言刺激。同时所谓丰富的刺激，并不是要求成人在一分钟之内，向儿童输入100个甚至更多的语言刺激。在这里，提供丰富的语言刺激也是有策略的。例如，当成人与儿童在户外散步时，儿童如果对一朵花或者一只宠物狗表现出兴趣的时候，成人可以抓住这个机会，不断地重复这一词汇，例如"花""狗"等。同时，在儿童作出回应或者尝试发声时，成人能够给予积极的反馈和鼓励，而不应急切地去纠正孩子的发音不标准等。成人还可以通过实物、贴纸或墙饰等在家庭内部为儿童创设生动有趣的语言环境。通过多跟儿童说话，多与儿童进行亲子阅读，每天固定为儿童播放儿歌、动画等活动为儿童提供丰富的语言刺激。换句话说，成人应使外界的语言刺激以多种形式渗透在儿童的一日活动之中，在为儿童提供丰富语言刺激的基础上，多为儿童提供听和说的机会，能够较好抓住教育时机，以促进儿童语言的习得和发展。

三、对待儿童的态度的影响

对待儿童的态度，反映着社会的儿童教育观念。不同的儿童教育观念及其带来的对待儿童的不同态度，也会影响儿童的语言发展。比如，云南撒尼族是一个热情、讲礼貌、重团结的民族，即使是对待儿童，他们也很少使用贬义词对其进行评价，而是从能力和行为上给予较多的肯定，常用"猴"（本事大），"得"（很好、很行）来夸奖孩子。所以，撒尼族儿童对于贬义词和"乖"这个词的掌握，要远远晚于汉族儿童。汉族由于受儒家传统观念的影响，不大鼓励孩子的创造性，而总是希望孩子温顺听话，较多地用"乖不乖"来评价孩子。所以汉族儿童比撒尼族儿童较早掌握"乖"这个词。

吴凤岗在《中国家庭教育与青少年的心理发展》一文中，还报道了"沙袋儿"的情况。在我国河北和山东的惠民地区、衡水地区等，有一种沙袋育儿的习惯：把出生后不久的婴儿放入盛满细沙的沙袋内喂养，以沙土代替尿布，一天换一次土。平时婴儿仰卧在沙袋内，每天除喂奶外，既不抱他，也不管他，尽量减少对他的任何刺激和感官训练，也不许人们去跟他玩耍。经过一段时间，婴儿变得不哭不闹，老实安静。沙袋喂养的时间可长达一年、一年半，甚至两年以上。与在沙袋中生活一年或一年半的幼儿进行比较，在沙袋中生活两年以上者，其智商低20分左右。有一名在沙袋中生活了两年的"沙袋儿"，3岁才会叫"妈妈"，5岁才会走路，17岁时还分不清"兄弟几个"和"有几个哥哥"这两句话的区别，语言和智力都相当落后。落后的沙袋育儿习俗，剥夺了儿童早期社会交往的机会，从而严重地影响了他们的语言学习和语言发展以及其他方面的发展，甚至人为地造成了一些弱智儿童。

儿童在学习语言的过程中，还会受到情绪因素的影响。所谓情绪因素是指儿童在社会因素影响下所产生的心理反应。成人对儿童表现喜爱或厌恶，都足以影响儿童说话的意愿。此外，儿童会在群体生活中建立起对他人和对自己的印象。一个喜欢自己、喜欢身边小朋友的儿童，会乐于表达自己，说起话来充满着自信。相反，一个儿童如果觉得自己在群体中是不被欢迎的或者是不快乐的，说话的意愿就会降低，对他人的表述也无兴趣倾听。长此以往，他的语言能力的发展自然就大受影响了。儿童在学习语言的过程中，父母的关爱和鼓励是至关重要的。那些得到父母爱和关怀的儿童，通常有较多的时间与父母交流，有较多的机会去体验各种事情，包括游戏和接触环境，这就刺激了他们表达和交谈，从而丰富与积累语言经验。相反，那些得不到父母爱和关怀的儿童，比如在孤儿院长大的孩子，语言发展一般较为迟缓。此外，有些父母不尊重孩子，不肯耐心地倾听儿童的表述，不肯有启发地回答儿童的提问，很少和儿童交流，他们的孩子语言发展水平将由于他们不正确的语言教育观念而大打折扣。由此可见，语言是需要在爱和关怀下发展起来的，父母给予儿童大量的爱和关怀，多与儿童沟通、交流、接触，有助于儿童的语言发展。

拓展资料

肌肤饥渴症

你知道什么是"肌肤饥渴症"吗？肌肤饥渴症学说的创立，源于20世纪40年代初。纽约市一名儿科医生为了挽救濒死的早产儿，要求所有的医护人员每天都要搂搂襁褓中的婴儿，结果婴儿死亡率迅速下降趋近于零。现代科学也发现，在一块五分硬币大小的皮肤上，就有25米长的神经纤维和1000多个神经末梢，这为通过触觉传达信息，奠定了生物学基础。美国迈阿密接触研究机构负责人菲尔德指出：人体的肌肤和胃一样需要进食以消除饥饿感，而进食的方式便是抚爱和触摸。但对于现代家庭而言，很多父母都是双薪职工，每天早上忙于工作，晚上回来还可能加班加点，对婴幼儿身体触摸的频率骤然下降，也使得越来越多的孩子患了"肌肤饥渴症"。因而，建议家长应经常拥抱和抚摸孩子，并同时用温柔的眼神注视或者伴随轻柔的安抚的声音，这对建立孩子的安全感是非常有帮助的，而一个人只有具有了充分的安全感，才有胆量去探索世界。另一方面，这种安全感和亲密关系的建立也有助于孩子发展其他的心理能力。

（资料来源：互动百科网站）

其实，学习语言和学习其他事情一样，如果儿童经常得到鼓励，他便会产生积极、主动的学习欲望，产生良好的学习效果。反之，如果儿童经常受到成人的指责、批评或者成人常提出苛求的意见，如挑剔他们的发音，这将会使儿童对语言学习失去信心，甚至变得沉默不语，不愿开口。

案例6

正确对待幼儿说话口齿不清的现象

玲玲是个活泼可爱的小女孩，很受大人的喜爱。可是现在1岁半了，说话还不是很利落，甚至含糊，有点大舌头。但是家长与玲玲对话的时候，她能完全明白大人的意思。如果你是玲玲家的亲戚朋友，你怎么看待这一现象？又会怎么做呢？

在矫正幼儿口吃时应取得医生的指示，越早矫正成果越好，一经察觉应早日矫正。在矫正过程中要有耐心，多勉励幼儿，增加幼儿的信心和勇气，杜绝担心和恐慌，这是能否取得优良成果的先决要求之一。还要掌握正确的练习措施。医生正确矫正练习是从发单音节入手，再发多音节，并渐渐将这些音节连接起来，最后经过问答和对话完成练习。若是由家长辅助幼儿矫正口吃，可先请教医生，学会正确的措施后再实行言语练习，如此将事半功倍。李老师提示说，除开杜绝幼儿模仿口吃外，家长在幼儿学语时段不得暴躁。幼儿刚学习说话时，口齿不清、字音重复是正常现象，有的家长却过早地逼迫幼儿口齿明晰，言语流利，这样会使幼儿心理负担过大，一说话就怕不流利，结果真的变成口吃。另外，有的幼儿有时候会发生口吃现象，若是家长过度关注，时间长了，今后说话时幼儿也会特别关注自身是否口吃，久之就会产生负面影响。

（资料来源：360问答）

本 章 小 结

关于语言发生发展的理论假说有很多，比如"摹声说""手势说""劳动起源说""进化说"等，各个流派关于影响语言发生发展的因素也各有侧重。但有一个基本共识，那就是在儿童从不会说话到学会说话的过程中，或者是指儿童对某一或某些语言现象从不会使用到学会使用的过程中，会受到三大因素的制约，即生理因素、心理因素和社会因素。

本章主要探讨了影响婴幼儿语言发生发展的生理因素、心理因素和社会因素。其中生理因素包括发音器官的成熟、语音听觉系统的成熟和大脑神经中枢的成熟；心理因素包括儿童认知能力和个性品质的发展；社会因素包括社会生活环境、成人的语言观念和对待儿童的态度。此外还列举了一些案例供大家思考，理论与实际相结合，使我们更加清楚这些因素是如何影响幼儿语言发展的。

需要注意的是，儿童对语言的理解有一个深浅度的问题，儿童语言的发生也有模仿和创造、偶发和自觉、勉强和娴熟之分。随着儿童年龄的增长和认知的发展，儿童的语言不断地向成熟语言靠近。在关注婴幼儿的语言发生三大影响因素同时，也要关注婴幼儿语言发展的层次性、连续性。

延 伸 学 习

 **拓展阅读**

一、三千万词汇鸿沟：一项著名的长期追踪研究

"三千万词汇鸿沟"（The 30 MillionWord Gap）这一著名概念，来源于美国学者 Betty Hart 和 Todd R. Risley 20 世纪 80 年代在美国堪萨斯州进行的长期追踪研究，最早发表于两人所著的《美国儿童日常经验的巨大差距》一书中，在美国教育界引起了巨大而深远的影响。

在讨论这个研究之前，我们想为大家介绍一个概念：社会经济地位（Socioeconomic status, SES）。SES 在社会学、经济学和教育学中普遍使用，是对个体或家庭收入、教育、职业等因素的衡量指标。在本文我们提到的社会经济地位，就是这样一个基于家庭的收入、教育、职业的综合考虑。

早在 20 世纪 80 年代，H&R 两位教授的研究团队就开始在幼儿园开展研究，帮助来自不同家庭背景（大学教授 vs 低收入普通工人）儿童的词汇和语言学习。干预的结果引发研究者的思考：在短时间提高 4 岁儿童一定的词汇量并不难，但是很难让这些低 SES 儿童"加速"学习。儿童即使进步了，要保持这种进步的"速度"却几乎不可能。到了小学，低 SES 儿童在幼儿园的干预中获得的词汇进步也会消失殆尽，更不要说初中、高中。也就是说，儿童词汇学习的"发展轨迹"是很难改变的。这是为什么呢？

H&R 的假设是：这种改变不能维持，是因为与来自高收入、专业人士家庭的儿童相比，早在进入幼儿园之前，低收入家庭儿童的词汇发展差异已经产生。两位研究者为此设计了一项十分艰苦的长期追踪研究：从儿童还完全不会说话时开始到 3 岁整（36 个月），观察儿童的词汇发展轨迹的变化。到底在儿童进入幼儿园之前发生了什么，导致来自不同家庭背景的儿童，词汇学习产生了这样"断层式"的差异？

这项研究招募了 42 个家庭，从孩子 7—9 个月开始跟踪研究。每个家庭至少跟踪 2 年

半,一直到孩子 36 个月。每个月,研究者都在家庭内部拍摄 1 小时的录像,记录孩子和家长的互动过程。42 个家庭里,有 13 个家庭来自高 SES 背景,10 个来自中等 SES,13 个来自低 SES,6 个来自接受救济家庭。

研究发现,到儿童 3 岁时,惊人的发展差异已经显现在儿童与成人的日常对话、词汇发展和亲子互动方式等方面。而这些差异的产生,都指向了家长本身语言风格和词汇使用的差异。

研究者发现,儿童每天使用词汇的 86%—98% 都与父母是一致的。不同收入人群之间,儿童词汇发展的差异,就是父母词汇差异的真实体现。高 SES 家庭中,父母平均每小时和孩子交流的词汇数量是 2153 个,孩子的词汇量是 1116;低 SES 家庭中,这两个数字是 616 和 525。平均每小时,高 SES 家庭的家长和孩子说 382 个不同的词汇,孩子说 297 个不同词汇;而在低 SES 家庭,家长每小时说 167 个不同的词,孩子说 149 个。

H&R 的研究团队分析了长达 1318 小时的录像,记录并检查、编码其中的每个单词、每个句子的意思、语言使用目的。在 20 世纪 80 年代,电脑的运算速度和今天完全无法相比,整个研究的数据经过了 6 年的时间进行整理。研究的结果也十分发人深省。如下图所示,不同家庭背景的孩子,早在他们刚刚开始学说话、与成人交流时,就开始产生了词汇发展的差异,这种差异越来越大,到 3 岁(36 个月)的时候,不同家庭背景儿童的差异已经相当显著。

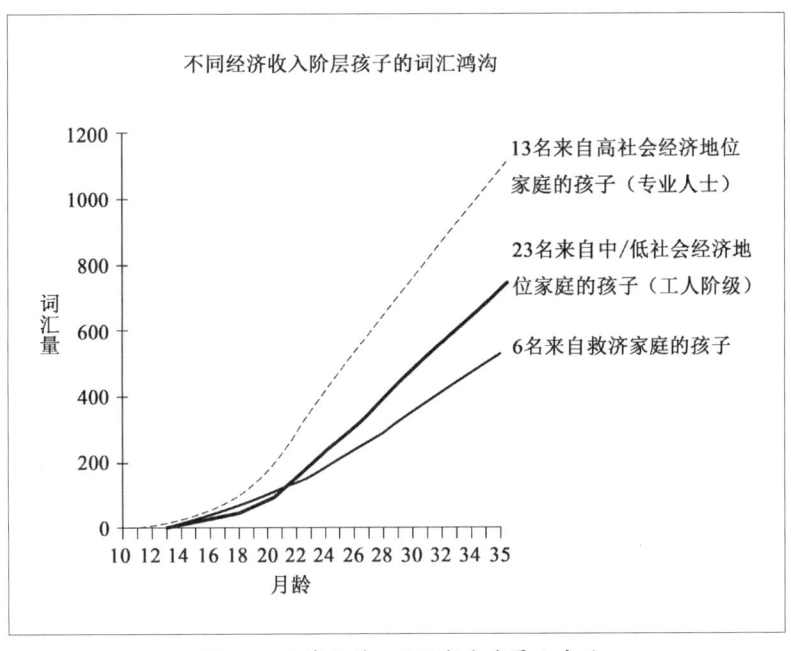

图 3-1　3 岁之前,不同家庭背景儿童的
词汇量差距越来越大(Hart & Raisly, 2003)

如何理解从家庭背景和儿童的日常亲子互动经验中产生的巨大词汇学习结果的差异? H&R 特别关注了家长与儿童的语言互动过程。在 H&R 的研究中,研究者根据不同家庭平均每小时亲子互动中,家长对儿童所说的词汇量(低收入家庭:616 词 / 小时;工薪家庭:1251 词 / 小时;专业人士家庭:2153 词 / 小时),按照每周 100 小时的成人照顾儿童时间计算(儿童每周清醒的时间)发现,平均每周,专业人士家庭的孩子有大约 215000 词的语言

经验，工薪家庭儿童有 125000 词，低收入家庭儿童约 62000 词。

按照一年 52 周，专业人士家庭儿童约有 1120 万词的言语经验；工薪家庭儿童有 650 万词；低收入家庭儿童有 320 万词。到儿童 4 岁时，根据 H&R 的计算，专业人士家庭的儿童约累积听到词汇 4500 万，工薪阶级家庭儿童是 2600 万，低收入家庭儿童是 1300 万。也就是说，在儿童 4 岁进入幼儿园小班之前，专业家庭和低收入家庭的儿童之间就已经积累了高达 3200 万的词汇学习差异（如下图所示）。简单地说，高 SES 家庭的儿童，至少比低 SES 家庭的儿童，在 4 岁之前就多"听"到了 3000 万词汇。这就是著名的"三千万词汇鸿沟"的来源。

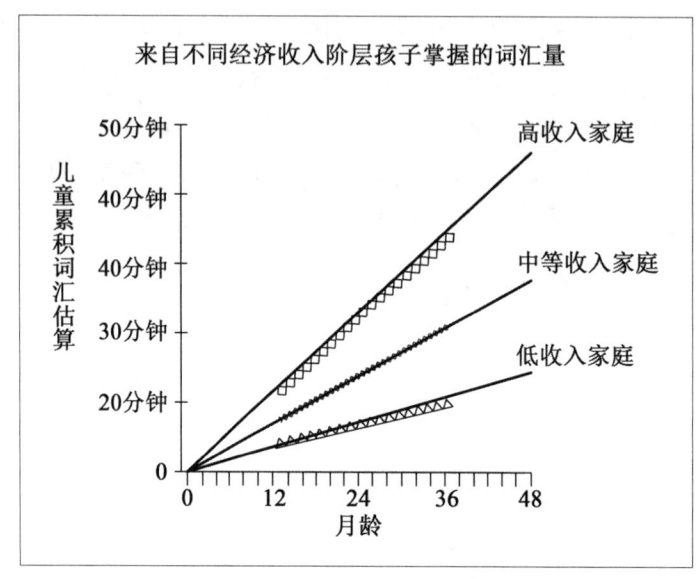

图 3-2　根据线性发展测算的"三千万词汇鸿沟"（Hart &Raisly, 2003）

二、深远影响：更多研究和政策的响应

"三千万词汇鸿沟"在美国乃至世界范围都引起了巨大的反响。长期以来，研究者一直试图深入地理解来自不同家庭背景儿童发展的差异，H&R 的研究提供了一个非常关键的切入点：差异的产生绝非一蹴而就，是来自儿童从出生起一点一滴日常生活经验的累积。所谓"魔鬼藏于细节"，H&R 的研究提示人们关注亲子之间每天、每小时、每个句子乃至每个词的互动和沟通。因为正是这最基本的交流单元，组成、构建了儿童学习经验的大厦，也很不幸地，造成了不同背景儿童发展的巨大、难以弥补的鸿沟。

"三千万词汇鸿沟"的特别价值还在于，长期、高频率的跟踪数据，深入儿童家庭的拍摄，用大量的实证数据量化了这种早期亲子互动的差异。20 多年来，这一研究的重要性获得了越来越多研究者的认同，许多基于这一研究发现的新项目、教育干预计划、政策、经费支持都显示了教育研究和实践者对这一研究结果的重视。

目前在美国，以"填补三千万词汇鸿沟"为目标，产生了很多大型的教育干预项目，比如 Providence Talks；Denver TalksBack；The 30 Million Words Initiative，Vroom 等，其中一些已经观察到使儿童产生了显著的进步。

三、反思"三千万":是词汇的鸿沟,还是知识的鸿沟?

弥补"三千万词汇鸿沟"的教育项目,往往以鼓励成人与儿童进行更多语言交流为目的,为成人提供指导、工具(如智能设备等),帮助成人了解如何对孩子说得更多。然而,仅仅强调"多说"和"语言输入量",很可能是对"三千万词汇鸿沟"的误读、误解。

首先,"三千万"产生的根源,并不仅仅是家长和孩子说话的"量",而是源于知识的差距。"词汇量"实际是"知识"的指标。如果我们脱离儿童的认知水平、概念理解和对周围世界的认识,孤立地谈论儿童的"词汇量"是没有意义的。比如很多中国学生,在英语非母语的情况下,在美国的大学里成绩非常突出,正说明了"知道某个单词"的重要性,远远小于"知道这个单词指代的概念和意义"。

第二,把儿童词汇发展的问题理解为"词汇量"的问题,会导致一个简单化的解决方案,即只要"多说"。比如简单地告诉家长,没事多和孩子说话,或者建议幼儿园教师在教室里布置一面"词汇墙"。这些努力只是触及了问题的表面。如果家长把这些建议理解为"把每句要讲的话多重复几遍",儿童的语言环境并没有变得更"丰富",而很可能是变得更"啰嗦"。

实际上,通过大量的观察和研究发现,对学前儿童来说,在学校里专门的"词汇学习",效果远不如生活中,通过大量地、使用低频词汇讨论孩子感兴趣的话题的自然词汇习得。忽视词汇背后的"知识",仅仅关注作为语言的词汇本身,对孩子的学习和语言发展都是错误的方向。

仅仅关注"三千万"这个数量,意义有限。在 H&R 的研究中,也同样对比了高社会经济地位家长和低社会经济地位家长与儿童对话的内容和质量。更高教育背景、专业人士家长,给孩子更多表扬、更少斥责,和孩子说话表达的意思更复杂,更倾向于和孩子深入讨论某个话题。换言之,高教育背景高收入家长和低学历低收入家长对比,从情感、语法、语境多个维度来看,和孩子说的"话",在本质上就是不一样的。

四、数量之外:如何与儿童互动?

简单地建议家长"多和孩子说话"错在哪里?错误的根源在于,对儿童词汇发展规律和成人 - 儿童有效互动的误解。

儿童词汇的发展,萌发于"对话"之中,特别是那些与儿童感兴趣的活动相关的、有社会交往目的对话之中。早在儿童还不会说话时,儿童指向某样东西,妈妈往往会说出这件东西的名称。当儿童渐渐长大,两种重要的成人 - 儿童互动模式出现了:和儿童一起讨论某项共同关注的事物(比如共同阅读图画书的时候讨论书里的内容),或者沟通某项正在进行的活动(比如收拾玩具、穿衣服等)。在这两种重要的互动模式中,成人和儿童"共同关注的事物"或"当下的活动"为儿童提供了一个可视化、可触摸、可理解的场景。在语言交流中的"词汇",因此变得容易习得。

更大一些的儿童不再需要一个具体的场景学习词汇,他们可以通过更加抽象的语境来学习词汇——讲故事、做解释、多讨论——这些都是成人和儿童交流中应该经常使用的好办法,能让儿童学习新词汇、巩固旧词汇。比如,一个4岁的儿童通过参观消防救火队,就能很容易地学习"氧气"这个词汇，因为这个词和"救火"的场景息息相关，儿童可以接触、谈论的词汇包括：火、消防车、面具、氧气瓶、保护、急救、呼吸、窒息……这是一种非常自然的词汇习得场景：把儿童感兴趣的话题和他们的生活经验紧密地联系起来。更重要的是，这也是儿童开始结构性地习得词汇网络、支持未来的阅读理解和学业发展的宝贵机会。例如消防和氧气系列的词汇，可能就会在儿童未来的自然科学学习中加深理解。

另一个自然地支持儿童词汇学习的互动方式，就是很好地回应儿童的问题。Michelle Chouinard（2007）的研究表明，18—60个月的儿童，平均每小时问成人50—120个问题，绝大多数是向成人寻求信息。儿童的提问并不是特意想要学习词汇，然而成人有策略、词汇和信息丰富的回答，却不仅能提供儿童答案，更能够自然而然地支持儿童的词汇学习。同样的，来自低社会经济地位家庭的儿童，他们的提问很少获得家长的回应，这种词汇学习机会的损失，也是导致知识和学业差距的根本原因之一。

五、小结："更好"的词汇、真实世界的知识

所有关于儿童词汇的学习，都指向一个关键的途径：儿童通过了解、探讨他们感兴趣的话题获得大量的词汇。但是，仅仅是"加大语言输入"并不能填补三千万词汇的鸿沟。

儿童真正需要的，是"更好"的词汇：这些词汇更符合儿童的兴趣，有更丰富的知识和概念内涵。这其中，成人与儿童的讨论、问答、沟通等高质量的互动是不容忽视的。利用图画书亲子共读、讨论儿童感兴趣的图画书内容、基于图画书的主题提供儿童信息丰富的对话就是十分有效的、家长能够掌握的、支持儿童词汇学习和认知发展的方法。

在互动中，家长需要谨记的原则是：把语言和真实的场景、你所了解的知识结合在一起；语言是帮助儿童构建知识框架的手段，尽量回应儿童感兴趣的话题和提问、帮助儿童深入地、具体地了解他们想知道的内容，这就是让儿童变得更聪明的关键所在。

（哈佛学者谈"三千万词汇鸿沟"：词汇，互动和真实世界的知识）

 学习活动

举行一次小组访谈，到早教中心访谈老师、家长，向他们了解如何帮助婴幼儿发展语言，哪些方法是有效的，不同的家庭之间是否存在明显的差异。

 复习与思考

1. 试述发音器官的成熟和语言发展的联系。
2. 试述语音听觉系统的成熟和语言发展的联系。
3. 试述大脑神经中枢的成熟和语言发展的联系。
4. 试述加强语言训练、优化外部刺激与促进儿童语言中枢成熟的关系。
5. 试述学前儿童语言发展的心理因素。
6. 试述语言和社会的关系。

第四章　0—1岁婴儿语言发展与教育

学习目标

1. 理解0—1岁婴儿语言发生发展的阶段和特点。
2. 掌握促进婴儿语言发展的教育策略。
3. 运用所学知识，尝试设计促进婴儿语言水平发展的教育活动。

第一节　0—1岁婴儿语言发生发展的特点

　　人的语言不是从会说话的那天开始的，婴儿自呱呱坠地起便开始学习语言。从出生到1岁半左右的语言学习，为婴儿正式的语言运用做好了准备。可以说，出生后的第一年是婴儿言语发生的准备阶段，我们称这一阶段为前言语阶段。

　　婴儿的前言语阶段，是一个在语言获得过程中的语音核心期。围绕着语言最外在的实际显现——语音，婴儿发展了三方面的能力，即前语音感知能力、前语言发音能力和前语言交际能力。这三方面能力的获得，使婴儿得以进入下一个运用语言去学习和交往的阶段。

　　在前言语阶段，婴儿感知语音的能力是他们获得语言的基础。应当说，正常婴儿在这段时间内不仅能够听到声音，而且还以某种能够帮助自己语言学习的方式去感知语言。除了大量地获得感知语言的经验以外，在出生之后的一年时间里，婴儿语言学习的另一种主要现象是前言语发音。婴儿尝试掌握本民族语音的发音能力，是他们为正式使用语言与人交往所做的另一番准备。前言语发音是指婴儿正式说话之前的各种语音发声，类似于说话之前的语音操练。

　　许多研究结果表明，在0—1岁的前言语阶段，婴儿自第一声啼哭到咿呀学语做好说话的准备，经过了大量的发音练习。

一、0—6个月婴儿语言发生发展的特点

　　婴儿的发音是从反射性发声开始的，哭叫是婴儿第一个月主要的发音。在这个月内，

婴儿学会了调节哭叫声的音长、音量和音高，能用几种不同的哭叫声，表示他们不舒服、叫人来或要吃奶等不同要求。

0—6个月的这个阶段，婴儿会经历从能够发出简单音节到学会发出连续音节的语言发展，特点显著。

（一）听觉较敏锐，对语音较敏感，具有一定的辨音水平

在婴儿刚来到世界的这段日子里，他们对环境中的各种声音非常感兴趣。正常的婴儿首先运用他们具备的听觉器官去捕捉周围的各种信息，并且迅速地学会了如何捕捉话语声音的方法，听觉已经相当敏锐。

婴儿听辨声音的能力究竟是何时发生的？自从100年前发展心理学的开山鼻祖普莱尔提出"一切婴儿刚刚生下来时都是耳聋的"看法以来，一直是个充满争议和具有魅力的悬案。

近年来国内外的一些研究均表明，早在胎儿期5—6个月，胎儿就具备了听觉。黄平治摘译的《子宫内的胎儿有感觉吗？》一书中说到："胎儿内耳在妊娠中期已完全发育，可对各种声音起反应。在子宫内，胎儿经常被很响的声音所包围，如子宫动脉节律性的血流声，被母亲肠内的空气所加强；胎儿对子宫外的声音如猛烈的关门声或响亮的音乐等均可发生反应。胎儿也可听见成人所听不到的极高或极低频率，低频率的声音可抑制其活动，反之，高频率的声音可加强其活动。"另外，也有研究发现：胎儿在腹中的时候特别喜欢听爸爸低沉、深厚的声音，甚至出生后当宝宝哭闹不止，妈妈束手无策时，爸爸轻轻抚摸或哼唱熟悉的歌曲，能很快让宝宝安静下来并熟睡，这也许就和孕期时爸爸与胎儿一直的"对话"有密切关系。

拓展资料

有一个曾经引起世界轰动的青年人，他叫布莱德·格尔曼，当他从医生那里知道了5个月以后的胎儿能够具有听力，并可以进行学习时，他就开始设想他自己怎样才能够同他未出世的孩子建立联系，后来他发明了"胎儿电话机"。

这种电话机有点像收录机，它可以将录下的声音通过母亲的腹壁传递给胎儿，并可以随时记录胎儿在子宫内对外界各种声音刺激的反应，把这些微弱的子宫内声音再放大，就可以了解胎儿对声音的反应。

他相信通过胎儿电话机可以使他和胎儿之间的关系同他太太和胎儿的关系一样密切，因此布莱德·格尔曼每天不间断地将录制好对胎儿讲的话和唱的歌曲放入电话机内，然后将其放在妻子腹部子宫的位置。有时通过话筒直接与胎儿讲话和唱歌，逐渐他发现当胎儿喜欢听某种声音时会表现得安静而且胎头会逐渐移向妈妈腹壁，听到不喜欢听的声音时头会马上离开，并且脚踢妈妈的腹壁，表示他不高兴。

经过一段时间的观察与训练，布莱德·格尔曼已经知道了他的宝贝喜欢听什么声音和不喜欢听什么声音了。格尔曼常常很兴奋地对他的朋友说："我的孩子生下来不久，当她一听到我的声音就会掉转头来对着我，我简直无法形容她这样做使我多么高兴。"

（资料来源：寻医问药网）

傅琳编译的《新生儿能分辨母亲的声音吗？》一书中也讲到美国儿童心理学家的研究：胎儿还在母体内的时候，就已经开始熟悉母亲的声音，以致刚出生就能分辨母亲与其他妇女的声音。

拓展资料

美国医生地卡斯泊以出色的独创精神，发明了一种装置，可以证明新生儿喜好的奥秘。他认识到新生儿有极好的天生的控制他们嘴和唇的能力，他们能通过改变吸吮速度表示一种喜好。因此，这位医生设计了一种实验。在小婴儿嘴内放一个橡皮奶头，连接一对软垫耳机，奶头又和一种可以记录吸吮速度的装置相连。

医生能通过耳机控制给新生儿听的声音，同时通过装置记录吸吮的速度。试验是这样进行的，12个生后1—2天的新生儿，当他们高速度吸吮时能听到母亲的声音，低速度吸吮时听到父亲的声音，结果有11个新生儿高速地吸吮。为了保证这不是因为小婴儿喜欢高速度吸吮，做了相反的训练，即低速度吸吮时能听到母亲的声音，结果他们又很快学会了使吸吮速度减慢。这就证明他们为了能听到母亲的声音而加快或减慢吸吮的速度。

（资料来源：新浪网）

研究表明，婴儿在0—3个月这一时期形成了感知辨别单一语音的能力，表现在：

1. 婴儿首先学会区别语音和其他声音。

出生12天的新生儿能以目光凝视或转移、停止吮吸或连续吮吸、停止蹬腿或连续蹬腿等身体行为，对说话声音和敲击物体声音的刺激作出不同的反应。

这种反应可以解释为儿童人生语言感知的第一步，是将语音从其他各种声音中分化出来的一种基本能力。

2. 婴儿获得辨别不同话语声音的感知能力。

出生24天之后的婴儿能够对男人的声音和女人的声音，抚养者（如父母）和不熟悉者的声音作出明显不同的反应。不同人说话声音的差别主要表现在说话时的音高、音量和音色方面。每个人说话时都具备由特定的音高、音量和音色综合而成的语音轮廓。婴儿感知语言时能够较早地辨别这种轮廓性的差异。

以上这些均表明，婴儿敏锐的听觉反应和对人类语音的特别兴趣，是一种与生俱来的生物学现象。

（二）从发出简单音节到学会连续音节，发音特点显著

0—3个月阶段的婴儿能发出一些简单的音节，多为单音节，具体表现如下：

2个月时，婴儿出现了牙牙作声的情况。他（她）在睡醒之后或吃饱、穿暖后躺着时，会发出愉快的自言自语的声音。此时，婴儿基本韵母发音较早，声母还很少，主要是"h"音，有时是"ㄐ"音。

表4-1　2个月婴儿的发音

a	ai	e
ei	hai	ou
ai-i	hai-i	u-è

在婴儿两个月之后，语音模仿开始有进展，尝试模仿语音的现象时有发生，有许多音听起来似乎就是语音了。有时还出现了与成人咿呀对话的现象，可长达数分钟。伴随着模仿和"对话"，母语对婴儿的影响也就开始了。

两三个月以后的婴儿的单音节发音已与情境发生关系。当婴儿焦急或不舒服时常发出"i"和"e"等音，而在放松状态下则较多发出"a""o""u"等音。一个婴儿在3个月左右会用连续的"ai"和"a"声来招呼别人，吸引别人的注意。可见这些音节已具有信号作用，比起上一阶段的哭叫声进一步分化。这些音节信号还远远不是词的信号，但是无疑是将来词的信号出现的前奏。

大约从4个月起，婴儿的发音出现了明显的变化，发音增加很多重复的、连续的音节。一方面婴儿发音较多的是对成人的社会性刺激作出的反应；另一方面发音内容大多是以辅音和元音相结合的音节为主，并且有一个从单音节发声过渡到重叠多音节发声的过程。

表4-2　4—8个月婴儿连续音节阶段的发音

hei	heng	hu
pei	a-bu	à-dù
a-en	a-fu	a-i
a-ia	a-m	a-me
a-hu	à-pu	ba-ba
dù-dù	ei-en	en-ei
en-ou	ge-ge	hai-ou
he-en	hong-ai	ng-à
à-en-en	a-hai-è	da-da-da
dà-dà-dà	ná-ná-ná	a-hai-hai-i
a-ma-ma-ma-ma	bù-à-bù-à	en-ei-ei-jià
ai-a-ba-ba-ba	a-ba-ba-ba-ma	

从表中可以看出，4—8个月期间，婴儿的发音开始时大多为单音节，6个月之后，也出现了较多的重叠性双音节和多音节现象。某些由辅音和元音相结合的音节在一个确定的形

态下重复,可以说,这是婴儿对发音结构更高级的控制性的反映。婴儿发音的调也开始在音节发声中出现。这反映出婴儿发音结构和中枢神经系统的变化。

自6个月之后,婴儿开始有近似词的发音。有的音开始具有某种意义。婴儿独自玩的时候,或对成人的逗弄作出反应的时候,他们操练着这些更接近说话的声音,如 ba-ba-baba,这些与言语多音节组合非常相似的发声,是婴儿从表示愉快舒适的单音发声向表示具体意义的词语发声的转换过渡。

(三)能够发现和理解语言的变化,具有情境性

1. 能够辨别一些语调、语气和音色的变化。

这一时期的婴儿正处于辨调阶段,他们能区别男声和女声、熟悉和陌生的声音、愤怒与友好的声音,如婴儿能区别出母亲和其他人的声音。需要特别指出的是,这个时期的婴儿对区别语义的汉语字、词、声调并不敏感,而是对父母或其他成人说话时表现情感态度的语调十分注意,能从不同语调的话语中判断出交往对象的态度。

当父母用愉快的语气与婴儿说话时,语调出现升扬的变化,4个月的婴儿便能用微笑和咽咽作声作出反应。当我们用三种不同的语调(愉悦的、冷淡的、恼怒的)分别对婴儿重复同一句话:"宝宝,你好!我们喜欢你!"4个月的婴儿对愉悦的和冷淡的语调有反应,表明他们最先从不同语调中辨别出自己具有较多经验的两种语调。

大约6个月之后,婴儿才能感知三种不同的语调,会用微笑和平淡的态度对前两种语调作出反应,而听到愤怒的语调时,无论实在的语义内容如何,他们或者愣住,或者紧张害怕,躲入母亲的怀抱,或者号啕大哭。对熟悉的声音,婴儿会报以微笑;而对陌生的声音,则会瞪大眼睛仔细聆听,表现出好奇心。

由此可见,婴儿在整体感知语音时能分辨出不同的语调、语气和音色,这表明其"理解"语言的水平又提高了一步。

2. 开始懂得简单的词、手势和命令,理解具有情境性。

由于成人不断地给婴儿语言刺激,此时的婴儿已能听懂成人日常生活中很多语言,能辨别家里人不同的称谓,会指认一些日常物体。婴儿此时的理解具有很大的情境性。他往往并不是真正懂得成人说话的真正含义,而只是根据成人说这些词时的不同语调和手势判断出来的。

(四)与成人面对面进行"交谈"时,婴儿呈现出交际倾向

婴儿的前言语交际在出生后不久便开始了。1周至1个月期间的婴儿,已经能够用不同的哭声表达他们的不同需要,吸引成人的注意,这可谓前言语交际的第一步。

大约2个月时,婴儿会在生理需要达到满足之后,对成人的逗弄和语言刺激报之以微笑,或用声音或身体的同步动作反应予以应答,好似在和成人"交谈"。孔顿和桑德把正在听成人话语录音的不到一个月的婴儿行为拍成电影,经过对这些电影镜头的逐个分析,发现婴儿的头、手、脚趾、胳膊等身体运动与话语节律具有同步性,即话语中的音节开始和停止时,婴儿身体的运动同步地开始和停止。

甚至美国的婴儿在听到汉语时，也同样会出现这种同步现象。而另外一些研究也表明，婴儿的身体运动对非语言的节奏不发生同步动作反应。

在产生交际倾向之后，婴儿的前言语交际进入一个似乎在学习基本交际"规则"的阶段。大约4个月左右的婴儿，在与成人的交往中开始出现这样的变化：对成人的话语逗弄给予语音应答，仿佛开始进行说话交谈。在用语音与成人"对话"时，婴儿出现与成人轮流"说"的倾向，即成人说一句，婴儿发几个音，待成人再说一句，婴儿再发几个音。这种语言交往的对话规则的雏形，表明婴儿开始敏锐地感觉到人们语言交往的基本要求。

婴儿会用自己的方式促使这种交流延续下去。当成人和婴儿之间的一段"对话"结束之后，婴儿会用发一个或几个音来主动地引起另一段"对话"，从而使这种交流延续下去。

婴儿逐渐学会使用不同的语调来表达自己的态度。这种表达往往伴以一定的动作和表情。例如，用尖叫声或急促上扬的语调，伴以蹬腿、伸手的动作，表明自己不愿意躺下的态度；当目的达到、要求得到满足之后，婴儿便会用平静温和的语调或表情来表示愉快。应该说，此时婴儿的前言语交际已有明显的"社会性"成分。

发展到一定阶段就出现了"小儿语"，婴儿会用语音来吸引别人的注意。

这一阶段婴儿的咿呀学语开始发生变化，变成一种形式相当复杂而又独特，令成人难以听懂的"小儿语"。而这些"小儿语"，听起来似乎含有提出问题、发出命令和表达愿望等不同意思，但具体是什么谁也听不懂。当把同龄婴儿放在一起时，则会发现他们用这些难懂的"小儿语"交谈得很愉快。

其实这是婴儿语言真正产生之前的最后的准备性练习。在婴儿独自玩耍的时候，成人还会听到孩子在悄悄地练习一些发音，试图把嘴部运动和某种语音联系起来，甚至用语音来吸引别人对他的注意。

拓展资料

要不要用"儿语"和婴儿说话？

许多成年人喜欢用"儿语"与婴幼儿说话，这种形式的语言由短句组成，包括声调高且夸张的表达、清楚的发音、语言片段之间明显的停顿、词汇的重复等。研究发现，从出生开始，婴幼儿喜欢听儿语超过其他类型的成人话语。

在婴儿出生2个月后，成人使用"儿语"，更能引起儿童的注意，有利于婴儿模仿发音，也利于婴儿把语言与实物联系起来，理解语义，对婴儿尽早掌握语言有极大帮助；但在1岁半后要尽量少用或不用"儿语"，否则会影响婴幼儿语言和个性的发展。

（资料来源：文颐．婴儿心理与教育[M]．北京：北京师范大学出版社，2011.）

二、6—12个月婴儿语言发生发展的特点

这一阶段婴儿所发出的连续音节明显增加,而且不只是音节的重复,音调也开始多样化。

(一)不同的连续音节明显增加,近似词的发音增多

婴儿开始发出不同的连续音节,并且明显增多,音调也开始明显多样化。

表 4-3　9—12 个月婴儿学话萌芽阶段的发音

ò	u	dan
du	deng	diu
du	hūo	jia
jie	loú	lù
mei	nà	nèi
pi	wai	xi
you	yue	à-dà
a-dàn	a-jia	a-la
a-mai	à-mu	a-yue
ba-béi	ba-xi	ba-wa
da-da	da-di	dài-dài
ei-dan	ei-lu	jià-dà
jiě-jiě	mao-mao	mei-mei
o-yue	ou-ma	tai-tai
ye-ye	yé-yo	à-lù-fù
a-pa-pa	a-you-hu	ài-ai-ai
ai-bai-bai	da-ng-he	ai-i-yue
ai-yé-yé	ei-wa-wa	ba-da-da
bi-bi-bi	à-jue-lu-bi	è-e-ě-è
ei-iou-iou	èi-ei-ei-èi	ei-yo-you
hei-hei-hei	ng-a-a-a	ia-ia-ia
ou-ou-ou		dà-du-dà-du
e-i-i-yo		en-én-ěn-en
yue-dá-da-dá		ou-yue-yue-yue-yue-ia

(表 4-1、4-2 和 4-3 所引用的资料均出自北京大学心理系许政援教授的实验研究结果)

从表4-3中可以看出，经过音节发声阶段后，婴儿咿呀学语的发音进入一个更为复杂的时期，他们能够发出一连串变化不同的辅音加元音的音节，并且还能模仿一些非语言的声音或成人发出的新语音，这标志着婴儿学说话开始的萌芽。

针对婴儿的一些语料分析，我们也不难发现这样几点：一是本阶段婴儿的发音形式更加接近汉语的口语表达，有重叠音和升调，似乎在说某个句子。二是婴儿此时的发音往往是一种固定情境的学说话活动，他们竭力模仿成人的发音，将自己的发音接近某些词语发声。三是婴儿在这段时间的发音更加复杂多样，有些前阶段没有出现的辅音，如汉语声母的x、j、q、s、z、i也开始出现。

上述情况反映出婴儿口腔发音器官和脑的成熟变化，生理的发展为他们提供了更多的形成各种声音的空间。

（二）开口说话，出现第一个有意义的单词

婴儿最早可以在9个月时说出第一个有特定意义的词语，最晚则在出生后16个月时。在言语发生阶段，婴儿词语的获得与运用主要体现在以下三个方面：① 继续掌握一些场合限制性较强的词；② 已掌握的词开始摆脱场合限制性，获得初步的概括意义；③ 开始直接掌握一些具有概括性和指代性功能的词语。国内外关于婴幼儿词汇习得的研究大体上都会选择语音语调、词根词缀、词性等词汇的基本要素之一，通过设计一定的实验量表进行分析。例如国外有实验表明在6—9个月，婴儿已经了解许多普通名词的含义，国内也有研究对婴儿词汇习得中的名词优势进行了检验，并进一步验证了婴儿早期词汇获得中的注意偏好。词汇不仅是语言发展的基础，也是其他认知能力发展的基础。早期词汇学习与智商、后期的阅读和数学等能力都存在相关性（Dickinson&Tabors, 2001；Hart&Risley, 1995；Scarborough, 2001）。如国外有相关研究表明语言输入对婴幼儿对空间关系的分类起着一定的作用。

婴儿词汇学习是国际语言发展研究的前沿领域，但大多数研究都是以英语婴儿为研究对象。目前国内关于汉语婴儿早期语言发展的研究还处于起步阶段。由于汉语在词法、句法等方面具有明显的特殊性，并且成人"言语输入"的语用习惯以及非言语线索都会影响婴儿早期词汇的学习，使得不同语言文化下的婴儿呈现不同的单词学习模式。因而，在婴幼儿词汇习得的发展研究中也有以不同母语环境、不同文化背景的词汇习得为主题，力求采用实验室实验、半结构化实验室观察和量表测量等研究方法，利用新的研究技术（如习惯化和IPLP），从多个角度探索婴儿词汇发展，以及不同语言文化和个体环境对婴儿早期词汇学习的影响，揭示词汇获得的跨语言一致性和特异性。在研究方法的选择上，多数研究倾向于国外婴儿词汇习得的研究范式，一是习惯化研究（Habituation paradigm），二是多通道优先注视范式（Intermodal Preferential Looking Paradigm.IPLP），来揭示婴儿语言前概念形成的认知心理。采用这两种研究范式研究语前婴儿的语言认知是较为经济和有效的。

大约从10个月开始，婴儿会说出第一个有意义的单词，这是婴儿语言发展过程中最为重要的里程碑，也是前一阶段成人辛勤培育的结果。

而婴儿最初掌握的词语，都与某一特定的对象相联系，与他们每日所感知接受的语言有着必然的联系，具有专指的性质，如"狗狗"就是指他自己的玩具狗。婴儿一般较早掌握的是具体名词。

（三）开始真正理解成人的语言

婴儿大约在 6 个月时，已有话语理解的萌芽；到 9 个月后，理解反应迅速发展；到 1 岁时发生理解反应的祈使句和疑问句有十个之多。如果把婴儿理解的最小话语单位称为"语元"的话，如"走""看"等，那么婴儿在这一阶段已经可以理解 230 个不同的"语元"。

从成人角度看，语元可能是词，也可能是句子。婴儿能对这么大数量的语元作出听觉分辨，说明婴儿的听觉分析器已经相当敏锐，在他的头脑中已经建立起相当复杂的语音表象。这似乎可以表明，虽然婴儿在此阶段还不能说话，但是他的听觉已经开始语言化了。

研究表明，婴儿大约从 9 个月开始才真正理解成人的语言。怎样来判定婴儿是否理解成人的话语呢？往往可以采用"话语反应判定法"。即在自然语境中，如果婴儿对语言刺激能作出合适而又恰当的反应，即可判定婴儿对该话语已经理解。如"妈妈在哪里？"婴儿能把目光或头转向妈妈或用手指向妈妈，这就是合适反应。

（四）语言交际功能开始扩展

语用学是语言学各分支中一个以语言意义为研究对象的新兴学科领域，是专门研究语言的理解和使用的学问，它研究在特定情境中的特定话语，研究如何通过语境来理解和使用语言。语用学因其本身的目的性和价值性而不同于语法研究，它是关于人类语言本身的研究。在语言的使用中，说话人往往并不是单纯地要表达语言成分和符号单位的静态意义，听话人通常要通过一系列心理推断，去理解说话人的实际意图。要做到真正理解和恰当使用一门语言，仅仅懂得构成这门语言的发音、词汇和语法是远远不够的。

语用学的另一核心概念就是意义，何兆熊先生（1987）在他的《语用学概要》一书中指出："在众多的语用学定义中，有两个概念是十分基本的，一个是意义，另一个是语境。"从发展的观点看，语用学的崛起是语义研究的发展和延伸的结果，因此可以说语用学是一种对意义的研究。但语用学所研究的意义不同于形式语义学所研究的意义，它所研究的是语言在一定的语境中使用时体现出来的具体意义。

举例来说，同样读音为"老"的字，在不同的语境下就有很多种意思。称呼一个人叫"老张"，可能是表示这个人并不年轻，或两个人关系密切，但如果称呼一个人叫"张老"，则可能表示对这个人地位的尊敬，是比"老张"更高一级的敬语。

儿童的语言运用，是指儿童在学习和获得语言的过程中不断操作和使用语言进行交流的现象。儿童在交往过程中成长起来的语言运用能力，主要表现为儿童如何运用适当的语言形式表达自己的交往倾向，如何运用适当的策略开展与他人的交谈，如何根据不同情境的需要运用适当的方法组织语言表达自己的想法。近年来，研究者们开始将儿童语用发展分为三个不同层次来进行探讨，即儿童语用交流行为的习得、儿童谈话技能的发展和儿童话语策略的掌握。研究者们公认，语用交流行为是儿童最早出现的语用行为，同时也是最基本的语用现象。

10个月之后一直到1岁半，婴儿的前语言交际具有了语言交际功能。虽然他们还不会用说话的方式清楚地表达自己的意见，但已能够通过一定的语音、动作和表情的组合，使这种语音产生具体的语言意义。具体表现在：

1. 能执行成人简单的指令，并建立相应的动作联系。

这是婴儿真正理解语言的一种表现。婴儿能够对成人的命令（有时甚至不要命令只要有相应的情境）马上会作出反应。如成人说："跟奶奶再见！"婴儿就会挥挥小手。有时对那些根本不是对他们说的某些语词也会作出反应，如当他听到父母对别人说"我们宝宝已经会对奶奶说再见了"时，他会立即挥动小手做"再见"的动作。这表明婴儿对某种"交际信号"具有相当稳定和牢固的印象。

2. 一定的语音能和实体相联系，但缺少概括性。

不同的婴儿会用各自经常重复的发音来表达某一种意思。如他们会说"呜呜"，手指着一个转动的汽车，告诉成人这是一辆汽车。需要特别指出的是，这个时期的婴儿逐步会用语音语调和动作表情，来达到交际的各种目的。他们的语音和动作表情实际上已经产生了陈述、否定、疑问、感叹、祈使指令的各种句式意义。婴儿正是在这样的交往过程中，发展起真正的语言交际能力。

第二节　0—1岁婴儿语言教育活动

在咕咕语时期，婴儿已开始能同成人"对话"，并出现模仿的萌芽。在语音准备期，成人同婴儿的对话刺激了婴儿发音的频率，并使他们开始建立语音表象，此后语言环境的影响越来越大。

婴儿年龄越小，越要在专门的活动之余，把语言发展工作渗透到各项活动和日常生活之中进行，使语词与情境密切配合，使抽象的符号具体化。这样既可以帮助婴儿理解，又可以引发婴儿的语言实践，从而促进语言的发展。

一、0—6个月婴儿语言教育活动

（一）运用各种策略，为婴儿创造语言学习环境

1. 用各种语音和声音来刺激婴儿，模仿学习发音。

罗斯等人（1959）和威斯伯格的研究表明，成人对3个月以内的婴儿给予频繁的语言刺

激,可以增加婴儿的发音率。婴儿的许多非自控性发音,特别是长时间的连续发音,往往都是在成人的逗弄下发生的。这说明成人对婴儿发音的反应,已经对婴儿的语音发展产生了影响。

成人应在与婴儿的身体接触时尽量跟婴儿说话,这种简单而又始终如一的谈话,对婴儿语言的发展起着非常重要的作用。因此,要尽量提供各种不同的声音,帮助婴儿迅速发展听力,但切忌强烈的声音和噪声。

拓展资料

有研究称：父母多说婴儿语言可刺激其大脑发育

初生婴儿的父母,很喜欢跟他们的子女,有一句没一句的"un-gu-gu""bu-be-bu"地说话,这些话在旁人眼中看似毫无意义,但对婴儿的大脑发育有实际帮助。

3月号《儿童疾病文献》(Archives of Disease in Childhood)刊登了一篇研究报告,指出当婴儿听到父母有意识地跟他们说话的时候,大脑变得更加活跃。来自广岛大学的研究员,在20个初生婴儿头上装感应器,度量大脑的活跃程度。然后,研究员向他们先后播放他们母亲的录音,包括一段文章的朗读,以及一段母亲有意识讲的"宝宝语"。结果,婴儿大脑的前额叶位置,在播放"宝宝语"的时候显得特别活跃。

波士顿大学儿科助理教授 Dr.Marilyn Augustyn 撰文肯定这次研究的重要性,认为它让天下父母明白,婴儿听得懂他们的"宝宝语"。这不但有助于建立亲子关系,也能提升语言发展能力。

（资料来源：网易新闻）

2. 多抚摸、拥抱婴儿,并和婴儿进行面对面的语言交流。

抚摸、拥抱、亲吻这种亲密的身体接触,会使父母和婴儿之间产生相互依恋的情感,促使婴儿安全感的产生。

和婴儿说话,抱他、逗他,这种与婴儿之间亲密无间的"皮肤交流",对其最初的健康成长是非常重要的。研究表明,拥抱和抚摸能够促进新生儿迅速增长体重,使婴儿对外界事物充满好奇并迅速对各种行为作出正确的反应,其中包括对成人的语言作出各种反应。面对面的语言交流可以帮助婴儿将语音和动作建立同步反应,提高婴儿在前言语阶段用语音伴随的表情或动作,去代替语言与人进行交往的能力。

3. 睡前倾听摇篮曲等乐曲,训练婴儿有意倾听的能力。

0—3个月的婴儿睡前倾听摇篮曲等节奏舒缓、旋律优美的乐曲,可以刺激婴儿的听觉器官,促进大脑机能的发展,而且可以充分发挥无意注意和无意记忆的优势,在调动婴儿愉悦的情绪的同时,更有效地提高婴儿有意识的倾听能力。

（二）开展早期阅读，初步激发婴儿阅读的兴趣

1. 选择合适的早期阅读材料。

目前的研究表明，婴儿在出生后不久即满月以后，就可以开展阅读教育，培养早期阅读的兴趣和行为。成人可以在让孩子听和说的同时，选择一些适合这一年龄阶段的读物，如图片、图形、脸谱等，进行早期阅读。选择的读物要求背景简单，不要太复杂，色彩对比度要强烈，主要认知物要突出、明朗，图书页面最好是大16开。

要求家长边指导婴儿观看画面边用语言进行讲解，在阅读过程中采取"点读"的方法，家长用手指点着画面或文字，指到哪儿就读到哪儿，以使婴儿的注意力集中指向阅读的内容。每次阅读的时间1—3分钟不等，阅读内容不必频繁更换，根据婴儿的兴趣情况而定。

> **拓展资料**
>
> 大家都知道，大部分幼儿都偏爱色彩鲜明、颜色艳丽的事物，可是对于0—3个月的婴儿而言，他们更钟爱黑白二色！为什么呢？这是因为，这一月龄段的婴儿视觉对比还未发育成熟，即视觉刺激中明暗转换程度还比较低，所以对于对比明显的黑白颜色会更有特别反应。
>
> 而且，他们视敏度还不高，看事物都比较模糊，不能觉察到很多图案和形状。因而，建议给这一月龄段的婴儿进行早期阅读时，尽量选择形状简单、图形不太复杂的黑白书，这样更能吸引婴儿的注意力，取得更好的早期阅读效果。
>
> （资料来源：张明红.学前儿童语言教育与活动指导[M].上海：华东师范大学出版社，2014.）

2. 初步养成睡前倾听文学作品的习惯。

婴儿是生活在社会中的人，他们的语言发展，包括对多样化语言的适应能力、理解能力和运用能力，都是在日积月累中不断发展起来的。假如一个婴儿从小只与父母交谈，学会的仅仅是与人交谈的语言，那么他今后在与人交往和正式语言学习中很有可能产生"语言障碍"。

而文学作品的语言往往是艺术结构语言的产物，是婴儿进一步学习说话与表达较成熟的语言样本之一。这些样本可以被婴儿记忆或模仿，有利于扩展婴儿的词汇量、丰富语言内容。应让婴儿睡前倾听各种语言样式，倾听形象化的语言，倾听不同风格特色的语言。

心理实验还证明：默诵后的睡眠有利于记忆，可增强记忆的牢度，减少遗忘量。据分析，一方面是由于无后摄干扰现象，另一方面是由于深睡眠对新接受的信息在大脑中编码、储存，对短时记忆转为长时记忆有着促进作用。这种睡前倾听文学作品的做法应持续到入学前后，持之以恒、坚持不懈将会收到良好的效果，不仅有利于婴儿文学语言的学习，而且还有利于发掘婴儿记忆的潜能。

拓展资料

0—1岁的婴儿喜欢一些简单的图片，形体和色彩对他们具有强烈的吸引力。这种书籍在书店比较多，比如动物卡片、撕不烂的塑料图书等。在这个阶段，家长就应该开始对他们进行早期阅读活动了，但不要期望孩子和成人达到一样的阅读目的。成人阅读是为了学习知识或技能，这时教宝宝阅读，只要能培养起他们的阅读兴趣，目标就达到了。

这个时期，宝宝对口语声音和意义的敏感程度逐渐增强，他们开始关注口语中的押韵现象，喜欢听有绕口令特征的语言，同时他们也开始注意到许多字词发音的相似之处。家长可以有意识地组织一些活动，指导宝宝学习和辨识语音，比如玩一些要求语言押韵的游戏，念儿歌童谣，随机指认相同字音的字等。对宝宝进行早期阅读指导，除了要让他们多感受画面和文字、多听多讲之外，千万别忘了还要让他们开口多说，多和他们进行语言交流。因为，早期阅读能力的培养是早期语言教育的重要组成部分，而早期语言能力发展的各个方面都对宝宝早期乃至终身的阅读能力发展具有重要作用。

在这一阶段，可以为宝宝选择以下优秀的图书：《可爱的鼠小弟系列》《我爸爸》《小熊宝宝绘本》《大卫，不可以》《好饿的毛毛虫》《逃家小兔》《噼里啪啦系列丛书》等。

（资料来源：张明红．学前儿童语言教育与活动指导［M］．上海：华东师范大学出版社，2014.）

3. 和婴儿进行"平行"的亲子阅读，初步培养良好的阅读习惯。

此阶段后期当婴儿会坐以后，成人可以将孩子抱坐在自己的膝盖上，和孩子进行"平行式"的阅读，即父母和孩子共同看着画面，让孩子自由接近阅读内容。内容最好是有关动物、人物、玩具等孩子较熟悉的事物。对书中的文字和画面采取"点读"的方法，以训练婴儿手眼协调能力和有意注意能力。

拓展资料

"手指点读"在这个阶段是家长的一个比较好的选择。"手指点读"的做法似乎比较刻板，但它可以使孩子尽早对阅读产生极大的兴趣，并能尽早让孩子形成阅读习惯，它需要孩子和父母有更大的耐心和注意力集中的时间。父母可以每天固定一小段时间，按时给孩子朗读。一般不用太久，一两个月孩子就会产生快乐的期待情绪。比如，每天临睡前给孩子阅读，手把手地拿着他的手指挨字慢读，将相关的图片用重点语气突出一下，以后就会很顺利地展开了。

这些活动都将有效地提高宝宝对语音的敏感程度。通过日常交流和阅读中的

> 语言活动，家长们帮助宝宝扩展口语词汇量，同时学一些比较复杂的词汇，增加他们口语表达的丰富性。家长们可以通过谈话、讲述、故事阅读和续编故事等多种形式的活动，引导宝宝运用口头语言表达自己的想法。该阶段宝宝阅读学习的重点是增强对阅读目的和本质的感受、感知和辨识语音，发展对语音的敏感性。
>
> （资料来源：张明红.学前儿童语言教育与活动指导［M］.上海：华东师范大学出版社，2014.）

（三）有针对性地设计并开展一些亲子语言游戏

语言游戏可分为两个阶段，前期的亲子游戏以训练婴儿的听音和发音能力为主，以下三种游戏适合：

1. 发音游戏

成人发出一些简单的韵母音，如"a"等。成人可以先叫婴儿的名字，然后用目光注视他，并开始用一种唱歌的声音来发出"a……"的声音，接着再抚摸他，冲他微笑，稍停一会儿（这时候要有耐心，这一阶段婴儿一般要10秒钟左右才会有反应）。如果他真的发出了声音，那么成人应立即重复他的声音，并且和他反复进行这种游戏，使婴儿很快学会发出一些声音并学会模仿成人的声音。

2. 唤名游戏

靠近婴儿，并呼唤他的名字，如果坚持在每天靠近他时都这样面带微笑地呼唤他的名字，用不了多久，婴儿便会在成人每次呼唤他的名字时给予积极的响应。

3. 摸脸游戏

2个月左右的婴儿的视力，大概只能看清15—20厘米范围内的物体，刚好能使婴儿在母亲抱他或者哺乳时看清母亲的脸庞，这是婴儿出生后最初几个月中最重要的目光交流。母亲可以握住婴儿的小手，让他的小手在母亲的脸部轻轻地抚摸，并告诉他摸到的是什么。如摸到鼻子，母亲就发出"鼻子，鼻子，宝宝摸到的是妈妈的鼻子"的声音，使婴儿所感知的物体与相应的语言之间建立必然的联系。

后期的亲子游戏则用来提高听力和发音水平，以下三种游戏适合：

1. 手指、脚趾游戏

当婴儿开始发现自己身体的各部分都是属于自己的时候，他们就开始进入了自我认知阶段，形成了初步的自我概念。他会经常去摸摸、闻闻、咬咬、尝尝自己的手指和脚趾。成人可以握住他的手指与脚趾和他做游戏，边数他的手指和脚趾边念儿歌："一个小猪，两个小猪，三个小猪，四个小猪，五个小猪，哇，五个小猪一起来，大家上街玩。"也可以唱"手指歌"。如此反复地做，婴儿会提高听音和发音的积极性。

> **拓展资料**

1. 小手多灵巧

一个手指点点点（伸出一个手指点宝宝），

两个手指敲敲敲（伸出两只手指在宝宝身上轻敲），

三个手指捏捏捏（伸出三只手指在宝宝身上轻捏），

四个手指挠挠挠（伸出四只手指在宝宝身上轻挠），

五个手指拍拍拍（两个手对拍），

五个兄弟爬上山（从宝宝的下身做爬山状），

叽里咕噜滚下来（在宝宝身上从上往下挠）。

2. 小手拍拍

小手拍拍，小手拍拍（拍拍你的双手），

手指伸出来（伸出你的食指），

眼睛在哪里（用一种夸张的语气问）？

眼睛在这里（指你的眼睛），

用手指出来（一边指着你的眼睛一边用眼神鼓励你的孩子）。

灵活变化：可以把眼睛改成其他任何一个身体部位，比如鼻子、嘴巴等。这个游戏教会婴儿认识五官和身体的部位，让他增强自己的身体意识。

3. 小宝宝

大拇哥，二拇弟，中鼓楼，四兄弟（唱大戏），

小妞妞（抓住孩子的小手，边点着她的手指头边说），

爬呀爬呀爬上山（食指从胳膊一步步点到肩膀）。

耳朵听听（捏捏耳朵），

眼睛看看（点点眼睛），

鼻子闻闻（点点鼻子），

嘴巴尝尝（点点嘴巴），

咯吱一下（停顿，突然把手伸到孩子脖颈处，咯吱一下，以后每次孩子都会惊喜地等着这一时刻）。

4. 黄老先生有块地

黄老先生有块地，咿呀咿呀哦。

他在田边养小鸡（两手拇指食指相对，其他手指握拳，上下做啄状），咿呀咿呀哦，

唧唧唧，唧唧唧，唧唧唧唧唧唧唧。

黄老先生有块地，咿呀咿呀哦。

他在田边养小鸭（右手手心盖上左手手背，上下扇），咿呀咿呀哦，

嘎嘎嘎，嘎嘎嘎，嘎嘎嘎嘎嘎嘎嘎嘎。

黄老先生有块地，咿呀咿呀哦。

他在田边养小羊（两手放头顶，伸出拇指食指，其他手指捏拳），咿呀咿呀哦，咩咩咩，咩咩咩，咩咩咩咩咩咩咩。

黄老先生有块地，咿呀咿呀哦。

他在田边养小狗（拇指顶住太阳穴，其余四手指做扇状上下扇），咿呀咿呀哦，汪汪汪，汪汪汪，汪汪汪汪汪汪汪。

5. 五指歌

爸爸是司机，开汽车，嘀嘀嘀（双手大拇指单伸出来，向下按）。

爸爸旁边是妈妈，妈妈洗衣服，刷刷刷（双手食指单伸出来，做搓衣服的动作）。

个子最高是哥哥，哥哥打篮球，砰砰砰（双手中指单伸出来，向上做投篮动作）。

哥哥旁边是姐姐，姐姐在跳舞，嚓嚓嚓（双手无名指单伸出来，做绕圈动作）。

个子最小就是我，我在敲小鼓，咚咚咚（双手小指单伸出来，做敲小鼓动作）。

6. 爸爸瞧妈妈看

爸爸瞧瞧（左手从背后伸出，张开手指挥动），

妈妈看看（右手从背后伸出，张开手指挥动），

宝宝的小手真好看（双手一齐摇动）。

爸爸瞧瞧（闭合左手，往背后收），

妈妈看看（闭合右手，往背后收），

宝宝的小手不见了（双手都放在背后了）。

爸爸妈妈快来看，宝宝的小手出现了（双手从背后再拿出来）。

7. 我是一个大苹果

我（指着自己，表情夸张）是一个大苹果（双手张开表示"大"），

小朋友们都爱我（双手食指点着前面的人）。

请你先去洗洗手（双手做洗手的动作），

要是手脏（用右手食指点着左手手掌），

别碰我（挥动右手表示"不"）！

8. 包饺子

小手摊开，咱们来包饺子吧（伸出左手手掌）！

擀擀皮（右手在左手上做擀皮状），

和了和了（右手手指立起在左手手掌上做和馅的动作，就像手指在抓挠），

包个小饺子（说一个字，用右手食指依次点着左手的手指），

香喷喷的饺子给谁吃（用右手把左手指包起来，盖住，问孩子）？

（然后孩子说给谁吃，就把饺子递到谁嘴边）？

9. 叽里咕噜

小熊小熊圆圆脸（用手在宝宝的手心画圆），

一步一步上上坡（从宝宝的手往手臂上点上去）。

叽里咕噜滚下来（在宝宝身上从上往下做滚状），

滚进一个山洞里（用手点到宝宝的胳肢窝挠挠）。

10. 数数

一根棍，梆梆梆。（在宝宝身上轻轻敲打）

二剪刀，剪剪剪。（用食指、中指在宝宝身上轻轻夹）

三叉子，叉叉叉。（食指、中指、无名指分开伸出，轻触宝宝）

四板凳，拍拍拍。（拇指弯曲，四指并拢，轻打）

五小手，抓抓抓。（五指分开，然后做抓的动作）

六烟斗，抽抽抽。（拇指和小指伸开做抽烟状）

七镊子，夹夹夹。（拇指、食指、中指捏一起，在宝宝身上捏捏）

八手枪，啪啪啪。（拇指食指做手枪状，啪啪啪射击）

九钩子，钩钩钩。（食指弯曲做钩状，在宝宝胸前钩钩）

十麻花，转转转。（中指搭在食指上，食指伸直。双手转动）

（资源来源：整理自网络）

2. 镜子游戏

这一时期的婴儿逐渐产生镜面反应，慢慢会认识镜子中的影像是自己。成人可以抱着婴儿或让婴儿坐在镜子前，告诉他镜子里的人是谁，让他摸摸自己的鼻子、眼睛等，引导婴儿观察镜子里有什么相应的变化。几次游戏之后，婴儿就会学会独自跟镜子中的自己说"悄悄话"。

拓展资料

宝宝喜欢照镜子是对环境的探索

小宝宝对身边的所有事物都充满着好奇，不管是风吹草动的声响，还是镜子中自己小小的身影，一切都那么新鲜。

有的家长会好奇："为什么我们家孩子爱对着镜子看啊看的，有时候还冲着镜子里的自己乐，小小年纪就挺臭美的。不知道孩子这样看自己时在想什么呢，用不用管？"

"其实，孩子照镜子，不光是为了看一个活动的影像，这是他们发现自我的一个过程。"中国人民大学心理研究所教授雷雳解释道。心理学上有一个非常经典的

> 实验：婴儿熟睡时，在他们鼻子上涂上胭脂，醒来后让他们照镜子，结果发现，15个月左右的孩子会看着镜子，摸自己抹了胭脂的鼻子。"也就是说，从这个时候开始，孩子就能区分自己和他人了——因为他们知道那个红点是自己鼻子上的。"
>
> 　　有关研究表明：较小的婴儿还不能将自己与外界事物区分开来，不知道自己是自己镜像的源泉，因此把自己的镜像当成另一个游戏伙伴，愿意注视他、趋近他、抚摸他、向他微笑，并牙牙作声。但稍大一点的婴儿在照镜子时，会把自己和自己的镜像联系起来，探索自己和镜中的婴儿的关系，如自己张嘴，他看到镜中的婴儿也在张嘴，逐渐认识到自己是该动作的发出者，这在一定程度上能促进婴儿自我意识的萌芽。
>
> 　　因此，在婴儿照镜子时，家长应告诉婴儿镜子中的婴儿是他自己，同时也可让婴儿做某些动作，看镜中的婴儿也会做同样的动作，来加强婴儿对镜中的婴儿就是自己的理解，促进婴儿对主体我的认识。
>
> 　　从很小的时候，宝宝的视线就会随着自己在镜中的移动而移动；等宝宝再大些，他会伸手去触摸对面镜子中的人，看着镜中的自己做个怪样，吐吐舌头，开心地笑起来。宝宝对镜中"小伙伴"亲昵、友爱的反应，实际上就是宝宝对他人、对周围环境信任感和安全感的体现。所以说，镜子是培养宝宝亲社会行为的有益玩具，同时也可以丰富宝宝的视觉体验。
>
> **推荐亲子游戏**
>
> 　　作为一种训练方法，一般可将镜子挂在距宝宝眼睛15厘米处，以宝宝可以平视为宜，不能太远、太近或太高、太低。等宝宝头颈能竖起来后，可以经常把宝宝抱到镜子前，逗他与镜子中的自己碰碰头、拉拉手，告诉宝宝镜子里的"小朋友"就是他自己，并向着镜子里的小朋友呼唤宝宝的名字。不过需要注意的是，镜子是易碎品，宝宝照镜子时，一定要有大人在旁看护。
>
> 　　　　　　　　　　　　　　　　　　　　　　（资料来源：整理自网络）

3. 指认物体游戏

可以把一些玩具和物品放在婴儿面前，边拿取物品边指认，并发出"指令"，如"把玩具熊拿过来"。开始时成人可以自己拿取或帮助婴儿拿取，渐渐地便可让他们独自拿取。

二、6—12个月婴儿语言教育活动

（一）丰富婴儿的生活内容，提供丰富的语言环境

生活是语言的源泉，只有丰富的生活才能为丰富的语言提供良好的环境。婴幼儿学习

语言,都要与周围现实的人、物、大自然、社会现象紧密联系。通过各种感官直接感知,听、看、触、摸、尝、闻等,获得对周围一切的知识,继而发展语言。

研究表明,如果婴儿的家庭语言环境较好,那么他开始说话的时间要比一般婴儿早,语言能力要强。如果成人能在给婴儿物品时,告诉他这是什么,每次和婴儿在一起时都告诉他正在做什么,玩什么,当婴儿自己游戏时,成人都给他提供适当的语言环境,根据婴儿直观感知的特点创设条件,丰富生活内容,让婴儿在实践中认识世界,发展语言,那么,婴儿的语言能力将会发展得更快、更好。

拓展资料

家里语言环境越复杂,宝宝说话越晚?

家长提问:儿子2岁多了,还只会简单地叫"妈妈""爸爸",尤其近一个月来他更是只字不说,完全用指手画脚代替了原本就少得可怜的言语。看着一些同龄的小朋友语言流利,这可把我和孩子爸爸急坏了。我们家的语言环境比较复杂,爷爷奶奶说粤语,外公外婆说四川话,我和宝爸有时说家乡话,有时说普通话,偶尔还教他一些英语,是不是这么复杂的语言环境对宝宝学说话产生了影响?宝宝说话晚是不是没有说话早的聪明呢?

原因分析:孩子长期处在这种复杂的语言环境当中,相当于要同时学几种语言,这对语言天赋好的孩子可能没事,但语言天赋差的孩子在语言学习阶段就不知道去模仿谁的发音,无法适应,导致语言发育迟缓,使开口讲的时间延迟。

临床上确有很多这样的案例,一个家庭如果有2种以上方言或语言,家庭语言环境过于"复杂",这个家庭的孩子会比在单一语言环境家庭的孩子更容易发生发育性语言障碍,尤其是2—3岁的孩子更为明显。这个年龄段的孩子正处于学习模仿语言的时期,复杂的家庭语言环境会给正在模仿成人语言的孩子造成很大困惑,进而导致说话比别人晚。

但也有研究者明确指出,这样的混乱仅仅是一段时间。孩子到了两三岁时便可以适应这种多语言环境,这些孩子甚至会以为每个人都是使用不同的语言,在和不同的人对话时会相应选择不同的语言,这样反而有利于孩子语言天分的充分开发。有无数的科学研究表明:孩子从一出生开始就具备同时接受几种语言输入的能力。自幼习得双语(记得方言也算哦)的孩子反而会由于大脑中同时有多套语言系统需要做到灵活切换,所以这些孩子不管在注意力、创造力还是记忆能力等方面往往都要比单语孩子更占优势。

所以,语言环境复杂家庭的宝宝最初的言语发展比同龄宝宝会稍迟缓,但后续会很快赶上并超越,就像巨大的轮子启动一样,起先总是慢的,一旦启动起来,速度就很快了。

影响孩子语言发展的因素一般包括以下几种：

1. 生理因素：一般来说，咀嚼练习少，口腔功能欠佳，不会造成说话迟缓，但会影响发音的准确性。

2. 智力因素：智力低下会影响语言能力的发展，会影响儿童的交流能力。智力低下的儿童开始说话的年龄晚，而且词汇量少，表达能力差。年龄较大者表现为说话不切题，以及与其年龄不相符的模仿语言或重复语言。

3. 听力因素：如果在语言发展期间存在声音语言输入障碍，如中度以上听觉障碍，就会影响儿童对语言的理解和表达，导致语言发展障碍。

4. 环境因素：针对狼孩、在孤儿院长大的儿童的研究表明，环境因素会影响孩子的智力及语言发育。如父母不停地批评、指责孩子的说话方式和语调，或很少回答孩子的问话，都会影响儿童的语言发展。

多语言家庭孩子说话迟缓怎么办？

如果排除了以上生理因素，孩子语言发育迟缓是由于环境因素导致的，可以这样做：

其实，在讲多种语言的家庭里，造成孩子不爱说话的主要原因是，孩子的主要抚养人与孩子的语言沟通不够顺畅，抑制了孩子的语言发育。比如孩子有时候说方言，妈妈或者是祖父母听不懂他表达的内容，他自然会受挫、退缩。或者孩子在说话时，出现了方言等语音，父母不停地批评、指责孩子，久而久之，他的语言发育就受到影响。

因此爸爸妈妈要多了解孩子的想法和语言表达习惯，耐心地和孩子多沟通，就不会影响孩子的语言发育。如果在家庭条件允许的情况下，1岁多开始教孩子说话，最好统一用标准的普通话；和孩子进行语言交流时，家长要和孩子面对面说话，发音要准确清晰，这样也有助于孩子语言发育。

说话早的孩子真的更聪明吗？

智力与语言有极为密切的关系。智力低下的孩子不能注意别人对他说什么，精神不能集中，模仿能力也差，不能表达和理解词的意义。有时虽然也能说清楚某个词，但不久又忘掉了。如果你家孩子理解词语能力较好，就不用担心他的智力。

但是反过来却是不成立的，也就是说孩子说话晚不一定代表他不聪明，因为每个孩子的语言发展规律都不同，有的孩子说话早，有的孩子说话晚，只要在正常范围内就可以。

不同的孩子，语言天赋有所不同。家长平时要注意孩子语言学习的进度和状态，多和孩子沟通交流，但不能刻意强求从小就要锻炼孩子说多种语言的能力。

（资料来源：摇篮网）

（二）在活动中伴随着语言刺激，让婴儿学说话

成人应积极地和婴儿进行互动活动，在活动中成人要和婴儿不断地用语言进行交往，成人应主动地与婴儿交谈，和他们讲正在做的事情，讲要求他们将要做的事情，讲他们想要做的事情等，这不仅使婴儿说话发音的频率增加，而且可以促使婴儿语言能力不断提高。

> **拓展资料**
>
> ### 适度的刺激可以鼓励婴儿学说话
>
> （1）适度的语言刺激
>
> 语言刺激要尽早开始。不要等到宝宝学说话时才开始进行语言刺激，要提前进行，给宝宝一个厚积薄发的过程。在婴儿还没有出生前，就要有意识地和胎儿进行交流。在婴儿出生后，妈妈要每天坚持对孩子说话，优美的、有韵律的语言可以刺激语言中枢神经，促进语言中枢神经和大脑的发育。所以妈妈在跟宝宝说话时，语音要轻柔，语速要放慢，还可以伴着优美的旋律。比如：妈妈可以给宝宝轻轻地唱儿歌；给宝宝读优美的诗歌等。但是，妈妈一定要把握度，语言刺激不能过于频繁，时间不宜过长，否则会造成宝宝大脑和神经的疲惫，结果会适得其反，不利于宝宝的正常发展。
>
> （2）全语言的日常交流
>
> 在日常生活中，当爸妈喂宝宝吃饭、为他提供生活照料的时候，或是带着宝宝外出时，都是和宝宝进行口头言语交流的绝佳机会。爸爸妈妈们可以将此时此景有机地结合起来，跟宝宝说话，创设全语言的交流环境。如换尿布时，可以说："宝宝屁屁脏，妈妈换尿布，'哒，哒'两下，贴上小粘条，尿布换好了，宝宝真高兴！"在喂宝宝喝水时，可以说："喝水水。"特别是带着宝宝外出时，沿途所见所闻，均可作为与宝宝谈话的内容。
>
> （3）用宝宝喜欢的方式与宝宝说话
>
> 父母在与宝宝交流时，一定要注意语调和拟声叠词。宝宝虽然不会说话，但是他们对不同的语调的感觉是不同的。父母要用语调较高的声音和宝宝交流。升调用来吸引宝宝的注意力，降调用来安慰或唤起宝宝的积极情绪。父母和宝宝讲话时，多用宝宝喜欢听的拟声和叠词，比如："小鸡叽叽，小鸭嘎嘎……"宝宝听后会很开心，然后自然就模仿了。
>
> （4）在游戏中学习语言
>
> 宝宝天生就喜欢游戏，在游戏互动中，他们能学到不少东西呢。爸爸妈妈，在生活中要经常和宝宝一起玩游戏，制造欢乐氛围。比如摸鼻子游戏，你和宝宝面对面坐好，让他看着你。你说身体的某一部位，让宝宝指出来。你问他："妈妈的鼻子在哪里？"宝宝会用手指向你的鼻子。也可以让宝宝按照你的语言提示，

指自己的身体部位。宝宝在这种有组织的游戏中，自然能快乐地习得语言。

（5）训练手势

据科学家研究，婴儿会用食指指物的时间越早，就越早能表达自己的需要，开口说话。宝宝在8到10个月已经会用手势来表达自己的需要，他们会用手指触摸一个物体，引起人们的注意，希望人们满足自己的需要。比如，妈妈可以先自己示范用手指宝宝的照片啊，墙上的挂图啊，边指边说，然后拉宝宝手指，训练多次，宝宝就能学会啦！当宝宝指到某一物品时，妈妈要说出该物品的名称，降低语速，多说几次，发展宝宝的语言。

（资料来源：整理自网络）

（三）鼓励婴儿掌握新的语音，并反复进行练习强化

当婴儿试着学习一种新语音时，一定要及时给以鼓励。如可以鼓掌拍手叫好，亲亲他，摸摸他的头等，这种热情的鼓励将使婴儿很受鼓舞。

当然婴儿第一次尝试发的新语音，也许并不准确，成人可以用多种形式示范正确发音，让他们及时调整发音，反复练习正确发音。

（四）开展早期阅读，初步培养婴儿良好的阅读习惯

应给婴儿提供阅读的空间和时间，培养婴儿良好的阅读习惯，如教会他拿书的方法，阅读时的正确姿势，阅读后把图书放回原来的位置等。

成人可以允许婴儿自己独立地看书。你会发现，婴儿一会儿把书拿颠倒了，一会儿又从后向前翻书，一会儿又连翻好几页。成人千万不要因此而制止他，这表明婴儿正在"研究"和"探索"书。

拓展资料

小宝宝需要阅读吗？当然需要！

很多家长认为孩子这么小，不识字，啥也不懂！给他读书也是白费力气。其实，我们并不是要他读懂，而是要培养他的读书兴趣。0—3岁是培养孩子阅读兴趣和学习习惯的关键阶段，从这时起注意培养孩子喜欢读书的兴趣，将帮助他们学会读书。

对于宝宝来说，只要是与阅读活动有关的任何行为，都可以算作阅读。比如用拇指和食指一页一页地翻书；会看画面，能从中发现事物的变化，将之串联起来理解故事情节，读懂图书；会用口语讲述画面内容，听成人念图书中的文字等。

阅读是将要伴随宝宝一生成长的活动，早期阅读并不在于单纯发展宝宝的阅读能力，还要让他通过各种途径，接受各种信息，形成看、听、读、写一整套的养成性教育，为今后的学习打下良好的基础。阅读开始越早，阅读时思维过程越复

杂，对智力发展就越有益。

阅读小贴士：为孩子营造阅读的小安乐窝

很多家庭在环境的布置上不利于早期阅读的开展，大多数父母还不能理解儿童阅读活动的正确含义，缺乏科学认识，只有不到3%的家庭能够有意识地为宝宝准备书房、书橱、书桌等。

技巧：在宝宝看得到的范围里，摆好小画书，最好有个可爱的小书架，让宝宝感受到那些有着鲜艳色彩和图片的、被妈妈叫做书的东西里面，有很好听、很好玩的故事和游戏，书是一种能打开合上、能学说话的玩具。从而培养宝宝对"书"的喜爱，激发宝宝的阅读兴趣。

确保培养宝宝阅读能力的过程是快乐的、轻松的、游戏化的，过早让宝宝接触一些和他的年龄段不适应、不感兴趣的文字只会打击他的阅读兴趣，如机械地背诵古诗，3岁时开始读名著等，或是给宝宝读一些悲惨的、恐怖的内容，都弊大于利。

宝宝阅读的培养最重要的是营造一个好的阅读环境，父母如果平时都能静下心来看书，宝宝一般也会爱上阅读，有了环境和氛围就能激发宝宝阅读的兴趣。还要记住当宝宝读累了不愿意读了，不要强迫孩子阅读，这样反而会适得其反。

良好的阅读习惯，从婴儿时期就可以开始培养。

（资料来源：整理自网络）

本 章 小 结

关于婴儿语言的发展，近几十年来掀起了研究的热潮。有人认为，关于婴幼儿语言发展的理论，主要包括先天决定的自然成熟说、先天语言能力说；后天决定的模仿说、强化说等。而本书认为，婴幼儿语言是在生物的（先天）和社会的（后天）因素相互作用下发展起来的，后天的环境和教育的影响将起决定性作用。故而婴幼儿语言应该是一个动态的概念，它有一个发生和发展的过程。根据语言系统的发展和语言运用能力的发展相结合的标准，婴幼儿语言的发展可以划分为既有质的差异又相互关联且时有交叉的三个阶段：0—1岁是婴儿言语发生的准备阶段，又称为前言语阶段；1—2岁是幼儿开始进入正式的学说话阶段，当幼儿讲出第一批有真正意义的、具有概括性的词时，标志着幼儿开始发生言语，又称为言语发生阶段；2—3岁是幼儿基本掌握口语阶段，这一阶段将持续到入学前。3岁前婴幼儿语言的发展阶段并不是绝对地划分的，但每个阶段又都可以以它新的质的特点划分出若干子阶段，并与其他阶段相区分。对不同的婴幼儿来说，每个阶段发展的早晚既有普遍性又有差异性。

婴幼儿所接触到的各种语言素材就是语言学习的起点。没有语言输入，就谈不上语言学习。因此，成人要有意识地让婴儿多听，听故事、听儿歌、听各种声音，多跟他们交谈。

同时，成人还应该积极引导婴儿用语言表达自己的要求，给他们提供讲话的机会，还要让他们循序渐进地学习讲话，多给予鼓励和奖赏，诱导他们的语言"输出"，切忌"包办代替"。

延 伸 学 习

 拓展阅读

讨论：双语教育是不是越小开始越好？

如今，越来越多的人开始学习两门以上的语言。对家长而言，婴幼儿的多语种教育问题成为关注的焦点。多语种教育对孩子的语言发展究竟是有益的还是有害的？家长应该怎么做，才能给孩子提供最好的语言环境？

在关注这一话题时，我们依旧需要回归到婴幼儿语言发展的规律来看。

其一，在多语言环境中，婴儿学习语言是否会有障碍？

在多语环境下长大的孩子开始说话并不会晚于其他单语环境下长大的孩子，换句话说，如果孩子开始说话比较晚，那并不是多语环境所导致的。因为同时学习多种语言并不会给孩子的大脑额外增加负担，已有的实验结果已经表明了这一点。

多语环境对于孩子语言能力、思维能力的发展非常有帮助，更不用说在未来的学业、职业发展中精通多种语言带来的优势和机遇。

在多语儿童的语言发展中，家长要做的是兴趣的开发和引导。环境的熏陶和潜移默化在很多时候比强制的学习更加有益，也更顺应儿童的语言学习机制。

其二，在双语/多语环境下长大的孩子会说话晚吗？

答案是否定的。更准确地说，无论是在单语还是在多语（≥2）环境下，孩子说话早或晚的几率都是一样的；双语/多语环境不会导致语言学习的滞后。

在摆证据之前，我们先看看婴幼儿学说话，需要哪些生理器官和认知机制的配合。

首先是听觉。会说的前提是能听，学说话简单来说就是建立声音符号和物体之间的关系，再进一步就是建立声音符号和抽象意义之间的关系。如果婴幼儿的听力存在缺陷，这将会对他们学说话造成不小的阻碍。不过，先天失聪的婴幼儿通过学习手语仍然可以建立一个完善的语言系统。

其次是神经系统。对于生活在多语环境下的婴幼儿，他们的语言学系通常会呈现以下两种模式：

（1）同时习得（Simultaneous Acquisition）

这样的习得模式多发生在婴儿从一生下来就开始接触两种或两种以上的语言，或者第二种语言在三岁之前就有大量的接触。同时习得两种或两种以上语言的儿童跟习得单一语言的儿童在语言发展上所经历的步骤和阶段都是一样的。尽管在有些情况下，多语环境下的儿童开始说话会稍微晚于（不显著）单语环境下的儿童，他们开始说话的年龄也会在正常的范畴内。从一开始学说话，多语环境下的儿童就同时学习两种或两种以上语言，他们并不像人们想象的那样会把同一个词、同一句话学习两遍，他们在不同的表达中习得不同的语言，然后两种或多种语言系统会相互补充。随后，他们将逐渐学会区分开两种不同的语言，而且会表现出在和不同的对象说话时，在不同的语言之间灵活切换，就比如说，对会说法语的父亲讲法语，而对讲英语的母亲讲英语。

（2）依次习得（Sequential Acquisition）

这样的习得模式多发生在儿童完全习得第一语言（通常在3岁左右）之后才开始接触第二语言，比如说儿童在年幼的时候移居到说外语的国家。依次习得的模式还有可能发生在儿童在学前学习继承语（Heritage Language），在上学后接受一种新的授课语言，这种情况也多发生在移民家庭，特别是父母讲少数族裔语言的移民家庭，如华裔、拉丁裔、非裔的美国家庭。和同时习得不同的是，依次习得的两种或多种语言，在后天发展中可能会由于不同语言之间使用频率和适用场合的不同，造成母语或继承语逐渐生疏，多种语言发展不平衡的结果。

再者是发音器官。一个完整的发音过程需要肺部、声带、口腔、鼻腔、舌头、嘴唇等器官的共同协作，不同的语音之间的差别可能就是舌位的高低前后、声腔闭合的宽或窄、声带的拉紧与松弛之间的区别。这需要我们的发音器官非常敏捷，且能准确运动到特定的位置。在婴幼儿时期，我们不仅要经历发音器官的进化，还要在不停的模仿中学会如何移动我们的唇、齿、舌，如果这一过程出现了问题，也会导致儿童学说话的推迟。

其三，针对多语言环境一般有怎样的误区？

误区一：很多人会错认为，当儿童混用多种语言的时候，是他们的语言能力出了问题，或者是他们两种语言都不熟练的结果。

实际上恰恰相反，转码不仅不是语言混淆或者表达能力低下的表现，反而是两种语言都能够应用自如的一种表现。

我们设想一下，如果一个人在同一段对话中可以说出地道的北京话和上海话，或者东北话和广东话，作为听众是会认为他们是方言通，还是"话都说不会"呢？在多语环境下，转码是一种非常正常和自然的现象。能够熟练讲多语的成年人之间交流，转码是一种理所应当的反应。

那么同样，多语儿童在和其他讲不同语言的说话对象进行交流时，使用不同语言或在多种语言之间转换就是可以理解的了。

误区二：只有两种/多种语言同样流利的人才能够被称作双语/多语者。

语言作为人类的交流工具，会随着使用频率和场合的不同而有不同的发展程度。多种语言具有同等熟练程度的多语者是很少见的，大多数多语者都会拥有一个主导语言。而主导语言的地位通常会受到社会大环境，特别是主流社会群体所使用的主流语言的影响。此外，一个人的主导语也不是始终不变的，它可能随着年龄、生活环境、受教育程度、社交圈子、工作环境以及其他很多影响因素的改变而发生变迁。这是多语儿童的家长需要了解的常识，以应对儿童语言发展过程中可能会出现的变化。

其四，两种语言一定比一种语言好吗？

答案是肯定的。在当今社会，多语是常态，而单语是非常态。

在加拿大，11.9%的人口在家里说除英语和法语之外的语言（英语和法语是加拿大的官方语言）；在加拿大人口最多的城市多伦多，这一比例增加到了31%。在美国，21%的学龄儿童（5—17周岁）在家里说非英语的语言，在未来的几年这一比例还将会增加。

在世界范围内，据估计，把英语当做第二语言的人口数量已经远远超过以英语为母语的人口数量，而双语儿童的数量和单语儿童的数量几乎一样多。

按照这样一个趋势，在不久的将来，越来越多的儿童将会成长在双语或多语环境中。有的时候双语是一种需要，比如在父母不能熟练使用社会主流语言的情况下，儿童在学前会学习一种语言，在上学后会开始学习社会主流语言；有的时候双语是一种选择，有些父母即使自己不会讲第二语言，也希望让自己的孩子从小接触多种语言。

根据相关研究结果来看，跟单语儿童相比，双语儿童在抗干扰、集中注意力方面有着显著的优势。跟单语儿童相比，双语儿童在做计划和解决复杂问题时的表现更好，更具有创造力。

在成年人当中，大脑退化、记忆力衰退的现象在双语/多语群体中明显少于单语群体。双语成年人失忆症的发病时间要比单语成年人的发病时间推迟4年左右。通两种或多种语言的人有机会掌握更多的人脉和资源。

在加拿大，会讲英语和法语的人的收入要比只会英语的人高出10%左右，比只会讲法语的人高出40%左右。

尽管研究数据只是一个参考，但是随着社会发展和全球化的趋势，对个人语言能力的要求会日益提高。从小习得多种语言对儿童的脑力、智力发展，以及将来的学业、事业发展在很大程度上会产生一定的影响。

其五，应该什么时候开始学习第二语言？

儿童在第二语言的习得方面比青年和成年人的效率更高，而且更有可能达到母语者的熟练程度，特别是在句法和语用方面。但凡事也不可一概而论。大量实验表明，在第二语言学习的初期，因为在记忆、理解和阅读能力上的优势，成年人或青少年在词汇和句法方面的学习要优于低龄儿童。

这就告诉我们，学习第二语言，什么时候开始都不算晚。并不是越早越好，也不是错过关键期就学不好第二语言，在婴幼儿的双语学习上，家长应该保持一颗平常心。尽早营造一个丰富、适合语言发展的环境，远远比急着为孩子选择语言学习的课程更有价值。

考虑到婴幼儿的语言学习，家庭环境是一个极其重要的因素。在创设语言学习环境时，最好按照家庭成员的喜好和习惯来，尽量做到自然，舒适。不要试图跟自己的孩子讲自己都不熟练的语言，这样做没有任何益处。

心理学助理教授和蒙特利尔肯高迪亚大学婴儿研究实验室总监海因莱因说："孩子每天听到的很多话是孩子成功学习第二语言的重要因素。如果家长的目标是为了让孩子从别人处学习到一门新的语言，那么父母们就应该给孩子找一个健谈的相关人员。"

双语环境中成长的儿童并不需要成人刻意教授语言，家长要做的就是多说、多交流，在有了充足的语料输入后，大脑会自行完成剩下的工作。

海因莱因也说："学习一门新的语言是需要相容和接触的，让语言在各种环境中得到应用对于学习双语是有很大帮助的。"如果婴幼儿想学双语，那么一个星期学习几个小时是不够的，光靠电视里的节目来帮助学习也是没有多大效果的。应该让婴幼儿读有关第二语言的书籍，或者参加与第二语言相关的活动或者一些互动，这样才有利于学习第二语言。

如果婴幼儿出现多种语言混用的情况，不要担心。转码和混用对于双语者/多语者来说是非常正常的。家长应该给他们提供尽可能多的用家乡话与人交流、互动和玩耍的机会。

如果认为婴幼儿的确出现了语言发育迟缓的现象，应尽快向专业的语言病理学家也就是语言治疗师寻求帮助。同时要记住，双语或多语不会是语言发育迟缓的根源，多在听力和发音器官上找问题。

总之，婴幼儿语言的发展是一个变化而复杂的过程，不同的语言环境对他们语言发展的影响也不尽相同。每一个家庭都需要了解自己的孩子，关注到他们的个体差异，制定行之有效、孩子感兴趣、贴近家庭生活的双语学习策略。

几个简单的方法介绍：

（1）双语绘本的使用

绘本是最适合婴幼儿的早期读物。

家长可选购一些适合婴幼儿阅读的双语绘本与幼儿共同阅读，在阅读过程中，辅之以轻松好玩的英文游戏，让幼儿在愉悦的游戏互动中轻松习得英文。

（2）一起学唱英文歌曲

中国家长有时候往往会忽视和婴幼儿一起游戏、活动的重要性。与婴幼儿一起听外文歌曲，唱外文歌曲，对于婴幼儿来说帮助很大，可以激发婴幼儿的学习动力。家长若表现积极，对他们学习语言是最好的刺激。并且英文的歌曲中有很多是旋律欢快的，可以让婴幼儿感受语言的韵律之美。

从某种角度看，语言是一种文化，而不是一门学科。所以，在学习语言时家长不要一味地向婴幼儿灌输知识，要让婴幼儿了解语言背后的文化，拓宽婴幼儿的视野，这样婴幼儿才会对新的语言感兴趣，才有可能学好第二语言。

（资料来源：整理自网络）

学习活动

1. 观察0—1岁婴儿，自选某一个月龄段，以视频或文字的形式记录婴儿的语言，并结合阶段的发展特点进行分析。

2. 结合教材内容，寻找一些你觉得适合0—1岁婴儿开展早期阅读的材料，与大家分享交流一下。

复习与思考

1. 试述0—1岁婴儿语言发展阶段及其主要特点。
2. 讨论一下，在语言输入与输出方面，成人需要注意什么？
3. 试述成人如何在家庭中为孩子营造良好的阅读环境。

第五章　1—2岁幼儿语言发展与教育

学习目标

1. 了解1—2岁幼儿语言发展的特点。
2. 掌握1—2岁幼儿语言教育活动规律,并能够设计合理的语言教育活动。

第一节　1—2岁幼儿语言发展的特点

经历了近一年的语言准备阶段,幼儿开始进入学习口语的全盛时期,因此1—2岁被称为语言发生阶段。这一年中,不同于1岁前婴儿以接受性语言理解能力发展为主,1—2岁的幼儿从理解性的语言强于表达性的语言发展到习得词汇量猛增,经历"词语爆炸";从咿呀学语发展到开始能清楚地说出词语,从单词句到双词句,直到开始说一些复合句。总的来说,1—2岁是幼儿表达性语言发展的十分重要的时期,根据婴幼儿语言发展的基本情况,它又可以分为下述两个阶段:12—18个月的单词句阶段;18—24个月的双词句阶段。

一、12—18个月幼儿语言发展特点

迈入1岁的幼儿似乎到了黎明前的"黑暗时期",会进入一个语言暴风雨前的"平静时期",不但没有了以前的发音热情,而且越来越"沉默"。相对而言,这一时期的幼儿更喜欢听成人重复的语言或话语,也喜欢听成人重复地讲一个故事、笑话或儿歌等。虽然发音热情进入了一个短暂的沉默期,但是此阶段幼儿的语言理解能力有了很大的提高,并且会给常见的物体命名。与此同时,在这一阶段,幼儿往往用一个单词表示一个句子,我们称之为单词句,因此这一发展阶段被称为单词句阶段。如幼儿说"妈妈"这个词常常反映多种意思,有可能是让妈妈抱,也可能是要吃东西,还可能要一个玩具玩等。这时候幼儿说出的词,并不单独地和词所代表的对象发生联系,而是和包括这个对象在内的一种情境相联系,所以单词句阶段的词所表达的意思是不精确的,家长常常需要把幼儿说话时附加的手势、表情、体态等许多情境作为参考的因素,确定他们说话的意思。

（一）发音热情进入沉默期

这一阶段的幼儿似乎突然没有了以前热情的咿呀声，就连以前已经学会的几个简单的词，如"爸爸""妈妈""打打""拿拿"等，很多时候都不再说了。其实，这是幼儿出现了发音紧缩现象。幼儿在前语言阶段所能发出的母语中有的或者没有的语音在这一阶段都不能发出，无意义的连续音节大大减少。他们往往只用手势和动作示意，独处时也停止了那种自发发音的活动，出现了一个短暂的相对沉默期。

这是什么原因造成的呢？根据语言学家克拉申（Krashen）的语言输入假说理论，这是人类语言学习过程中的一个规律，是由语言发展本身的规律决定的，每个人的语言学习都要经过相似阶段。"沉默期"主要指习得者没有足够的能力讲话的那段时间，短至几小时，长达几个月。克拉申认为儿童在习得母语时，总会经历一个为期大约为一年的"听"的过程，然后才开口说出第一个词，这种"沉默期"是习得者建立语言能力的一个非常必要的时期。在此期间，幼儿通过听，即通过对可理解性语言输入进行加工、整理。经过这段沉默期后，幼儿似乎下意识地习得了输入的语言。沉默期很可能是幼儿在接触和理解语言时的吸收和消化的过程。还有学者认为，幼儿大脑中的动作中枢和语言中枢的发展不对称，13—15个月阶段是幼儿粗大动作发展相当迅速的阶段，如学习走路、跑、跳、跨等动作。幼儿语言中枢的成熟变得缓慢和被抑制了，从而导致沉默期现象的出现。通过观察幼儿的语言发展过程可以发现，沉默期对语言的发展是非常必要的。经过这段时间，幼儿通过大量的"听"来提高语言能力。通过一定的"听"的积累，幼儿的语言学习才会达到一个质的飞跃。另外，"听"是幼儿语言习得的重要形式，通过"听"，幼儿可以积累记忆大量的语言材料，并能从这些材料中总结出该语言的基本规则。

案例 1

宝宝学说话的沉默期

我家颢仔宝宝是在大约七八个月的时候开口说话的，当然当时的说话纯粹是无意识地发出一些音节，比如"打、呆、奶奶"等，这样的情况一直持续了一段时间。后来8个月时候学会了说"妈妈"，10个月的时候学会说"爸爸"，然后自己一个人总是不停地自言自语念叨着。

颢仔1岁左右的时候，大人说话的意思已经都能领悟了，甚至于比较复杂的一系列动作也能够按照指令完成得很好。比如妈妈说："把那朵花捡起来，给妈妈闻一闻。"他会拿起花，放在妈妈鼻子上。然而语言却没有理解力的发展那么快。除了自己喜欢的几个音节以外，似乎没有大的进步。这个时候的颢仔，喜欢指着天花板的灯或者外面的路灯等喊"待"，发音不标准，但是能清楚地把灯和他嘴里所谓的灯联系在一起，尽管妈妈纠正他的发音，但是他似乎还是不配合。

接着颢仔出现了学习说话不配合的阶段，大人教他，他也不去理会，甚至于以前喜欢喊的"爸爸妈妈"，现在诱惑他去喊也不喊了，似乎一下子变得很安静。看着同龄的一些宝宝会说的很多，颢妈也很着急，于是和其他人交流。妹妹说，我家外甥也有这样一个阶段，突然不学习说话了。同事说他们家的宝宝也有过这样一个时期，可能是担心自己说得不好，所以什么都不说了。度过这个阶段之后，宝宝语言发展会很快。

于是颢妈也查找了一些资料，原来这个阶段有个术语叫做"沉默期"。1—1岁半是理解语言迅速发展阶段，在这个阶段宝宝能懂的话大量增加，但说出的语词还很少，甚至出现一个短暂的相对沉默期。这时，宝宝反而要用手势和动作表达自己的意愿，不开口说话，甚至把原来一个人的时候发出来的自言自语也停止了。到1岁半左右，宝宝似乎又突然开口，说话的积极性很高，语词大量增加，句子的掌握也迅速发展。

帮助宝宝早点度过沉默期，最好的方法就是多进行情境交流。比如颢仔很喜欢看车子，每次出去看到车子，妈妈会问，车子大不大？颢仔会说大；妈妈问：车子要不要买？颢仔会说买。还有在颢仔吃东西的时候，妈妈问：还吃不吃？他就会说吃，最后发展为自己有了要吃的欲望会主动说吃，甚至于东西吃完了，或者奶喝完了，自己会喊没。

总之，在宝宝的沉默期，父母要多一点耐心，多一点尝试，多一点交流，宝宝很快就会开口流利地说话了。

（资料来源：新浪微博）

（二）喜欢听成人重复地说话

由于这一阶段的幼儿说得少，相对而言，就更愿意听成人说话。他们对语言学习突然有一种特殊的热情，非常喜欢听成人说话或听别人聊天，甚至会要求成人说同样的话，而且喜欢听好几遍，不厌其烦。

（三）理解语言迅速发展

在这一阶段，幼儿所能理解的语言大量增加，但是会说出的语词相对比较少，换句话说，也就是他能听懂的话比他能说出的话要多得多。

在此阶段，幼儿所能理解的名词和动词很多。名词主要是幼儿身边的、所熟悉的家用物品，人物的称谓、动物的名称和特征较明显的身体器官的名称等。能理解的动词主要是表示身体动作的，其次是表示事件和活动的能愿动词和判断动词。该阶段，幼儿所能理解的句子有：

1. 呼应句。所谓呼应句就是指幼儿呼唤他人（呼唤句）或是对他人呼喊的应答（应答句）。呼应句是发生较早（一般发生在本阶段的初期）、且使用频率较高的功能句。

2. 述事句。所谓述事句就是指幼儿对自己发现的事情的述说。如爸爸问:"你的球呢?"幼儿(四处张望一下)说:"没。"表示他没看见球,不知道球在哪里。这种情况大约发生在幼儿出生 15 个月以后。

3. 述意句。所谓述意句是指幼儿述说自己意愿的句子。幼儿所表述的意愿大多是表示否定的。如成人让幼儿赶快收拾玩具来吃饭,幼儿会说"不",以表示自己不愿意。这多发生在本阶段后期。

这一阶段的幼儿对成人命令式的语言能理解并执行,对于成人具有方向性的命令式语言,不用凭借动作或面部表情就可以完全理解。

(四)第一个真正意义上的字词出现

幼儿大约在一岁左右,会说出第一个常用的字词(但一些晚说话的幼儿并不表示他们发展晚)。虽然对字词的理解能力通常在 8 个月左右就快速发展起来,但这和幼儿说话的欲望是分开的。拥有的第一个字词通常都是和他们最熟悉的物品或经验有关——最喜欢的人(爸妈和他自己)或东西(玩具熊或车子等),也通常包括常用的语言,如"不要""还要"。一般早期会说的字词都是比较容易发音的字,有些字词是幼儿已经知道,只是还不会用;同时这些字词也和情境有关,也就是说幼儿学习并使用这些字词,是属于他们某个整体体验的一部分。

> **拓展资料**
>
> 1—3 岁是早期语言阶段,他们会慢慢应用语言了。12—18 个月用上单字词;18—24 个月,会两个以上的单词连用,比如说"妈妈吃饭"等,有句子的结构,词语从几十个发展到 200 多个,每个主题有 2—3 种表达,模仿能力增加;24—36 个月会用 3—4 个词语组成的句子,词汇量大大扩展;3 岁的孩子能说出自己的名字、年龄、性别,认识常用的物体和图片,按 2—3 个要求做事。
>
> 孩子最先会说的词语大多是以下 50 个,成人可以按照先后顺序教孩子:啊、妈妈、哦、爸爸、爷爷、奶奶、阿婆、呜呜、姐姐、鸡、鱼、宝宝、汪汪、吃、猫、拿、蛋、鸭、狗、球、咦、手、脚、灯、阿公、哥哥、弟弟、糖、妹妹、饭、鞋子、鸟、喵喵、不要、眼睛、耳朵、月亮、肉、饼干、嘎嘎、电视机、菜、阿姨、大、娃娃、我、门、要、谢谢、衣服。
>
> (资料来源:凤凰网)

(五)会给常见的物体命名

在词汇能力方面,以声音代物是 1 岁半以前的幼儿说话的一个明显的特点。例如把"狗"称作"汪汪",把"猫"称作"喵喵"或"喵呜",或者用某种声音来代表人的某种活动,如用"嘘嘘"声代表小便。这种声音固然与成人常对孩子以声代物有关,同时也和幼儿生活范围的扩大、生活内容不断丰富、认知能力逐渐提高有关,因而幼儿已会用声响来给日常生活中常见的物体命名。这是因为声音是物体或活动的鲜明特征，容易记住。

（六）继续讲"小儿语"，常用省略音、替代音和重叠音

有的幼儿说话时还有"小儿语"，其"小儿语"中有明显的旋律和抑扬顿挫的音调变化，某些情况下听上去很像成人说话。他们在发音上常常表现出一些特殊的发音策略，主要有：

1. 省略音：省略词首或词尾辅音。如 niú（牛）说成 yoú（油），xīngxīng（星星）说成 xīxī（西西）。

2. 替代音。用浊辅音替代清辅音，如 gēge（哥哥）说成 dēde（得得）。用擦音替代词首的塞音，如 chá（茶）说成 tā（他）。

3. 重叠音。这几乎被看作幼儿早期语言发展中的一种普遍存在的最重要的现象。2岁是叠音词使用的高峰期，不仅使用数量多，而且遍及范围广，名词、动词、形容词、量词和感叹词等多种词类均有重叠的单音节。一般来讲，名词的叠音现象最多，延续时间最长。

以前不少研究者把幼儿使用简化策略发出的语音称为"发音错误"，这是不合适的。这是因为此阶段幼儿有一个特殊的语法系统，具有一个和母语相似而又不完全相同的音位系统。

拓展资料

妈妈语和小儿语

"牙牙学语"的孩子说话有一个很大的特点，就是经常使用重叠音。听到孩子所发出的喃喃细语，作为母亲常常会情不自禁地变换一种特殊的表达方式，即在和孩子说话的时候往往也相呼应地采用所谓的"小儿语"与之对话。妈妈在说话时，不由自主地会把语调抬高，有些夸张，言词简短，速度缓慢，有较长的停顿，有较多的重复话语，而且还经常使用重叠音。比如，妈妈会提高了音调说"宝宝，吃饭饭""妈妈给宝宝穿袜袜""这是爸爸的帽帽""这是宝宝的鼻鼻"等。

那么父母用这种语言和孩子谈话，对他的语言能力的发展有帮助吗？心理学家认为，这种语调偏高的词句，适合于婴儿早期听觉的适应范围，孩子喜欢对这样的声音做出反应。另外，婴儿最早对言语音调的理解超过了对词的理解，音调夸张有助于维持婴儿和成人的交往，音节间的停顿和缓慢的速度有助于婴儿对语音进行确认和分析，也为理解词提供了方便。不过，如果孩子长到1岁之后，进入了幼儿时期，周围的人倘若还是用这种腔调和他说话，还让孩子处于那种重叠音的环境中，则会对孩子的语言发展产生不利影响。因为，那种重叠音的语言结构过于简单，会影响孩子掌握主流的语言结构，长此以往，会阻碍孩子语言发展水平的不断提高。如果说在孩子1岁以前，在他还只能说出一两个单字的时候，妈妈依据孩子当时的发音能力和言语表达能力去和孩子这样对话，还是无可厚非的话，那么待孩子有了一定的表达能力时，不论是孩子的父亲还是母亲，包括所

> 有的家人，都要尽量地减少直至避免使用那种过分简化的小儿语了，而是要多使用比孩子语言能力水平高一些的规范性的语言，促使孩子的语言能力向更高的水平发展。这样才能更好满足孩子语言发展的需要。
>
> （资料来源：小精灵儿童网站）

（七）词义使用错误

幼儿在命名和使用新词时常常会出现词义"泛化""窄化""特化"现象。

1. 词义泛化，又称词义的扩充，是指幼儿对词义的理解使用超出了目标语言范围的现象，即一词多义。这是幼儿对于词的含义特征掌握过少造成的。如幼儿常常用"毛毛"代表所有带皮毛的动物或用毛皮做的东西。

2. 词义窄化，是指幼儿对词义的理解和使用达不到目标语言的现象。幼儿早期的词义有缩小、窄化的特点，具有专指性，有些窄化是因为幼儿语言能力的限制所致，有些窄化则是幼儿主动选择所致。如幼儿最早理解的"车车"就是指自己的童车，而不是所有的交通运输工具。

3. 词义特化，是指幼儿的词语指称对象完全与目标语言不同。如一个幼儿尿床了，妈妈过来给他换被褥，说了一声"糟糕"，以后幼儿每当小便时就会说"糟糕"。

> **拓展资料**
>
> #### 儿童早期名词泛化种类分析
>
> 词义泛化有两种情况，一种叫"单一泛化"，即儿童完全根据从原型中提取的若干特征进行所指迁移，其结果是某词语的所有指称对象都包含一个或几个公有语义特征。例如，狗可能会用来指称马、牛以及其他的四脚动物或玩具狗；用巧克力来指称糖果、馅饼、葡萄干、开心果和桃子等。另一种叫"混合泛化"，即儿童只是把从原型中提取的特征的若干个，用在某些新的对象上，而把另一些特征用在另一些对象上。混合泛化的结果是，某词语的所有指称对象不包含有一个或一来公有的语义特征。混合泛化主要是建立在概念相似性的基础上的，盒子会用来指称封闭式电梯，腰带可能被用来指手表带，月亮常用来指柠檬片、蛋糕、一张圆形的纸，苍蝇可指灰尘、小昆虫、小孩的脚趾丫、面包屑。尽管泛化下的词包括运动、形状、尺寸、声音、味道或质地等方面的相似性，但功能的相似性是最重要的。有时候概念相似性和功能相似性在泛化中同时起作用。如儿童把钟泛化成表、计数器、刻度盘，然后再扩展到手镯，因为戴在手腕上像手表，这时是指功能相似性，再扩展到电话和收音机，因为它们都有刻度显示器，这时是指其概念相似性。

儿童早期名词泛化的范畴化、类推和陈述

儿童名词词义泛化可以分为三类：第一类为范畴化，即用一个类型里的一个成员词来表示该类型的其他成员，如用"苹果"来表示其他种类的水果。第二类为类推，即用一个词来表示不属于该类的物体，但与原物体在功能上具有相似性。如用"帽"指柔软的围巾；帽子指毛刷；把漂浮在水面的树叶称为船。糖、蛋糕、葡萄都称作"巧克力"，因为都有甜味。第三类为陈述，它有点类似于单词句，此时儿童不是标记某一物体，而是对与之相关的情境进行陈述。如看到冰箱就说"酸奶"，看到妈妈的外套挂在衣柜里就说"妈妈"。大多数儿童的词义泛化是范畴化，少数是类推。从语义上分析，词义泛化是由于儿童对词的语义特征掌握过少造成的，也就是说是由于儿童对词义的限制不足造成的。笔者的研究数据中，"熊猫、包包、皮球、球、爸爸、狗狗和果果"属于范畴化，"嘎嘎嘎"属于类推，"妈妈、酸奶"属于陈述类。这与J.S.Peccei对儿童词义泛化特征的解释是一致的，即词义泛化一般都是基于词语的原始用法和新事物之间的相似性，但有时候儿童从原始物体开始能形成一系列的联想。

（资料来源：彭小红，刘玉兰．论儿童早期名词习得过程中的词义泛化现象［J］．宜宾学院学报，2008年．）

案例2

妈妈日记：1岁半宝宝会说的话

再过几天，瑞瑞就1岁半了。想想，时间过得真是快啊，两年前的现在，宝宝在我肚子里才多大啊——看当年的博客，当时做的B超，他的头应该只有乒乓球这么大吧，现在，每天早上都会叫我起床啦！

瑞瑞其实算一个挺爱说话的孩子，最近常说的一句是："不敢。"为什么呢？因为上星期天去动物园看到大象，给他留下无比深刻的印象，他完全不敢走近去摸大象，所以这两天，每次说到大象，他都会认真地看着你，一边摇头一边感叹地说："不敢！"不敢做什么呢？"大象！"他严肃地告诉我们。

还有一句诗配动作的：一边晃脚，一边用手指着面前的地，说："在这里！在这里！"这句话也和大象有关——在一张儿歌碟片上，背景是看大象表演的两个人，儿歌唱"一二三四五六七，我的朋友在哪里？在这里，在这里，我的朋友在这里"，因为是大象作背景的，瑞瑞无比喜欢，一看就是几十遍。这几天没看了，他自己在那里念叨：在这里，在这里，同时一只脚学那只大象，提起来在空

中晃。

关于大象的话还有一句"大象喝水"。另外,坐在我怀里看我画画,会跟着我的笔画,说出:"耳朵""眼睛"这样的词。当然,画的还是大象。

自从他学会说"起床",我再也不可能在早上他醒来之后装睡了,原来他还不会说话,会冲我笑或者叫我几声,我还可以赖床。现在他一大早五点不到,就在我耳朵边说:"妈妈,起床,起床!"我只好起床。

有一天早晨起来了,他要喝水,我让也被吵醒的瑞瑞爸爸给他拿。瑞瑞爸爸拿了水给他喝,他接过去说"谢谢"。哇,瑞瑞爸爸激动得都快哭了,"怎么这么有礼貌哇,宝宝,不用谢不用谢!"瑞瑞慢条斯理地喝了一口水,又接上去一句"宝宝"——嗯嗯,其实他不过是想说"天线宝宝"而已,只是中间的气喘得大了一点。这个当不仅瑞瑞爸爸上过,瑞瑞外婆也上过。

这天带他去朋友家吃晚饭,瑞瑞有点怕生,不肯好好吃,好容易喂他吃了大半碗,他跳下地,拍拍肚子:"饱!"又蹬蹬蹬走到门口,说:"走!回家!"

每天晚上换上睡衣喝奶睡觉之前,要和家里人道晚安。有一次正好姨奶奶也在,就和姨奶奶说:"黑,回家!"姨奶奶只好走到门口打算回家,他跟过去,指着姨奶奶脚上的拖鞋:"妈妈鞋!"没错,姨奶奶脚上穿的正是我的黄色拖鞋,瑞瑞可不打算让姨奶奶穿回家……

刚刚在梦里翻了个身,从仰卧变成俯卧,嘴里念念叨叨,我凑过去一听——大象!

看来,他是真喜欢大象……

(资料来源:19楼网站)

二、18—24个月幼儿语言发展特点

18—24个月是幼儿语言发展的词汇爆发阶段,这一时期被称为"词汇爆发时期",幼儿的语言学习主要体现在词汇方面,不仅能理解的词汇数目和种类"与日俱增",掌握新词的速度突飞猛进,而且语言理解逐步摆脱具体情境的制约,词汇理解能力不断提高。如18个月的幼儿挂在嘴边的是20个左右的单词,到21个月则能说出100个左右的单词,到24个月则能说出300个单词,近70%的词仍是名词,其他各类如动词、形容词、数词、代词、副词、感叹词等,虽占比例尚小,但都开始出现幼儿的话语当中,这是一个令人可喜可贺的现象。词汇量的迅速增长,使幼儿具备了进一步发展口语的能力。从1岁半开始,幼儿词句的掌握也迅速发展,按照单词句—双词句—完整句的顺序发展。集中的无意义的发音现象已经消失,此时的发音已与发出的词和句子整合在一起。总之,这一阶段是幼儿掌握词语的第一个关键期。

（一）能理解的词汇数目和种类"与日俱增"

幼儿能理解的词汇越来越多，每天都在增加新的词汇，对名词和动词的理解在本阶段有一个飞跃。但幼儿对词义还很难达到理解的水平，始终在日常词义的范围内，像科技词义、文学词义还不能理解。

> **拓展资料**
>
> 一
>
> 许多研究表明，婴幼儿先掌握实词，后掌握虚词。而在实词中最先掌握的是名词，其次是动词，再次是形容词。所以，这个年龄阶段的婴幼儿掌握名词居多。建议爸爸妈妈在教婴幼儿单词的时候，要从身边的名词开始教起。
>
> 二
>
> 你知道吗？研究表明，儿童各年龄段的词汇量大体上为：
>
> 1岁以内的词汇量在10个以内。
>
> 1岁—1岁半时的词汇量为50—100个。
>
> 1岁半—2岁时的词汇量为300个左右。
>
> 2岁—2岁半时的词汇量为600个左右。
>
> 2岁半—3岁时的词汇量为1100个左右。
>
> 3岁—4岁时的词汇量为1600个左右。
>
> 4岁—5岁时的词汇量为2300个左右。
>
> 5岁—6岁时的词汇量为3500个左右。
>
> （资料来源：张雅绫，张明红.1岁—2岁宝宝语言发展的特点，你知道吗？[J].上海托幼，2015〈10〉.）

（二）语言理解逐步摆脱具体情境的制约，词汇理解能力不断提高

此时的幼儿进入了真正理解词语的阶段。它的标志就是幼儿可以完全脱离具体情境，准确地把词与物体或动作联系起来。如幼儿原来只在看到有饭来了的时候才能理解"吃饭"的含义，现在能够脱离"有饭来了"这个情境，只要听到妈妈说"吃饭"，就能够明白是要吃饭了。再如：命令幼儿把玩具狗拿过来，他们就能把玩具狗从一堆玩具中挑出来，而不会再把毛茸茸的东西都误以为是玩具狗。达到这种水平，就说明词的称谓功能开始形成。随着幼儿对词义理解的加深，词的概括性也逐渐形成。如幼儿已经由认识穿红色衣服的娃娃，过渡到把穿不同颜色衣服的娃娃都叫娃娃。"娃娃"一词就由具体变成概括了。幼儿理解词语不再受物体的非本质特性干扰，变得更为准确、概括。

词语对幼儿心理活动和行为的调节作用也日益明显，幼儿逐渐能按照成人的言语指示

去支配和调节自己的行动。如可以指令幼儿到什么地方去把什么东西拿来，什么东西不能动以及要求幼儿动作快点或慢点等。

（三）喜欢提问，语言上出现"反抗行为"

这阶段后期，幼儿开始真正进入人生第一个反抗期。心理和行为上的想独立，表现在幼儿语言上具有自主性和反抗性。他开始不断地向成人提问，总是要求告知他各种事物的有关信息，如名称、特征、用途、构造等，这实际上也是幼儿语言学习的一个途径。他开始学会使用疑问句和否定句。疑问句表现在提问上，否定句则表现在语言反抗上。如常把"不"挂在嘴边以示拒绝，这是幼儿否定句发展的第一个阶段。如妈妈叫幼儿："宝宝，快过来洗小脸啦，洗完小脸要擦香香哦。"幼儿嘴上说着"不"，却颠儿颠儿地跑到妈妈身边，让妈妈帮自己洗脸。

（四）掌握新词的速度突飞猛进，处于"词汇爆发"阶段

这一阶段，幼儿的语言表达能力将发生质的飞跃。他将以每个月平均说出25个新单词的速度递增，到2岁时基本可以说300个左右单词。这种掌握新词速度猛然加快的现象是以后各阶段所不再有的，我们称之为"词汇爆发"。

> **案例3**
>
> **晨晨学语——语言爆发期**
>
> 晨晨最近好像到了语言爆发期。
>
> 表现一：自己大便，对着奶奶喊好臭、好脏
>
> 晨晨那天在大便，奶奶在边上给他做扫尾工作，晨晨突然大喊"好臭、好脏"，把奶奶当时就逗得乐得不行！
>
> 后来奶奶把这事和我们说了，晨爸说"晨晨好脏"，晨晨回嘴，指着爸爸说"好脏"！
>
> 表现二：一二三
>
> 晨爸前天教晨晨"一二三"，晨晨马上接应"一二三"，父子俩在门前跑着转了好几圈，"一二三、一二三"。
>
> 跟他说别的两三个字的话，晨晨也立刻就学，学的也有模有样，吐字基本清晰。
>
> 表现三：奶粉和爸爸妈妈的关系
>
> 自从断奶后，晨晨就接受奶粉，虽然一开始有点拒绝，现在是一天500毫升左右。
>
> 那天和晨爸谈心，说奶粉是晨晨的妈妈，奶瓶是晨晨的爸爸，晨晨倒是学得挺快的："奶粉是妈妈，奶瓶是爸爸！"
>
> （资料来源：中国育婴网）

> **拓展资料**
>
> 　　宝宝的语言学习既有有意的，又有无意的。有的时候是以前不经意听到的词，宝宝就有可能会把它记住，过了一段时间才说出来。对于这种情况，心理学家称之为"延迟模仿"。所以，爸爸妈妈平时要注意为宝宝提供良好的语言环境，这样才能够让宝宝习得更多有用的新词。
>
> 　　　　（资料来源：张雅绫，张明红.1岁—2岁宝宝语言发展的特点，
> 　　　　你知道吗？[J].上海托幼，2015〈10〉.）

（五）处于双词句为主的阶段，双词句增长速度加快

所谓双词句，是指由两个单词组成的句子，如"妈妈抱抱""爸爸班班""宝宝吃""苹果削"。这些话听起来就像我们发电报时所采用的省略句，因此又被称为电报句。大约从20个月开始，幼儿开始出现双词句，本阶段后期又出现了复合句。所以1岁半—2岁的幼儿说话是多种句式并存的阶段。常用的句子有单词句（占三分之一以上）、双词句（占一半以上）、复合句（不到十分之一）。

双词句是幼儿自己创造语言的最典型样品，一部分双词句是通过模仿或者省略模仿造成的，而多数双词句是幼儿在没有任何"语言样本"的情况下独创的。双词句一般是双词组合，主要是名词和动词的组合。大约从20个月起，幼儿每个月双词句是成倍的增长，如21个月时幼儿的双词句是50个，22个月时是100个，23个月则增长到250—500个左右。到2周岁，幼儿的双词句则达到近1000个。

（六）会自创新词

这一阶段的幼儿，由于其词汇量不足，且尚未习得某些人、事、物的名称，而又需要表达其意，有时候会运用有限的词量，或是将其所知道的词汇加以组合，创造出新词汇或是有趣的语言用法。如有位家长记录到：早上窗户玻璃上有水蒸汽，妈妈对宝宝说"这是哈气"，宝宝学得很快，每次见到就指着玻璃说"哈哈气"。这个幼儿没有学习妈妈所说的词汇，而是新创出了一个"哈哈气"。又如这位家长记录的：喂宝宝饭时，劝宝宝嘴张大些，说"啊……张开宝宝老虎嘴"，宝宝很是配合，还学着"宝宝的老虎嘴"。过了一会，宝宝自言自语道"大象嘴，宝宝的大象嘴"。也许，在宝宝的心目中，体积硕大的大象应该是嘴也大吧。

> **拓展资料**
>
> **正确培养宝宝的语言感受力**
>
> 　　有个3岁的小男孩在动物园里游玩，母亲指着笼子里的动物对他说："这是猩猩。"孩子低头想了很久，然后问道："是不是等到天黑了，他们就住到天上去了？"
>
> 　　这时，妈妈赶快解释道："动物园里的猩猩和天上的星星是不一样的。"
>
> 　　对于年幼的孩子而言，常会误听同音异义字。由于大人了解汉字，所以知道

"猩猩"和"星星"的不同;可是小孩子就不一样了,同音异义字会让他们觉得很不可思议。这时候,可以向他们举例说明同音异义字的差异,以增加他们对于语言的兴趣。除同音异义字外,孩子也会在其他方面表现出对于语言的感受性。

(资料来源:中国育婴网)

(七)出现代词"我"的使用

伴随着幼儿自我的出现,他们理解了"我"是指自己,于是开始学会使用代词"我"来称呼自己,这种情况一些幼儿可能出现在18—19个月,但大多数幼儿都出现在20—23个月。幼儿说话由"宝宝吃"开始慢慢变成"我吃"等。

(八)通过阅读学习更多词汇

有美国的研究指出,阅读图画书是幼儿新字词习得的一个重要来源,而美国典型的中产阶级家庭出来的孩子进入小学一年级时,已经有1000—1700小时的一对一故事阅读的经验,而从低收入家庭出来的孩子则只有25小时的故事阅读经验。国内相关方面的研究很少,但从一些已有的研究中可以看出,很多家长选择有时间的时候为孩子阅读,而不是固定的每天为孩子进行阅读。儿童的阅读成就的基础是在他们还是婴幼儿或学龄前时期就定下来了,儿童在学步期间学的词汇会影响他们日后在学校时的表现,阅读不但为儿童提供了字词学习的机会,同时也为父母和儿童提供了交流的极大乐趣。

案例4

早熟与快熟:儿童语言发展的新趋向——0—2岁婴幼儿语言生长日记的个案分析

1. 1岁到1岁4个月

在日常与成人和同伴的交往中,胖胖的词汇量越来越丰富,在模仿的基础上学说了更多的新词,比如"进""退""傻瓜""喇叭""鞭炮""酸奶""冰棒""键盘""鼠标""广告""商标""遥控""游戏机""温度计""关门""粘上""喝水""换台""苍蝇""梳辫子""玩电脑""开电扇""搭积木"等词语,迎来了其词语发展的高峰期。胖胖不再满足于单纯模仿、重复和成人对话中学到的词语,而是能够更加主动地说出一些包含2—4个词的短句,经常将几个词以不同的方式组合在一起来表达语义。1岁3个月时,胖胖可以听懂故事内容,简单地和大人对话互动了。在看过BBC专门为1—4岁学龄前儿童制作的动画儿童节目《花园宝宝》后,姥爷给胖胖讲故事:"从前有座山,山上有个洞,洞里有什么呀?"胖胖答:"有老虎。"姥爷问:"还有什么?"胖胖说:"宝宝。"姥爷又问:"老虎和宝宝在干嘛呢?"胖胖回答:"在玩。"姥爷说:"玩着玩着老虎的肚子饿了,老虎想吃什么呀?""饼干。"爸爸平时工作很忙,一个下雨天下午,胖胖吃完午点看电视时,拿起手边的玩具手机,假装拨号打电话,慢条斯理地说:"拨号码,喂,你好,爸爸,想爸爸,下雨了,吃饭饭,看电视,谢谢,拜拜!"挂掉电话,胖胖停顿片刻,轻叹一口气:"没图像,没声音。"胖胖不爱吃有酸味的蔬菜水果,夏天午后吃梨瓜时,运用电视曾经播放的巧克力曲奇的广告语,边吃边兴奋地喊:"好吃得不得了!"此时,幼儿已经储备了一定的词汇量,能够正确选取单词或单词组合进行简单会话。刚开始说的句子通常是只有名词,或者名词加动词的组合,还需要听者填补缺少的成分自行理解全部意思。

2. 1岁4个月到1岁8个月

到了这个阶段,幼儿不仅每天都会学到新词,还懂得了用新方法使用之前习得的词汇,能理解成人的大部分语句,能说出自己的名字、年龄和性别,开始会使用代词"我""你"和"这""那",会使用简单的数词和量词。与此同时,一定数量的简单句也产生了,能用多个词语组句,出现数量最多的句型是简单陈述句,主要包含简单主谓句和简单主谓宾句。发音清晰、音调更准确,即使是不熟的人也能听懂他说的大部分话想表达的含义。

傍晚,妈妈还没下班回家,胖胖想妈妈了,突然说出:"我要妈妈,接妈妈。"这是他第一次使用"我"字指代自己,以前都用"胖胖"作主语来称呼自己。胖胖已经可以很清楚、详细地说出家庭住址。每当家里来了客人,总是学着家长平日的言行很热情地把矿泉水拿来放在茶几上,招待客人:"叔叔,请坐,喝点水!"然后把自己喜欢和认为漂亮的玩具、衣服、书包全都搬到客厅一一展示:"这个好漂亮!""这个好玩!"客人离开时,胖胖每次都会送客到门口,指着外面的门牌说:"慢慢走,走好,再来玩,601!(家庭住址门牌号)"一岁多的宝宝总是对新事物充满了好奇,喜欢问问题。1岁6个月的胖胖从原来喜欢问"这是什么?"变成了总是问"这是什么东西?""你在干什么?""天黑了,晚上了,天上有什么?"现在已经可以分清和会用"你""我"了,经常说"我要""给你"之类的话。胖胖喜欢音乐歌曲,每天都要用DVD机、早教故事机听《贝瓦儿歌》,对DVD光碟里的歌曲非常熟悉,包括儿歌的旋律、曲目的顺序和每句歌词对应会出现的画面场景都能娓娓道来。1岁8个月左右,可以较完整唱出《拔萝卜》《拍手歌》《小兔子乖乖》《恭喜恭喜》《新年好》《小星星》《我的好妈妈》《大风车》《字母歌》等多首儿歌,还会模仿手机中播放的四川话小品里的片段,可以说一段四川话的童谣。妈妈下班回家,胖胖联想到《我的好妈妈》这首歌,把小板凳搬来,拉着妈妈坐下:"好妈妈,我的好妈妈,快坐下,请喝一杯茶。"看到小图书上有五角星图案马上唱道:"一闪一闪亮晶晶,满天都是小星星。"简单句阶段,随着词汇量的飞速扩充,孩子逐渐从2—3个词组成的句子跃升到4个、5个甚至6个词组成的句子，同时也开始理解指代和从属的概念，在日常会话中会更多地使用代词。这时的幼儿已经可以较为熟练地用语言描述想法和信息，来表达他的身体或情感的需求和愿望。

3. 1岁8个月到2岁

这个时期的儿童语言表达比较清楚，开始学习一些基本的语法规则，可以讲出比较长的带有并列、递进、因果等关系的复合句。偶尔还会运用比较句和比喻句作说明："胖胖比妈妈高了"（站在梯子上比身高）"香蕉像月亮""珠子圆圆的像地球，转啊转"。胖胖爱上了看用文字和图画共同说故事的绘本，每天晚上的亲子阅读成为生活中不可或缺的一部分。胖胖有几天特别挑食，不肯好好吃蒸蛋，说："我不要吃这个蛋蛋，不好吃。"妈妈把蒸蛋拿开，在上面放上他爱吃的土豆泥，胖胖马上跑去拉着妈妈的衣服说："不要拿走，我吃上面的，不吃下面的。"晚饭后玩玩具，正玩得投入突然大叫："姥姥，拿杯子来，我渴了，我要喝水。"喝完水，拿着两张小卡片玩了很久，不玩了准备收起来，在自己身上摸了很久，觉得放哪里都不合适，于是说："我没有口袋，放姥姥口袋里。"妈妈问胖胖想不想吃根香蕉，胖胖回答："我不能吃，我刷过牙了。"胖胖已经有了数量的概念，会说"一个书包""两张桌子"，会从1到20接念数字，认读全部26个英文字母，过人行道时会辨认信号灯了："红灯不能过，绿灯了，可以走了。"2012年2月，爸爸妈妈带胖胖去了上海，参观了上海科技馆、东方明珠电视塔和世博会场馆，乘坐了飞机、火车、磁悬浮列车、地铁、轮船等多种交通工具，亲身体验了平时爱看的绘本《忙忙碌碌镇》和《揭秘机场》里的出行场景，把阅读童书所接触到的新词语、新表达和直接的生活经验联系起来。在掌握了简单句之后，幼儿开始学习句法。随着认知水平和语言复杂性的与日俱增，儿童表述句子的平均长度（即句子中所用词的平均数）也随之增长，日常用语中复合句所占的比例也在持续增加。这反映了儿童的两种语言能力：产生更长的词语序列的能力和学习更加复杂的语法形式的能力都在发展。

（资料来源：张丁丁.早熟与快熟：儿童语言发展的新趋向——0—2岁婴幼儿语言生长日记的个案分析[J].教育学术月刊，2016〈3〉.）

第二节　1—2岁幼儿语言教育活动

1岁左右是幼儿自我意识第一次觉醒的阶段，语言教育活动可以丰富幼儿的词汇量，扩大他们知觉周围环境的范围，这就可以促进幼儿思维快速发展，帮助他们更好地理解自己以及周围的环境，最终促进其自我意识的发展，为其建立、形成完善的人格奠定最初的基础。

> **拓展资料**
>
> **早期言语教育的重要性**
>
> 　　婴儿对言语刺激十分敏感，不到10天的新生儿就能分清语音和其他的声音，并对之做出不同的反应。如原来已停止吸奶的婴儿，在听到一段语音之后又开始用力吸，并且吸吮速率大大增加，而对非语言的语音反应则增加不多。另有研究证明，一个月的婴儿在听成人讲话时，其肌肉运动的停顿和成人语流的停顿同步，这些都表明婴儿对言语刺激具有独特的敏感性。
>
> 　　幼儿具有学习语言的先天禀赋，他们可以清清楚楚地辨别复杂事物。语言是人类区别于其他动物的重要标志，借助于语言，人们才能想象，才能学习世界上的文明成果。语言对人的智力发展有重要作用，儿童如果能在6岁以前掌握准确的语言，那么他的发展一定会非常迅速。心理学的研究表明，儿童语言获得的最佳敏感期是8岁以前，从9岁以后开始下降，到12岁下降到二分之一，到14岁下降到15%—20%，即随着年龄的增长，语言的获得能力就越来越差。到30岁时语言就停止发展了。可见，抓住孩子语言的关键期对其施以正确的言语教育，对人的一生是关键和重要的。
>
> （资料来源：刘敏.关于0—3岁幼儿早期言语教育的探究［J］.
>
> 社科学论，2012〈8〉：235.）

一、12—18个月幼儿的语言教育活动

（一）帮助幼儿掌握新词，扩大词汇量

这一阶段以及随后的几个阶段，幼儿学习语言的主要任务就是学习新词，扩大词汇量，此时既可以丰富大量的消极词汇（能理解但不会正确使用的词汇），也可以丰富少量的积极词汇。让婴儿掌握新词汇要尽量使用简短的话语，不要让大量多余的语言淹没了所要教的新词，可以变换句中的其他成分，但一定要突出所教的词。如名词"球"，成人可以带孩子到海洋球馆去玩，并告诉他："这是球，海洋球馆里到处是球，有红色的球、白色的球、蓝色的球……宝宝，快接住这个球！……"在说"球"这个单词时，要加重语气，予以突出强调，这种频繁、夸张的刺激，可以使幼儿较快地掌握这个单词。如果幼儿开始发的这个单词音不准确，不要批评或是打断他，也不要让幼儿一遍一遍跟着念，这样做将会降低幼儿学说话的兴趣，可以反复地说这个词，为他下一次模仿做准备。对于他的每一次尝试，无论正确与否，都要予以鼓励。

（二）多跟幼儿交谈，提供语言模仿的榜样

研究表明，幼儿所掌握的新词中，约有2/3是通过日常与父母有意无意地交谈而获得

的。喜欢而且善于与子女交谈的父母，其子女的语言能力明显高于那些少言寡语的父母所带的孩子。最新的语言心理学理论认为，幼儿最初所掌握的语言主要是通过对周围语言环境的模仿而获得的。父母和教师语言的规范性、内容的丰富性，都给幼儿提供了模仿的良好榜样。

成人与幼儿的语言交往对幼儿的语言学习起着十分重要的作用。成人要主动地告诉幼儿周围的一切。每当幼儿接触新事物、体验新情感时，都要教他说有关的词语，跟他谈谈他看到、听到和做到的事情。还可以谈谈最近发生的或即将要发生的事情，但一定要用短小简单的句子。

拓展资料

幼儿模仿语言的四种方式

1. 即时的、完全模仿。一个幼儿说："星期天，我爸爸带我到外滩去玩。"另一个幼儿随即也会说："星期天，我爸爸带我到外滩去玩。"后者所说的不一定是事实，这正说明了一种语言的模仿。学前幼儿中此类模仿一般较少，主要发生在小班初期。

2. 即时的、不完全模仿。如老师在指导小班幼儿感知物质的"软"和"硬"时，要求幼儿用语言表达感知观察的结果。老师说："玩具熊的毛摸上去是软软的。"幼儿则模仿说："玩具熊软软的。"此类模仿多见于幼儿园初期，因为模仿的发生往往受幼儿言语技能的制约，对于超过他们技能范围的语言，幼儿要么不能模仿，要么就表现为不完全的模仿。

3. 延缓模仿。幼儿从各种渠道中自然而然接受的范句，往往由于种种原因不能立即模仿，而是在相隔一段时间以后，当类似的情境出现时，他们才把范句或与范句近似的话语复述出来。如有一幼儿在家里将布娃娃和玩具动物整齐地靠在沙发上，然后对它们说："小朋友们请坐好，小脚并并拢，小手放放好，两只小眼睛看着老师，嘴巴里不要发出声音，嗯，真好，下面我们开始上课了。"真是惟妙惟肖，好不"威风"！俨然是一副"小老师"的姿态，这显然是在模仿幼儿园老师讲课时的口吻与神态。

4. 创造性模仿。也称选择性模仿，即按照范句的句法结构，在新的情境中表述新的内容。这类模仿不是简单地重复别人的原有词句，而是以原有词句的结构或内容为参照物，在创造性想象的基础上进行新的语言构型。创造性模仿是整个幼儿期模仿说话的主要形式。如幼儿学习了某篇文学作品之后，对其中表示"快乐"心情的形容词和"一边……一边……"这一句式进行创造性的模仿，幼儿会说："我一边走路一边唱歌真高兴！""晚上，我一边看电视，一边吃糖真快乐！"还有的幼儿说："我一边看书，一边画画真开心！"显然，后面这句话是不符合实际的，但却明显地反映了幼儿纯句式的创造性模仿。

（资料来源：张明红.学前儿童语言教育与活动指导［M］.上海：华东师范大学出版社，2014.）

（三）鼓励幼儿多开口，成人要耐心地倾听并予以应答

研究表明，幼儿经常开口好处多。因为幼儿开口说话时，需要脑神经指挥，"说话"会给大脑皮质以刺激，使大脑血流量增加，改善大脑的供氧，从而产生益智健脑的功效。成人要主动提问或创设情境诱导幼儿开口说话，并耐心地倾听幼儿那些难以听懂或啰嗦的话语，适时地在幼儿词不达意或表述欠准确时，巧妙地予以纠正，以使幼儿的口语日趋成熟与完善，能说出更为完整、更为动听的话语来。

（四）回答幼儿疑问时多补充几句

这一阶段的幼儿发音说话都简化成了一个字词，如幼儿叫"妈妈"，可能表达着多重含义："妈妈，我饿了！""妈妈，我渴了！""妈妈，我想抱抱！""妈妈，我要那个东西！""妈妈，快过来！"妈妈对于幼儿的呼唤，要多回答几个字："宝宝想吃饭呀！""宝宝吃饭了！""饭饭真香呀！""宝宝喝水啦！"如此由简及繁地说下去，逐步让幼儿学会简单的词句。

（五）对幼儿说话，句子要完整

成人在对幼儿说话时，句子要尽量完整，好让幼儿模仿完整的句子。如在幼儿想要玩玩具时，妈妈可以说："宝宝要玩小飞机。""宝宝要玩小火车。""宝宝要玩狗狗。""宝宝和妈妈一起玩。"同时，当幼儿问话时，妈妈要立即回答，让幼儿逐步学会有问有答。

拓展资料

教孩子正规的语言

幼儿最初"咿呀学语"时，语言很不规范。随着幼儿年龄的增长，有些父母不但不予纠正，还顺应孩子教其更多不正规的词语，比如教孩子"丫丫"而不是"脚"，用"汪汪"代替"狗"等。这样做有害无益。虽然对于叠词的使用是幼儿语言发展的一个重要阶段，但是父母不应主动教授。虽然这些词语好像更加形象，更加适合幼儿掌握，但这些并不能引导幼儿语言能力的发展与言语规则的习得。这种方式的后果是学习正规的语言时，幼儿必须建立两套语言符号系统，这势必给幼儿造成双重负担，空耗脑力和精力，对后来正规语言的学习是一种障碍。用"娃娃语"半截子话和孩子交谈，孩子会很难组合正确的日常用语。而且一旦形成不规范的语言系统，为了纠正这种错误要付出更多的时间与精力。

（资料来源：刘敏.关于0—3岁幼儿早期言语教育的探究［J］.社科学论，2012〈8〉：235.）

（六）自制或购买图书，促进幼儿阅读兴趣和阅读能力的提高

成人可以帮助幼儿自制或购买图书，但书中内容最好是幼儿熟悉的人和事，图书将丰富幼儿的语言内容，扩大他们的词汇量。也可以自制图书，从旧画报或旧小人书中剪下图片，做成4—5页的小图书。

幼儿在阅读时，常常会自言自语。这种情况是好的，说明他已能做到视觉神经中枢与言语神经中枢相协调，输入形象信息与处理形象信息同时并举，从而收到感受、分析画面内容，认识了解客观事物的功效。正因为如此，成人在发现幼儿边看边说时，应悄悄地走近幼儿，趁其咿呀学语、出言吐字之际，提一些浅显的问题，诱导他回答，并丰富和扩充幼儿的回答，增强其语言表达和思维能力。

拓展资料

早期阅读的重要性

家庭是生命的摇篮，家庭教育作为孩子教育的基础，贯穿孩子的一生，其重要性不言而喻。早期阅读作为家庭教育的一种重要形式，不仅可以开阔幼儿的生活视野，积累知识经验，陶冶精神情操，养成良好的品格，还可以提高幼儿的智力、语言能力，培养丰富的想象力、创造力等。

早期阅读可以促进儿童语言能力的发展。儿童启蒙的阅读是通过父母开始的，在父母的讲述中，儿童自然习得父母的说话方式、语气及遣词造句的方法，使其言语能力获得提高。在早期阅读中通过与父母的互动交流，能培养幼儿创造性运用语言的能力，能够根据不同的环境选择作出不同的语言反应，获得更强的语言能力。早期阅读能拓宽幼儿的阅读面，帮助他们接触更多的书面语言，为将来书面语言学习打下良好的基础，也对幼儿的书面语言阅读产生深远的影响。

早期阅读可以丰富儿童的想象力。爱因斯坦说："想象力比知识更重要，因为知识是有限的，而想象力则概括着世界上的一切，推动着进步，而且是知识进化的源泉。"想象力对儿童智力的发展和学习活动的顺利进行都有着积极的作用。早期阅读中的图画书有助于幼儿图像概念的形成，能让他们把书上并没有经历的间接体验与自己的亲身体验融合起来，天马行空地去想象故事中发生的情节，激发他们对故事的无尽联想。

早期阅读可以帮助儿童塑造良好的品格。英国大哲学家培根说："读书塑造人格。"儿童在年幼时期所读的书籍直接影响着他们兴趣和性格的养成、世界观和理想的发展。优秀的阅读书籍在潜移默化中所教会孩子的，远胜于枯燥无味的说教，它能帮助孩子健全人格，培养勇敢正直的高尚品格。

早期阅读有助于增进亲子感情，促进儿童身心健康发展。亲密和谐的亲子关

系是每一个孩子身心健康快乐成长的前提，在共同阅读的过程中，父母和孩子都会参与到书里的故事情景中，更容易让孩子感受到和谐的家庭关系，增进对父母的感情。早期阅读不仅可以大大增强孩子对阅读活动的兴趣，也可活跃家庭氛围。在早期阅读的过程中，父母与孩子拥坐在一起，父母边讲边问，情感自然交融，这本身就是一种真诚的沟通，是一种美妙和谐的亲子互动。

（资料来源：张艳芬. 家庭中早期阅读指导研究——以孝感市孝南区为例［D/OL］. 华中师范大学，2015〈5〉.）

（七）充分利用电视

很多有趣的儿童电视节目及一些光盘都可以利用上，一方面让幼儿通过看电视、看碟片来听唱歌、看图片、看动画，让幼儿对立体的小动物、文字等产生兴趣；另一方面让幼儿在这些节目中训练自己的听力，学习理解性语言，积累词汇和语法规则。虽然可以利用电视及光盘让幼儿学习语言和各种小游戏，但电视却不能与幼儿互动。所以家里的成人可以跟幼儿一起看电视，成人边看边给幼儿讲解，同时给幼儿提出小问题，让幼儿回答，提高幼儿的反应能力和对节目的理解，这样才能增长幼儿的语言能力，促进大脑发育。

拓展资料

正确认识幼儿电视节目中语言的作用

帮助幼儿理解画面与情节。电视中的画面可以传递丰富的信息，激发幼儿的思考活动。但幼儿可能不能把握画面中的要点。画面中人物的言语或旁白提示，都能引导幼儿发现正确的理解方向，甚至起到画龙点睛的效果。尤其是人物的思想，仅靠表情、体态等非言语手段是难以表达的。节目中语言的使用可以非常简洁地向幼儿听众准确传递信息，帮助他们理解画面的主题和故事情节的发展。理想的电视节目应该是图像和语言的有机结合。幼儿电视节目播出的基本目的就是为了让幼儿听懂、看懂，然后才谈得上教育功能、娱乐功能的实现。

促进幼儿语言的发展。幼儿电视节目促进儿童语言的发展首先体现在语音方面。电视节目中的语言在解说图画的同时，也示范了正确的发音、语调，这对非北方方言区的幼儿学习普通话更为重要。电视上相对标准的语音语调是许多家长不能企及的。这种标准的语音刺激给幼儿提供了模仿的榜样，而且这样的模仿学习是在无意中进行的，没有学习压力，却有学习效果。其次，幼儿电视节目有利于幼儿积累词汇。节目中的内容是围绕幼儿的日常生活安排的，他们既熟悉，又感兴趣。节目中所用的词汇一般会经过筛选，多数词汇应该是幼儿接触过的，看

> 节目时有机会重复并加深印象。即便是碰到了新词,结合当时的情境,幼儿也能推测、理解,留下第一印象。幼儿词汇的学习就是这样不断复习巩固旧词,同时不断接触新词的过程。另外,幼儿电视节目能帮助幼儿准确使用语言。节目中的用词及句子都是经过编导处理过的,因此,节目中的语言用词比较准确,句子简洁、完整。这都在向幼儿示范良好的语言表达要求:准确、具体、完整。总之,幼儿电视节目能提高幼儿的语感,促进语言能力的发展。
>
> 促进幼儿思维的发展。幼儿电视节目中,有些场景涉及问题解决。幼儿看电视时也会自发进行思考,尤其是电视中的小朋友没有能够顺利、快速解决问题时,看电视的幼儿也会着急,会尝试不同的思路,以帮助电视中的小朋友。尤其是互动类节目,幼儿首先要思考如何做,然后再组织语言进行表达。如《爱探险的朵拉》播放的每一小节中,朵拉不时面向观众提问"该走哪一条路",或者"该怎么办",并有意留下几秒钟的空白等待幼儿观众回答。电视上的问题解决的情境呈现,或电视上的提问,都能刺激幼儿去思考、去回答,促进幼儿思维的发展。
>
> (资料来源:李文权.幼儿电视节目的语言使用策略.[J].
> 遵义师范学院学报,2016〈8〉.)

(八)为幼儿提供连续的语言环境

幼儿是在与周围人的交流沟通中逐步学习语言的,因此,在幼儿的语言发育过程中,为其提供良好的、连续的语言环境十分重要。一些孩子受家庭因素的影响经常频繁更换教养环境,每种教养环境的语言种类都不同,在这种不连续、不稳定的情况下,孩子的交流不顺畅,久而久之,他的语言发育就受到挫折,变得迟缓。因此,家长要尽可能为婴幼儿提供稳定、连续、顺畅的语言环境。

(九)开展多种形式的语言游戏

游戏是幼儿喜爱的活动。它的活动性和广泛性的特点,符合幼儿的兴趣,可以比较容易地把他们吸引到学习活动中来。通过游戏练习词语的运用,目的和要求都在"玩"的过程中完成,幼儿非常感兴趣。通过游戏练习发音用词,还可以为胆怯和寡言的幼儿提供说话练习的机会。

1. 念儿歌、做动作

成人可以挑选几首简单的儿歌边做动作边念给幼儿听,在幼儿被吸引过来后,可以放慢速度,动作更夸张,帮助幼儿做动作,如儿歌《逛公园》,成人可以在念每个短句的时候加上相应的动作。

逛公园(小手甩一甩,小脚走几步),

宝宝笑(脸上笑哈哈),

东看看(转头向东边看一看),

西瞧瞧（转头向西边看一看），

花儿香（假装手拿花闻一闻），

鸟儿叫（手放耳朵上表示自己听），

小草绿（低头看看小草），

小树摇（学小树摇一摇身体）。

2. 学新词，做动作

带幼儿学习新词时，可以让幼儿用肢体动作或表情表现一下这个"词汇"。如幼儿在学习"哭"这个词时，可以画一张娃娃哭的图片，把"哭"这个字写得形象一点。当幼儿看到这个图片时，会很形象地记住这个字，还可以让幼儿表演一下自己是怎么哭的。同样地，学"笑"这个词时，也可以这样做，而且还可以把两个词放在一起，让幼儿自己比较。这样的字词还有"跑""跳""走""吃""喝""睡""洗澡"等，让幼儿看见字卡后，再做出相应的动作，帮助记忆。

3. 猜猜看

把玩具放在一个口袋或箱子里，也可以藏在手掌或衣服里，让幼儿猜是什么物品，并大声地说出来。无论幼儿猜出还是猜不出，成人都要正确地告诉他们物品的名称。

4. 打电话

这个游戏能有效地促进幼儿语言交流能力的发展。"电话"这一通信工具在人们日常生活中已经相当普及，当成人在家打电话时，可以让幼儿在一边听你怎样接电话，怎样与人交谈，怎样与人告别等。有了以上生活经验之后，成人可以用玩具电话与幼儿练习打电话。成人要用简单明了的语言，结合幼儿所熟悉的事情来说，并耐心地听幼儿说话，鼓励他多说话。

5. 念儿歌，学押韵的字

当家长和幼儿都已经熟悉一首儿歌或者一首诗歌后，家长可以先念前面的部分，让幼儿跟着念出最后一个字。由于多数儿歌最后一个字都是押韵的，读起来朗朗上口，幼儿很容易记住。这样几次之后，家长可以把儿歌的最后一个字打印成字卡，让幼儿在说出来的同时再找出相应的字，多次以后，幼儿就能准确地找到相应的字了。如儿歌《小白兔》，事先家长写好"兔""白""来""菜""爱"五个字。念第一句时出示"兔"，念第二句"白又白"时出示"白"，以此类推。

6. 做家务，学新词

成人可以经常带幼儿做一些家务劳动，随即在情境中丰富幼儿的新词汇，通过操作和实践帮助他们理解新的词汇。如成人在准备餐饭的时候，可以让幼儿一起来帮助摘菜，这对幼儿来说是很新奇的事，也会带给成人许多乐趣。在摘菜的时候，成人可以让幼儿自己摸一摸、闻一闻各种菜。在幼儿玩一种菜的时候，成人要及时地告诉幼儿，如："宝宝，这是大白菜。"然后简单地强调："大白菜。"成人可以让幼儿跟着说，如果幼儿不愿意，也不要强求。这样，让幼儿在看到各种颜色的蔬菜实物的同时认识了不同的蔬菜名称。年龄稍微大一点的幼儿，家长还可以告诉各种颜色及形状，可以让幼儿想象一下这棵菜可以做成什么，那棵菜可以做成什么，以此来发展幼儿的想象力和口语表达能力。

7. 鼻子眼睛在哪里

妈妈、爸爸和幼儿一起面对着家里的大镜子做游戏。游戏规则是：一个人发出号令，说出身体不同部位的名称，两个人一起摸自己相应的身体部位。如爸爸说"眼睛"，那么妈妈和幼儿一起摸自己的眼睛。每个人都有两次机会来说出号令。这个游戏的好处是幼儿就算动作做错了，也可以从大镜子里面发现，从而很快地纠正；另外，幼儿对自己能发出号令会觉得很兴奋，游戏兴趣会大大增加；而且，如果幼儿想到了自己说不出来的身体部位，家长可以帮助幼儿说出来，这样在游戏中记住的身体部位会越来越多。

8. 背诵一些带数字的儿歌

成人可以找一些带数字的儿歌，让幼儿记住儿歌的同时接触数字，并学习数数。如诗《一去二三里》：

一去二三里，烟村四五家。亭台六七座，八九十枝花。

儿歌《十指歌》：

一根手指头，一根手指头，变成变成变成毛毛虫。

两根手指头，两根手指头，变成变成变成小白兔（小剪刀）。

三根手指头，三根手指头，变成变成变成小花猫。

四根手指头，四根手指头，变成变成变成螃蟹走。

五根手指头，五根手指头，变成变成变成小鸟飞。

六根手指头，六根手指头，变成变成变成打电话。

七根手指头，七根手指头，变成变成变成三角形。

八根手指头，八根手指头，变成变成变成神枪手。

九根手指头，九根手指头，变成变成变成小狗狗。

十根手指头，十根手指头，变成变成变成拍拍手。

拓展资料

维特根斯坦"语言游戏说"的语言观

（一）语言的实践性

语言游戏与生活形式是维特根斯坦后期语言哲学理论的两个支柱概念。维特根斯坦在《哲学研究》一开始就提出了一种语言观："这种语言是用来在建筑工人A和他的助手B之间进行交流的语言。A用各种建筑石料盖房子：有石块、石柱、石板、石梁。B必须按照A的需要依次将石料递过去。为此，他们使用一种由'石块''石柱''石板''石梁'这些词组成的语言。A叫出这些词，B则把他已经学会的在如此般的叫唤下应该递送的石料递上——请把这设想为是一种完全的原始语言。"在这里，A指导自己的助手B的方式，并不是告诉B什么是石块等，而是教给 B 一套语言系统和使用规则，通过训练使 B 学会使用这一系统。"儿童在学着说话时用的就是这种原始形式的语言。在这里，语言的教学不是作出说明，而是进行训练。"儿童学习语言就是这样一个训练过程。由此，维特根斯坦将我们的语言即日常语言称为"语言游戏"："我也把由语言与行动（指与语言交织在一起的那些行动）所组成的整体叫做'语言游戏'。"他强调："'语言游戏'一词的用意在于突出下列事实，即语言述说乃是一种活动，或是一种生活形式的一个部分。"维特根斯坦的"语言游戏"着眼于人们使用语言的动态活动，强调在实际使用过程中考察语言的意义。"语言游戏说"确立了对语言的意义和功能进行理解就是要从日常活动入手，语言的意义就在于使用。

（二）语言的生活性

维特根斯坦说"想象一种语言就意味着想象一种生活形式"。生活形式是指日常感性的或经验的生活和语言运用。它涉及文化背景、历史传统、风俗、习惯、制度等内涵，反映人类的思维方式和行为方式等特点。语言游戏本身就是生活形式，而且二者关系密不可分。一方面，生活形式与语言游戏彼此为基础，生活形式既包含语言游戏又制约语言应用；另一方面，语言是生活形式的一部分，它是各种各样、作用各异但又互为前提、互相交织的生活形式的异质同构。生活形式是日常语言的世界，离开了日常生活，离开了语言的使用，语言就没有任何意义。而每一个语言游戏又都坐落在具体多样而又复杂的生活形式之中。那么，语言游戏自然具有多种多样的形式，包括命令、描述、唱歌、讲故事、开玩笑、猜谜语、感谢、祈祷等。语言的用法、词的功能和语境等也是无穷多的。因此，研究语言游戏就是研究语言的原始形式或原始语言即日常用语。

（三）语言的趣味性

"'游戏'最重要的特点是乐趣、情趣和旨趣，这些东西比规则更重要。"维特根斯坦后期语言哲学旨在强调语言是一种以词语为工具的活动，是一种充满生机和情趣的活动，这种活动就是语言游戏。"语言游戏"是植根于生活形式之中，是人们生活情景的不同成分的互相联结，它包含了我们语言的一切活动。每一个语言游戏又都坐落在具体多样而又复杂的生活形式之中。和语言编织在一起的社会活动或生活方式是丰富多样、灵活多变的，包括命令、描述、唱歌、讲故事、开玩笑、猜谜语、感谢、祈祷等。丰富多样、灵活多变的语言游戏能给人以乐趣、激情和好奇心，能激励人们积极参与游戏，并从游戏中获得知识和能力。既然把语言视为一种游戏，那么它就必定具有任意性和趣味性。

（资料来源：王淑娟. "语言游戏说"与幼儿语言教学游戏化[J].

广西教育学院学报，2011.）

二、18—24个月幼儿的言语教育活动

（一）为幼儿创造良好的语言环境，提供良好的言语榜样

幼儿由于年龄较小，其心理和行为容易受到周围环境的影响，比如幼儿的语言是在与周围成人和同伴的交流中不断完善和发展的。因此，为幼儿创造良好的语言环境，提供良好的言语榜样十分重要。成人应该努力提高自身说话质量，语音要规范，语言要丰富而又准确，语调要富有变化，同时要注意面部表情要丰富。

（二）开始教幼儿学识字

这一时期教幼儿学认字的目的不是灌输知识，而是在这一过程中发展幼儿的注意力、记忆力、想象力及语言表达能力。这一时期的幼儿常常从无意认字发展到有意认字，比如成人看书时，幼儿会凑上去观察，还会问成人各种问题。这时成人要注意抓住机会，把幼儿感兴趣的字词耐心教给幼儿。同时，成人要注意为幼儿创造良好的识字氛围，在自然情境中对幼儿进行识字教育。

（三）主动告诉幼儿一切问题，对幼儿的提问和讲述要正确对待

幼儿在这阶段好像成了一个"勤学好问"的人，他常常不断地提问，不断地讲述，仿佛想了解大千世界的一切问题。这时候，成人千万不能图耳根清静而随便打断、斥责或搪塞幼儿，应耐心地回答，认真地面对，激发幼儿的求知欲，保护幼儿的好奇心。成人不要坐等幼儿提问，最好的办法是主动告诉幼儿，把所有他感兴趣的东西都不厌其烦地说出来（当然要适当考虑幼儿的理解和接受能力），可以结合图片、图书、电视、电影、参观、游览等多种形式的材料和活动来进行。

> **拓展资料**
>
> 正确回答幼儿的提问要注意以下几个方面：
> （1）首先要充分理解幼儿的提问。
> （2）认真回答提问，抓住时机对话。
> （3）利用幼儿能理解的语言回答问题。
> （4）多采用拟人法甚至童话式的语言回答幼儿的提问。
> （5）引导幼儿提问的内容。
> （6）引导幼儿提问的方式：
> ① 肯定原因式提问。这种提问方式是：幼儿看到某情景后，不是先提问，而是先自己找到答案，再提问。
> ② 自问自答式提问。这种提问方式是：幼儿看到情景后，自己先找到答案，并问自己，然后自己对自己的提问回答。
> ③ 引导他人回答提问。这种提问方式是：幼儿看到某情景后，自己已找到了

答案，但并不说出来，而反问他人，在他人说出来后，自己再说出来答案。

（资料来源：新浪网）

（四）倾听文学作品，观看儿童美术片或动画片

每天在一固定的时间（如睡前、上午或下午的空闲时间）让幼儿倾听一些优美动听、主题鲜明、短小精悍的故事、儿歌等，这是幼儿学习文学语言的绝好时机。幼儿比较喜欢反复地听同一个故事，成人可以依据具体情况让幼儿复述故事的大致内容，提高他的学习兴趣。

成人还可以选择一些轻松活泼、画面优美的儿童美术片或动画片和幼儿一同观看。这样既可以从更广阔的角度增强幼儿的信息量，扩展幼儿的知识面，又可以模仿学习"电视语言"，如人物的对白、旁白、广告语等。成人还可以和幼儿一起回忆动画片，讨论其中的具体情节，从而培养幼儿对动态艺术的观察能力、符号转译能力、故事图式理解能力、追踪活动画面的艺术想象能力。

拓展资料

正确选择适合儿童身心发展特点的卡通动画片

在挑选卡通动画片的时候，家长或教师应事先对选择的动画片有一定了解，而不能仅仅依赖于大众传媒或他人的意见。因为对于同一部作品，不同的人有不同的见解，而且卡通动画片本身也分年龄段，有的卡通动画片适合成年人，有的卡通动画片适合青少年，还有一些是专门为幼儿制作的。幼儿所喜欢的、适合幼儿观看的卡通动画片应具有以下特点：主题单一、明确，具有教育性；情节简单、紧凑，矛盾冲突激烈；人物形象可爱，性格鲜明，动作夸张，幅度大；画面色彩鲜艳，配乐优美，具有欣赏性；篇幅短小。

（资料来源：赵慧君，母远珍.卡通动画片在幼儿教育中的价值和教育策略[J].现代教育科学，2009〈3〉.）

（五）继续开展早期阅读指导

这一阶段的婴幼儿对图画书的兴趣日益浓厚，甚至许多幼儿会出现反复阅读同一个故事的现象。当幼儿的阅读出现这一现象时，家长不必紧张，因为这是幼儿发展过程中的正常现象，正如蒙台梭利所说："反复练习是儿童的智力体操。"家长可以在幼儿每次阅读时都给出不同角度的引导，这样幼儿每次都会有新的收获。当然，幼儿在此阶段没有出现这一现象也是正常的，每个孩子都是不同的，有的孩子好奇心较强，喜欢新鲜的事物，所以喜欢阅读新鲜的图画书。

这一阶段，成人仍然要和幼儿共同阅读，并且要注意提高共同阅读的质量，不能因为幼

儿反复阅读同一绘本而出现厌烦的情绪。同时，成人要开始培养幼儿独立阅读的习惯，可以让幼儿边看边讲。

>> **拓展资料**

爸爸妈妈：我们来帮你

重复阅读同一个故事是宝宝成长过程中常见的现象，因此家长不必大惊小怪，而要尽力满足宝宝的要求。当然，家长也可以因势利导，引导宝宝在重复阅读中读出"不重复"的内容，让宝宝在更多的重复中习得更丰富的内容。

1. 变换讲述方式

家长在满足宝宝重复阅读的愿望时，可以不断变换讲述方式。家长可以先充分挖掘出故事里宝宝可能会关注的兴奋点，从而让宝宝在重复阅读中吸收到丰富的信息，提高他的阅读能力。

2. 适时提问

宝宝重复阅读时，家长除了保持足够的耐心外，还可以适当加入一些提问，这样就能随时关注宝宝每次阅读的情况，并且能促进宝宝观察、理解、表达等多方面能力的发展。

3. 及时鼓励

当宝宝能在重复阅读中成功地说出接下来的故事情节或者察觉、补充一些遗漏的文字或情节时，家长一定要及时给予肯定和鼓励，如"哇，宝宝真厉害"或向宝宝竖大拇指等，这样就能让宝宝感到自己的本领大，成就他的乐观与自信。

（资料来源：安安. 为什么宝宝喜欢重复阅读[J]. 上海托幼〈幼儿生活〉，2012〈3〉.）

萌发积极的阅读兴趣

要经常和婴幼儿一起阅读图画书。那些有趣的小故事可以充分调动婴幼儿学习语言的积极性。在婴幼儿语言发展的过程中，尽早为婴幼儿提供阅读图书的机会，选择合适的读物，激发婴幼儿的阅读兴趣。婴幼儿的书籍主要以图文并茂为主，他们对图的理解能力决定了他们的阅读欲望和阅读兴趣，因此家长在选择婴幼儿书籍的时候，要根据孩子的年龄特点、兴趣爱好来选择图书。运用不同的阅读方式，比如：说童谣、带有韵律的儿歌。用有趣的语言、重复的方式调动婴幼儿参与阅读的积极性，使用规范的语言，声情并茂地朗读，坚持每天为婴幼儿朗读故事书，直到婴幼儿能够自己读书，这时可以变换角色，家长和婴幼儿轮流讲书，坚持不懈地培养婴幼儿的阅读能力和习惯。这样婴幼儿在理解图、言语及文字的过程中，丰富相应的词汇，获得对书面语言的敏感性，获得早期阅读的经验，提高阅读能力。让婴幼儿多读、多背诵诗歌、儿歌、童话故事,是开发婴幼儿智力、特别是开发他们的语言能力的重要方式。

(资料来源:贺芳.浅谈0—3岁婴幼儿语言的培养[J].专题研讨,2010〈6〉.)

(六)在游戏中进行词语练习

1. 词语接龙

如前所述,这一阶段是幼儿词语爆发时期,成人可以通过此游戏丰富和巩固幼儿的词汇。如问答式接龙,往往是一问一答。问:"谁会飞?"答:"鸟会飞。"问:"谁会游?"答:"鱼会游。"

2. 小喇叭

这个游戏是让幼儿重复或者模仿成人的语言。成人为幼儿准备一个报纸做的小喇叭。成人或幼儿拿着报纸做的小喇叭,做传声筒游戏,让幼儿模仿或重复成人说的话。如妈妈在喇叭一端说"星星亮晶晶",幼儿在另一端重复妈妈的话"星星亮晶晶"。

3. 你说我来做

这一阶段的幼儿已经能够听从成人的简单指令来做相应的事情,因此,成人可以有意识地让幼儿去拿东西,以认识物品的名称。成人事先把东西放在幼儿能安全够取的地方。如成人可以对幼儿说:"妈妈好累哦,宝宝你可以帮我把拖鞋拿过来好吗?"当幼儿成功地把东西拿过来之后,成人要说:"谢谢你,宝宝。"或说:"宝宝你真棒!"成人需要注意的是,当幼儿把东西拿来后,可以问问幼儿拿的是什么,鼓励他们说出来。

4. 我我我

为了让幼儿更加理解"我"的含义,成人可以在家里有意识地问幼儿关于他自己的一些情况,如"你叫什么名字?""你今年几岁啦?""你是男孩还是女孩呀?""你爸爸叫什么名字?""你家住在哪里呀?"对这些简单的句子幼儿会马上回答:"我叫×××。""我两岁啦。""我是男孩。""我爸爸叫大熊。""我家住在×××。"当幼儿能熟练地用"我"而不是用"宝宝"或者自己的昵称或名字称呼自己的时候,说明幼儿已能将代词"你"转变成"我"来回答问题。

5. 我们去逛"动物园"

成人可以带幼儿去逛逛动物园,让幼儿认识不同的动物。在家里的时候,成人可以和幼儿玩"逛动物园"的游戏。成人可以对幼儿说:"宝宝,今天我们一起去逛动物园,看看有哪些小动物的家在动物园。"然后拿出相应的动物园图片,让宝宝说出这是哪种小动物。可以一开始出示幼儿熟悉的动物图片,然后慢慢加入他们不熟悉的动物图片。成人也可以把所有动物的图片放在一起,然后对幼儿说:"宝宝,找一找河马是哪一张啊?"让幼儿在图片中把河马的图片找出来。

拓展资料

小 小 测 试

1. 13—15个月

在日常生活中,我们可以观察到宝宝的各种表现,家长或育婴师可以对照下列标准,看一看宝宝是否达到了这些在13—15个月时会出现的正常反应。如果宝宝没有这些动作或者表现,家长或者育婴师则需要对宝宝进行进一步的观察、测试或请相关的专业人员进行检查。

会主动玩手势游戏。

能完成只有一个步骤的要求(如宝宝拿苹果)。

会模仿词句"喵喵喵"或"汪汪汪"等。

会说一个字以上(如"水""车"等)。

知道别人在叫自己的名字。

会称呼两个以上的家人。

宝宝的具体表现:
_____
_____
_____

2. 16—18个月

在日常生活中,我们可以观察到宝宝的各种表现,家长或育婴师可以对照下列标准,看一看宝宝是否达到了这些在16—18个月时会出现的正常反应。如果宝宝没有这些动作或者表现,家长或者育婴师则需要对宝宝进行进一步的观察、测试或请相关的专业人员进行检查。

会说出"妈妈"和"大大"以外的词语(两字词语而不是单个的字)。

会指出自己想要的东西。

会说出自己的小名。

能用单音给物体命名,如叫小狗"汪汪"。

会模仿成人背儿歌,虽然说不清楚。

会说出自己1岁,伸食指表示。

听从成人的指令,会帮成人拿东西。

宝宝的具体表现:
_____
_____

3. 19—21个月

在日常生活中，我们可以观察到宝宝的各种表现，家长或育婴师可以对照下列标准，看一看宝宝是否达到了这些在19—21个月时会出现的正常反应。如果宝宝没有这些动作或者表现，家长或者育婴师则需要对宝宝进行进一步的观察、测试或请相关的专业人员进行检查。

能说出两个以上的要求。

能模仿词句说"起床"。

能用简单的词表达自己想要的东西。

会说出至少1件物体的名称或指认2个物体。

会说出50个左右的字词。

指着宝宝的衣服问："这是××（宝宝的名字）的吧？"能回答"××的"。

会背诵两首儿歌或唱两句歌。

宝宝的具体表现：

4. 22—24个月

在日常生活中，我们可以观察到宝宝的各种表现，家长或育婴师可以对照下列标准，看一看宝宝是否达到了这些在22—24个月时会出现的正常反应。如果宝宝没有这些动作或者表现，家长或者育婴师则需要对宝宝进行进一步的观察、测试或请相关的专业人员进行检查。

会讲4—6个单词。

对个别词语有反应，也知道它代表哪些事物（如玩具、宠物、家庭成员）。

会说出自己想要的物品名称，如饼干。

当问到"那是什么"时，能说出物品名称。

说出两个词语的句子，如："爸爸，再见"等。

指着宝宝的衣服问："这是××（宝宝小名）的吧？"能回答"我的"。

能完整地背一首儿歌。

听故事后会回答故事中"谁是好人，谁是坏人"等简单问题。

能具体说出爸爸妈妈以及其他家庭成员的姓名。

宝宝的具体表现：
_____
_____
_____

本章的测试参考以下文献：
• Guidelines for Healthy Child Development and Care For Young Children（USA Maryland）
• Tennessee Early Learning Developmental Standards Acknow ledgements（USA Tennessee）
• 格赛尔发育量表，选自陈飒英、庞宁编著：《婴幼儿发育评估方法》，金盾出版社 2007 年版，第 52—56 页。

本 章 小 结

总的来说，1—2 岁是幼儿表达性语言发展的十分重要的时期，根据幼儿语言发展的基本情况，可以把这一年幼儿的语言发展分为四个阶段：13—15 个月的语言沉默阶段；16—18 个月的词义"错误"阶段；19—21 个月的词汇爆发阶段；22—24 个月的双词句阶段。成人要充分了解幼儿在这一时期的语言发展特点，掌握语言教育活动规律，促进幼儿语言的发展。

延 伸 学 习

 拓展阅读

词汇发展是宝宝语言发展的标志。词汇量的多少和宝宝的语言表达能力以及智力发展水平密切相关。其实，宝宝的词汇发展是具有一定的规律的，但是宝宝之间由于种种原因，一定会存在差异，导致有的宝宝开口说话比较晚，有的宝宝除了常常说的几个词，新的词汇发展很慢，爸爸妈妈往往会很忧虑，担心宝宝是不是哪里出了问题。

那么，当宝宝出现了词汇贫乏的情况时，我们应该怎么办呢？

（一）为宝宝创设丰富的语言环境，要经常和宝宝进行语言交流

要让宝宝开口说话，爸爸妈妈应该经常和他进行日常的交流，特别是他感兴趣的东西和日常生活中的一些活动。比如说宝宝对搭积木感兴趣，你就可以问他："宝宝今天积木搭了什么？"来开启对话。由于宝宝的语言能力还在发展当中，宝宝也许是很好的聆听者，却

不是一个熟练的发起者。所以爸爸妈妈千万不要等着宝宝来跟你们说话，而是应该主动和宝宝说说话。研究表明，10—18个月的宝宝就已经能够理解爸爸妈妈在说什么了，所以只要你跟宝宝说话，他一定能够理解，并且想办法来回应你的话。

（二）培养宝宝阅读图画书的兴趣，通过和你的阅读互动来丰富词汇

图画书上有许多颜色鲜艳、形象鲜明的图画，以及丰富的词汇和有趣的故事。借助具体、形象的图画和成人生动、有趣的讲述，宝宝更容易集中注意力，接触到平时的日常生活中没有接触到的一些新的词汇。而且一边看图，一边听你讲述，也使宝宝理解新的词汇变得更加容易。在宝宝两岁左右开始热衷于指认各种物体和图画的名称，和给一些他不知道名字的东西命名。借助图画书，宝宝可以学会很多新的单词。而且他们对已经讲过很多遍的图画书还爱不释手，他们能够在熟悉的语言环境中，尝试着应用这些新的词汇。

（三）多带宝宝到大自然中去，通过观察和体验学习新的词汇

爸爸妈妈应该多带宝宝到户外去活动，让他感受大自然和周围的环境。宝宝往往充满着好奇心，他们对周围的许多东西都很感兴趣。你要能够敏感地发现宝宝的兴趣点，抓住学习新词汇的好时机，鼓励宝宝把看到的东西说出来。在宝宝说的同时，可以对宝宝的讲述进行补充和修正，但是请尽量不要打断宝宝的讲述，使他产生挫败感。要通过鼓励的方式增加他的自信心和主动讲述的意愿。

（资料来源：张明红.0—3岁儿童语言发展与教育［M］.上海：华东师范大学
出版社，2013.）

早期言语教育的途径

1. 视听结合，学得更快

（1）从听力入手。尚处在摇篮之中的婴儿便具备了基本的感知系统。婴儿从出生起，便能感知外界环境的各种刺激，声、光、温度、触觉等。在婴儿各个感觉系统的发展中，听觉系统要比视觉系统发达，父母读字、词、句、故事给他听，能增强其记忆的刺激。婴儿逐渐长大，就能够很容易唤起先前的记忆，在以后的学习中就会更轻松容易。

（2）视听结合。在幼儿视觉系统逐渐发展后，就不要仅仅局限于听觉刺激，还要重视施予适宜的视觉刺激。日本汉学名家石井勋先生认为：反正每一个幼儿都有辨别能力，因而就没有必要把语言和文字分开来教。成年人学习时都有一个体会：在学习某门外语时如果口、眼、手并用，能增强记忆的效果。在教导幼儿学习语言时，当幼儿学会一个字、词、句，作为家长的都应该把它写下来，如"要洗手吃饭"。以往家长只在口头上告诉幼儿，现在建议，应同时用笔写下来。这样做，便使幼儿视觉与听觉两方面对"洗手"和"吃饭"有印象，此时比单方面接受的效果要好几倍。例如"长长的"和"常常地"，"蛇"和"舌"，幼儿单纯只听语音无法进行分辨，而写出来幼儿看到其字形的差别，便能够进行区分。视听结合刺激使幼儿在不知不觉当中学会了说话和认字。

2. 幼儿学习外语不要把时间放在学习语法上

现在学校学习外语时，学会简单的词汇之后，老师便开始教授语法，这种方式对于成年人可能更为适宜。因为成年人已经具备形式思维能力，已经习惯先学习规则再将其所学规则应用到实际中去，也就是说成年人的学习是从抽象到具体。而这条规律不适合处于形象及动作思维阶段的幼儿，幼儿的学习是从具体到抽象的。如在小时候学习母语时是听大人们说什么就学什么，慢慢就学会了母语，是具体到实物，从桌子、椅子开始积累到慢慢地说一句话，在学习时没有学习所谓的主语、谓语、宾语等各种语法结构。同样的道理，在教授幼儿学习外语时不应把大量的时间花费在语法的学习上，孩子很难理解硬邦邦的规则，即使理解了也不会活用，反而因为语法而限制语言应用能力。

3. 教孩子学说话要遵循循序渐进的原则

时常听周围的一些父母抱怨：为什么同龄的孩子已经开始说话了，自己的孩子连一个音也发不全。其实这与幼儿的资质关系并无显著联系，关键在于方法。研究表明婴儿说话的第一次是呼喊、惊叹，然后是发出双音节的阶段，而后单词，再接下来是幼儿经常使用的各组名词，然后是双词短语，用这些短语表达整句的意思，2岁一过便进入由词到句的爆发阶段。所以父母在教幼儿说话时应遵循幼儿言语发展的规律，单音—单字—词语—短语—句子，循序渐进地教导幼儿，切不可急于求成。教导幼儿学习说话中重要的法则就是只要幼儿看到的事物，便一定给他不断重复这个事物的名称，包括家里的餐具、室内的器具和物品、室外的花草树木、蓝天白云。还可以从幼儿的身体方面，例如在给孩子穿衣服时，一边指着他身体的各个部位，一边说出这个词汇。除此以外，还可以一边做动作一边教他动词等。平时父母在陪幼儿玩耍时，孩子对第一次见到的东西新奇不已，这时就教给他新事物的名称，同时用一些动词、形容词加一些修饰教给幼儿。幼儿掌握大量词汇后，就要注意逐步教授幼儿了解和使用复杂的词汇。幼儿理解基本的语言后，就可以给幼儿讲故事听。听故事不但对幼儿的语言能力的发展有好处，同时故事也是幼儿认识这个世界的窗口。父母讲完故事后可以让幼儿发表一下自己的感想，哪怕孩子说一个字、一个词、一句话的想法都可以。这样不仅可以培养幼儿的言语能力，还可以培养幼儿自我思考的能力；家长也可以和幼儿分角色演绎故事中的情节，将故事活灵活现地表现出来，这样不仅可以培养幼儿的表达能力，也为促进父子、母子情感交流提供了一个良好机会。

4. 游戏中学习语言是最好的途径

游戏在幼儿心理发展及社会性发展中具有重要作用，游戏也是幼儿进行学习的重要方式。游戏为幼儿提供了语言实践的机会，幼儿通过生动、具体的语言运用，调节自己的语言行为，也通过具体的动作，变换自己的语言，从而使口头语言和书面语言得到发展。

（资料来源：刘敏. 关于0—3岁幼儿早期言语教育的探究[J]. 社科学论，2012〈8〉：235—236.）

学习活动

举办一次教师交流活动,探讨如何有效实施1—2岁幼儿语言教育活动。

复习与思考

1. 试简述幼儿有哪些词义错误。
2. 试简述12—18个月幼儿的语言发展特点。
3. 试简述12—18个月幼儿的语言教育。
4. 试述18—24个月幼儿可以玩哪些语言游戏。
5. 试论述18—24个月幼儿的语言发展特点。

第六章 2—3岁幼儿语言发展与教育

学习目标

1. 理解2—3岁幼儿语言发展的特点。
2. 掌握促进2—3岁幼儿语言发展的教育对策。
3. 运用所学知识，尝试设计促进2—3岁幼儿语言水平发展的教育活动。

第一节 2—3岁幼儿语言发展的特点

2岁以后，一直到入学前，是幼儿基本掌握口语的阶段。他们在掌握语音、词汇、语法和口语表达能力方面都较前一阶段有明显的进步，他们开始逐步用语言来表达自己的需要和情感，用语言来调节自己的动作和行为，基本上能用语言与人交往，语言成了这一阶段幼儿社会交往和思维的一种工具。

一、24—30个月幼儿的语言发展特点

这一阶段是初步掌握口语的阶段，又称为简单句阶段，幼儿在运用语言和词汇方面有显著进步，能用3—5个单词组成的句子来与人交谈。他们和人们的对话变得更加自由和顺畅，同时他们也开始能用比较完整的句子与人交往，并学会倾听别人的讲话，表达自己的要求和愿望。

（一）基本上能理解成人所用的句子

在语言发展的过程中，幼儿对于句子的理解先于句子的产生。也就是说，幼儿在能够说出某种结构的句子之前，就已经能够理解这种句子的意义了。

2—3岁是幼儿词汇量迅速增长的时期，增长率大约为200%，也是幼儿对语言的理解能力迅速提高的时期，幼儿能理解的词汇达900多个，词的泛化、窄化和特化现象明显减少，对词义的理解也日益接近成人用词的含义。词的概括性程度进一步提高，对有些词（如树、花等）已能理解为代表一类事物的词，除了能叫出自己家里及附近的树和花以外，在外面已能主动说出他们熟悉的树和花的名字。但是，对某些词汇在理解上还具有直接性和表面性。

比如当幼儿听到广播里播报一些抽象的词语时，他们理解起来就有一定困难了。如听到广播里说"黑暗的旧社会"，幼儿就会问成人"比黑夜还黑吗？"他们还无法理解词的隐喻和转义。整个幼儿期，幼儿对于抽象词的理解还是比较困难的。

（二）语音逐渐稳定和规范，发不出的语音逐渐减少

> 案例1
>
> 小宝30个月了，他已经会说很多话，但是有几个音总是说得含混不清，如"哥哥"说成"兜兜"，很多人都说这很正常，可是小宝的爸爸妈妈有点担心，怎么回事呢？

为什么会出现这种情况呢？首先，发音不准对婴幼儿来说，属于正常现象。这是因为发音器官未得到充分的发展，听觉的分化能力也较差，对于区别较小的音，不易辨别，或不善于协调使用发音器官及发音方法，致使不能正确发出某些音。随着婴幼儿发音器官逐渐成熟，在发音方面的困难日渐减少，在良好的语音环境下，发音能逐渐趋于准确。幼儿唇音已基本没有困难，对声母的正确发音率较低，主要是因为对一些发音方法还没有掌握，某一些发音器官不会运用。3岁幼儿经常不能掌握某些声母的发音方法，会把"哥哥"说成"兜兜"，"老师"说成"老基"。但凡需要舌头参与的音（舌尖、舌面、舌根等音），还存在不同程度的困难，尤以舌尖音突出，如"zh、ch、sh、r"等，少数极个别的幼儿发"g、k、h、u、e"等音也有困难。4岁以后，幼儿发音的正确率有显著提高。基本上，4岁的幼儿能够掌握本民族或本地区语言的全部语音，并且能够发音基本正确。

幼儿发音的一些困难，如果不是生理缺陷造成的，一般是受方言的影响。比如，在四川的方言里没有"几"这个辅音，所以幼儿基本不会发这个音。安徽某个地区的方言中"n""l"发音不分，所以那个地区的幼儿经常会把"牛奶"发声成"liu lai"，"奶奶"发声成"lai lai"。

所以教师在教育过程中，一定要使用标准的普通话。而且应该有意识地选择方言与普通话发音不一致的地方，有针对性地编创一些听音练习活动，训练幼儿的辨音能力。

（三）能运用多种简单句句型，复合句也初步发展

幼儿句子结构的发展从不完整句，到完整句，再到复合句。复合句是指由两个或者两个以上意思相关联的单句合起来而构成的句子。一般在2岁开始就能说出极为少数的简单的复合句，4至5岁时复合句的发展较快。复合句主要有联合复合句和主从复合句两大类。联合复合句是幼儿比较容易掌握的复合句，其中出现最多的是并列复合句。比如："妈妈排排座，宝宝吃饭饭。""我不喜欢小狗，我喜欢小猫。"其次是连贯复合句和补充复合句。连贯复合句的前半部分和后半部分说的事情是连续的，前后分句的次序不能调换。比如："吃好饭之后，我去小华家玩了一会。""我先去了积木区，后来去当小医生了。"补充复合句如："我搭马路，你搭桥。"幼儿比较难掌握的是主从复合句，因为它反映了较为复杂的逻辑关

系。主从复合句中最常见的是因果复合句，比如："我不要穿绿色的裙子，它不好看。""我喜欢小佳，她跳舞很好看。"不同年龄段的幼儿所出现的复合句的复杂程度是有差异的，年龄越大，复合句的程度越复杂。

在幼儿所使用的句子中，简单句占大多数，约90%左右，复合句占10%左右。简单句句型较多，主要有主谓结构和主谓补结构两种类型。幼儿使用的复合句大多是不完全复合句，结构简单而松散，是省略连词的简单句的组合，多由几个单句并列组成，往往使句子意义不甚明确，听话者必须结合说话的情境才能理解。幼儿在3岁时开始使用极少数的连词，以后逐渐增加。到6岁时，使用连词的句子仍然不多，只占到复合句总数的四分之一左右。三四岁时，幼儿使用最多的是"还""又""也""以后"等。

幼儿大约在25—27个月左右开始出现三词句，基本上涵盖了"主、谓、宾"三种成分。在28—30个月左右出现四词句，某些言语发展特别迅速的幼儿还会出现五词句、六词句，咿呀声完全不见了。这个阶段的幼儿虽然在使用句子方面有明显的进步，但表达水平仍是不高的，尚处在情境语言阶段，说话时多用些不连贯的短句，辅以手势、动作和面部表情。这种情境性语言，对于不熟悉情况的人，往往是难以理解的。

（四）疑问句逐渐增多

案例2

小宝最近越来越爱问问题，越来越多地问"那是什么？""妈妈呢？""干什么啊？""电视上的那个人为什么皮肤那么黑？""天上的星星为什么发亮？""小鸟为什么会飞？""我怎么没有长翅膀？""太阳会不会掉下去？""星星为什么一闪一闪的？"……有的时候，问得妈妈都招架不住了。

为什么小宝会出现"好问"的情况？这是因为2岁左右是幼儿疑问句的主要产生期，2岁4个月到3岁是幼儿疑问句的快速发展期。在这个阶段，幼儿的提问更加多元化，也表现出更多的层次，不仅会问"呢""哪里"等2岁前喜欢问的问题，还会出现反复疑问句。2岁出现反复问句（吗，呢，吧，什么等），Who（谁，2岁出现），How（如何，怎么，2岁2个月出现），Where（什么地点，2岁3个月出现），What（什么，2岁3个月出现），When（什么时候，2岁4个月出现），Why（为什么，2岁4个月），这6个"W"是幼儿疑问句的主要表现形式。

疑问句在幼儿发育成长的社会化过程中具有十分重要的地位。提问是幼儿与社会进行信息交换的主要途径。幼儿利用提问获取各种必需的信息帮助；成人通过幼儿对问题的回答来把握幼儿认知和语言发展水平。从某种意义而言，幼儿能够提出什么样的问题和用什么样的方式提出问题，能够理解什么样的问题和理解用什么样的方式提出的问题，都标志着幼儿的认知和语言发展到了何种水平。疑问句的出现可以逐渐提高幼儿理解话语、搜索和重组知识经验、表述自我的思想感情等诸多方面的能力。

（五）语言常常使用接尾策略

> **案例3**
>
> 小宝现在27个月了，已经能够比较熟练地用3—5个单词组成的句子表达自己想说的话，而且也能够比较顺畅地与人交流了。妈妈有时候问她："你喝果汁还是椰汁？"她会回答："椰汁。"又问："椰汁还是果汁？"又答："果汁。"这时，妈妈让她自己拿，他就会拿椰汁。

为什么小宝会出现"言不由衷""表里不一"的情况？是因为在这个阶段，幼儿会出现接尾策略，即不管实际情况如何，只选用问句末尾的一些词语作答。幼儿在这个阶段往往还分不清选择项和本人意愿的关系，会在回答选择时，用疑问句末尾的那个选项作为自己的选择，可是这个用语言表达出来的选择又不是他的真实意愿。

接尾策略是幼儿使用语言中常用的一种策略，这种策略的使用在2岁半以前很频繁，一直到3岁，幼儿才会放弃这种策略的使用。如成人问"吃了没有？"（刚吃完饭）回答"没有"。问："快收拾好玩具，跟妈妈出去玩，好不好？"（幼儿立即站起，丢掉玩具，一副要出去的样子）可听到的回答却是"不好"。这些答话与情境的不合和前后回答的矛盾，就是婴幼儿的接尾策略在起作用。我国学者郑厚尧在《影响婴幼儿理解选择问句的若干因素》一文中，发现幼儿在回答选择问句时，也使用这种策略，即根据选择句的后一个析取项来回答，而不管是否符合实际。2岁半以前主要使用这种策略，3岁时才放弃。

（六）喜欢自言自语，游戏时常常一个人讲话

> **案例4**
>
> 小宝30个月了，说话很清楚，表达也准确，最近，爸爸发现小宝在一个人玩的时候，总喜欢自言自语，嘴里常常嘟嘟囔囔，而且说起来还津津有味，富有感情色彩。

为什么会出现这种情况？是因为在这个阶段，幼儿的自言自语反映的是他的思维发展的语言外化，是幼儿语言概括和调整功能的发展过程。在自言自语时，幼儿往往全身心投入，注意力集中，有时候成人都能听清幼儿到底在说些什么，特别是在幼儿大声地说自己想要做什么的时候或把自己的玩具想象成对话对象时。如幼儿对着自己的玩具说话，会说："宝宝吃饭啦！""宝宝是不是生病了？""宝宝想睡觉觉啦！"有时会让成人感觉莫名其妙，比如幼儿一边玩，一边嘟囔，似乎与目前的情境没有什么关系。成人不必为幼儿的这种状态担心，这是幼儿语言发展过程中的正常表现，随着幼儿知识、经验的丰富，思维能力不断发展，语言的概括能力逐渐增强，自言自语的现象就会逐渐减少，直到完全消失。

（七）已经能注意到语法要素

在幼儿还只能说出一个一个字的阶段，他们就能注意5—6个字的句子。当他们还不能说两个词和简单句子的时候，他们基本的语法能力虽然尚未表现在他们所说的语言中，但却已经有很大的进步了。美国有人专门研究过幼儿对语法中冠词的理解，他们为了测试幼儿是否注意到冠词的存在，准备了四张照片："狗""椅子""书""卡车"，设计了四个问题："find the dog for me""find go dog for me""find was dog for me""find dog for me"。这四句话中，只有第一句是正常句子，当幼儿看完这四张图片后，研究人员会对幼儿说这四句话，要求幼儿把图片给自己。研究人员发现，正常的句子指认的正确率是最高的，其次是第四句，幼儿似乎注意到第四句少了一个"the"，但他们并不在意。

（八）语言理解能力还不成熟，听不懂成人的反话

> **案例5**
>
> 爸爸发现小宝今天将玩具都整理好了，惊喜地说："啊呀，今天太阳从西边出来啦！"小宝抬头看了看太阳，觉得莫名其妙。有一次爸爸拒绝了小宝想买玩具的请求，小宝嚎啕大哭，爸爸告诉小宝说家里有一模一样的，等回家给小宝玩，小宝依旧大哭。爸爸生气了，说："小宝，你怎么听不懂话呢？哭，哭，你哭吧，你就使劲地哭吧！"小宝见状，索性躺在地板上大哭起来。

为什么会出现这种情况呢？主要是因为处于这个阶段的幼儿语言理解能力还不成熟，还听不懂成人的反话，只会直白地理解话的表意。在成人看来，说反话时的语气可以表明说话人的本意，然而成人可以轻松理解，幼儿却不能理解。比如成人跟幼儿说："你再去玩会儿呗，别急着回来啊？"幼儿很可能就会转身跑去玩。如果此刻成人再说"站住"，幼儿一定会感到莫名其妙，他会想，不是你叫我出去玩的吗？怎么又让我站住？正如案例中的小宝，他并没有理解爸爸说的"哭，哭，你哭吧，你就使劲地哭吧！"的真实含义，他认为爸爸真的让他哭，所以他就躺在地板上大哭起来。

因此，成人要用正面鼓励的方法强化幼儿的正确行为，千万不要用反问的语气对幼儿说话，尤其是这个阶段的幼儿，很难听懂或者根本听不懂反话的意思，他们经常会把反话当真，做出与说话人期待相反的事情。所以，成人应改变一下自己说反话的习惯。

二、30—36个月幼儿的语言发展特点

这一阶段是目标口语初步发展阶段，也称为复合句阶段，幼儿的单词句、双词句这一类特殊语言成分已经大大减少，语言已经纳入目标语言的轨道。幼儿的语言系统和基本语法规则已经掌握，具有了一定的词汇量和一定的语言运用技能，可以初步用词语来解释词语。

而且语感已开始形成，并能运用语言进行一般日常语言交际。

（一）词汇量迅速增加，对新词感兴趣

> **案例 6**
>
> 小宝 32 个月了，非常喜欢缠着妈妈讲故事，她还喜欢儿歌，有时候，她还会自己讲一些故事的小片段或者哼几句儿歌给妈妈听。

为什么喜欢听故事和儿歌呢？是因为在这个时期，幼儿语言的积极性非常高，喜欢听故事和儿歌，这些途径能让她学会很多新的词汇和句法。

幼儿到了 3 岁左右，知道的词大概达千个，幼儿使用的词汇量是 2 周岁时的 3 倍。也就是说这一阶段仍然是幼儿新词涌现和不断使用的阶段。配合其好奇心、求知欲的发展，变得好问，对新词句表现出较大的兴趣。他们总喜欢问"这是什么？"或"为什么？"之类的问题，从成人的答案中学到很多的新词。3 岁的幼儿开始会用人称代词，其中最常用的是"我"和"我的"这两个代词，从而知道他仍然是以自我为中心的。另外，数词、量词的出现频率增多，语气词的出现频率有所减少。

幼儿逐渐喜欢听故事和能理解故事的简单情节，对文学语言也非常感兴趣，并且愿意模仿。一个故事往往可以不厌其烦地听数遍。喜欢朗诵短小的儿歌。幼儿这些新的兴趣和爱好，为他们学习知识，练习清楚地说话，都提供了极为有利的条件。

（二）能抽象句子规则，常表现出系统整合的语言内化能力

所谓系统整合就是当一种新的语言现象出现以后，幼儿总是力图把它纳入原有的框架之中，尽力用原有的规则去解释它、同化它。用已知去把握未知，是幼儿一种重要的认知惯性。如老师对幼儿说"布娃娃脸上有五官，有两只眼睛，两只耳朵……"老师话音未落，幼儿就接上去说"两只鼻子，两只嘴巴"，显然幼儿的回答是凭自己已有的经验进行归纳。这种认知惯性有时是成功的，有时则是失败的。究其失败的主要原因是原有的规则不能同化新的语言现象，出现了"特例"，即"一个鼻子，一张嘴巴"，而这些"特例"往往就是成人重点要解释的地方，它将会对原有的系统构成冲击，使原系统失去同化能力，打破原有的平衡。成人应从"特例"中概括出一些新的规则，并把新规则进行整合，以达到新的平衡，建构出一个新系统。

（三）能够说出完整句子，出现了多词句和复合句

这一阶段的婴幼儿，不仅词汇丰富了，也能说出完整的句子了。当婴幼儿能够说出比较完整的简单句时，就开始尝试着说复合句了，婴幼儿复合句的运用能力，是与简单句的运用能力平行发展起来的，在不断完善简单句的同时，复合句的运用能力也在不断得到发展。他们能从成人所说的词语中推断出语言的规则，掌握语法和句子结构的基本要点，然后采用这些"规则"去解释一些尚未完全掌握的新句子。到了 3 周岁的时候，婴幼儿说话的方式基本上和成人差不多，在口语表达方面，能使用完整的句子与人交往，表达个人的要求和愿望，

句子的含词量已达 5—6 个单词。但这个阶段的婴幼儿使用的复合句，结构简单而松散，缺少连词，仅由几个单句并列组成，往往使句子意义不甚明确，听话者必须结合说话的情境才能理解。婴幼儿在 3 岁时开始使用极少数的连词，以后逐渐增加，此外，婴幼儿对于复合句的理解也有一个循序渐进的过程。从总体上看，婴幼儿对联合复句的理解优于偏正复句。其中，联合复句中并列复句占第一位（如：要……还要……，有……还有……等），但随着年龄的增长而逐渐下降；其次是连贯复句（……和……，……也……），递进复句（不但……而且……，先……再……然后等）和选择复句（或者……或者……等）也不断发展。在偏正复句中，常见的是因果复句（反正，其实，原来，因为……所以……等）、转折复句（只好，那么，非要，偏要等）和条件复句（要是……就……）。目前对婴幼儿的偏正复句使用的研究还较少，婴幼儿偏正复句发展状况如何，尚须进一步的研究。婴幼儿对复句的理解顺序主要取决于各种复合句所表达的事物关系的复杂程度和理解这种关系所需要的认知活动的困难程度，此外，句子的句法复杂性、句子中所用连词的特点对儿童理解复句也有一定的影响。

（四）说话不流畅，表达常有"破句"现象

> **案例 7**
>
> 30 个月的小宝见到下班的爸爸非常高兴，拿着奶奶买的玩具给爸爸看，爸爸问："小宝，这是什么呀？谁送的？""是奶……奶，这是车，遥……控车，可以……的车。"爸爸听了问："小宝，你说了什么？慢点说。"小宝又说一遍，稍微好了点儿，然而还是不够流畅，可是之前的小宝并不这样啊，这是小宝爸爸妈妈这个阶段非常头疼的事情。

为什么会这样呢？原来这一阶段幼儿经常会出现说话不流畅的现象，有时结结巴巴，有时一句话"破句现象"严重，显得气喘吁吁，往往在不该换气的地方换气，使人担心他是否口吃。实际上幼儿在这个阶段说话不流畅，不一定是他语言上的缺陷。他们虽然学到了许多新词，但要把这些词有条理地组织成句子说出来，仍有一定的困难。因为他们思维的速度往往超过他们说话的速度，说话跟不上思想，想说的东西太多，一下子选不到恰当的词，但又很心急地想要把它说出来，于是就变得说话不连贯，表现得犹豫不决或经常重复同一个单词或语句。这种情形看起来好像口吃，但对 3 岁的幼儿来说，说话不流畅、重复都是正常的、自然的现象。要是对此处理不当，反而会引起他们语言发展上的危机，语言发展的缺陷也就会在这个时期出现。

（五）言语功能呈现出越来越丰富、准确的趋势，口语表达能力增强

这一阶段幼儿已具有回答、提问、问候、告知、告状、争执、命令、请求等言语功能，呈现出功能越来越丰富、准确的趋势。幼儿对于某些言语功能常常会有阶段性的特点，表现出在某一阶段其某一言语功能比较突出。3 岁前幼儿的语言表达基本上是对话形式（即或

回答父母的问题,或向父母提出问题,获得解答,自己创造性的语言独白少之又少),这一方面是与幼儿词汇相对贫乏有关,另一方面也与幼儿语言运用能力有关,但更重要的是幼儿刚刚开始独立活动,还没有自己积累经验、体会、印象,也就是说幼儿还缺乏对世界的认识。3岁后随着幼儿独立性的发展、对世界认知能力的提高,幼儿独立表达自己意愿的需求开始出现并日益强烈,语言独白的能力也能随之不断提高了。韩扎德在《学会如何表达意义》(《learning How to Mean》)中,把儿童的语言交际功能划分为7种,即工具功能、控制功能、交流功能、个体功能、启发功能、想象功能、告知功能。2岁幼儿已掌握了这些初级功能,2—3岁时对这些初级功能的运用更加熟练。

(六)语言调节能力增强,自言自语现象逐渐减少

当婴幼儿能用自己的语言调节自己的行为时,他们的心理活动也随之迈上了一个新台阶。这个阶段的婴幼儿,语言的自我调节功能逐渐增强。

一般来说,思维语言可以理解为"内语言",这种不发出声音的"内语言"让我们更加的集中注意去理清思维,从而做出决定。对于婴幼儿来说,更多地是运用"外语言",来表达自己内心的思考过程,这就是前面讲到的婴幼儿的自言自语。当"外语言"发展到一定程度时,婴幼儿就会产生"内语言"能力,可以说婴幼儿嘟嘟囔囔、自言自语的时期是婴幼儿的"外语言"向"内语言"转化的时期,一旦婴幼儿开始使用"内语言"来思考,婴幼儿的自言自语也会逐渐减少甚至消失。

(七)进入"语法爆发期"

幼儿从2岁到3岁这段时期,在使用语法能力上有戏剧性的改变,通过强有力的语言工具,他们能够表达许多心中的想法和意图。到了3岁左右,母语里的每一项规则他们都已经能运用自如,这一阶段我们可以称之为"语法爆发期"。2岁的时候,幼儿开始把他们会的字组合在一起;27个月到30个月时,他们已经可以说3—4个字的句子了;等到31—33个月这阶段,他们平均句子长度可以达到5—6个字,还有很多较为复杂的句型;等到3岁时,当幼儿开始说出6个字及以上的句子时,我们还可以发现幼儿可以说出"附属句子"了。

(八)开始会说"附属句子"

这里所说的"附属句子",并不是指复句,而是一种较简单句更复杂的一种句型,如"我看见你坐下"或"看我烤面包"或"我觉得他不乖"等。这些句子里的受词本身就是一个句子,例如"我看到"是一个句子,看到的事情"你坐下"又是另一个句子,并且是动词看到的受词。幼儿正在学习将两个句子合成一个,这对他们来说是向前跨了一大步,因为这意味着他们可以造出更长的句子、包含着更多的意思在里面。

当你听到附属句子如"我们到家以后我可不可以吃冰激凌?""到了商店我可不可以买饼干吃?"后,接下来会听到连接两个句子的词"而且"和"但是",如"他说是我拿的,但是我真的没有拿"或"我想玩这个车子,而且他就有"。差不多在幼儿掌握语法层面的因果关系后,能够使用"因为"和"如果"的句子,类似"他不给我玩具,所以我打他"或"如果我

再吃两口青菜，我可以吃甜点吗"这两种句子是最困难的，因为它不只需要两个句子的整合，这两个句子之间还有某些关系存在。也就是说，幼儿似乎知道第二个句子（吃甜点）是无法获得满足的，除非他们做到第一个句子"再吃两口青菜"。

当幼儿开始使用对等句子时，他们已经算是语言社会里的正式成员了，他们不再需要父母做翻译，因为他们已经能够把感觉和意图表达得非常清楚。当然还是有需要加强的地方，不过，基本上将词汇组合在一起形成合语法的句子算是已经大功告成了。

（九）喜欢听重复的故事和重复的语言

案例 8

小宝快 3 岁了，非常喜欢重复别人的讲话，有时候会拿着同一本书让爸爸妈妈念给他听。

为什么会出现这样的情况呢？这其实也是幼儿语言发展的特点，重复听同一个故事和重复的语言是宝宝成长过程中常见的现象，有时候，幼儿在听同一个故事的时候，会说出接下来的故事情节或者察觉、补充一些成人遗漏的文字或情节时，成人一定不要吝啬自己的欣赏或赞扬，可以用肯定的话语或者动作来鼓励幼儿，如"哇，××真厉害"或向幼儿竖大拇指等，这样就能让幼儿感到自己的本领大，成就他的乐观与自信。

此外，幼儿在重复句子的过程中，不断地以自己的速度吸收、学习，加深对某些词汇的印象。有时候幼儿的接受水平和理解能力比较低，他们想在重复中不断地以自己的速度学习。可以说，在重复共读的环境里，在重复别人讲话的过程中，幼儿会以行动或语言来表示他已获得或学会的某些东西。在重复一段时间后，你会惊喜地发现孩子已经会背一整段儿歌了。因此成人不必大惊小怪，尽量去满足幼儿的要求。当然，成人也可以因势利导，引导幼儿在重复阅读中读出"不重复"的内容，让幼儿在更多的重复中习得更丰富的内容。

第二节　2—3 岁幼儿语言教育活动

一、24—30 个月幼儿的语言教育活动

（一）让幼儿多看、多听、多说、多练

1. 多看

要有计划地带领幼儿直接观察，直接接触外界物体，积累感性经验，在幼儿掌握语言之后，渐渐地才有可能间接地去认识世界。还可以让幼儿看图片、看图书、看电视、看电影等

获得现实的知识。只有有了丰富的生活内容和知识，幼儿才会拥有丰富多彩的语言。因此，在日常生活中，建议家长可以多带幼儿到图书馆、书店去借阅、购买幼儿喜欢的图书，逐渐培养幼儿阅读的习惯；教师可以在班级设置阅读角，放置幼儿喜欢阅读的图书，与幼儿一起翻看图书，引导幼儿正确翻书、看书。

2. 多听

培养幼儿注意地倾听，是发展他们口语的先决条件。幼儿学习语言，首先要学会听，能够听得准确、听得懂，才有条件正确地模仿——说。应该让幼儿觉得倾听是既简单又充满乐趣的活动，这一点很重要。可以让幼儿听录音故事，听成人讲故事，包括一些这一阶段幼儿非常喜欢的歌词重复的儿歌，比如《王老先生有块地》和《十个印第安男孩》。需要注意的是，成人的声音应该是生动的、抑扬顿挫的，与对成人说话时相比，成人对幼儿说话时语速要慢一点儿，这样说出的话更容易让幼儿听懂。同样，在句子之间要停顿一下，这样幼儿听成人说话会更加轻松。此外，也可以邀请幼儿与同伴进行简单交谈，互相倾听。听各种声音：乐器的声音，自然界的声音（风声、雷声、雨声……），动物的叫声，生活中的声音（起油锅声、打桩声、各种交通工具的鸣笛声……），听后让幼儿模仿、想象。

3. 多说

给幼儿创设说的环境，利用一切环境和机会随时随地与幼儿交谈。2 岁的幼儿进入了词语的快速增长期，在与成人的对话过程中，学着倾听、理解，随后组织词语进行表达，这能让幼儿迅速学到更多的词汇和对话技巧。成人应该尽量使交谈气氛轻松、自由，让幼儿说得无拘无束，这不仅有利于情感交流，也有利于幼儿形成对事物的正确态度。成人应注意给每个幼儿提供说的机会，让他们都得到发展。如在准备食物时，让幼儿把玩一下食材，说说它们的名称、颜色、形状等特征。进餐时，和幼儿一起聊聊烹饪后的食物，帮助幼儿建立其与食材之间的联系。

4. 多练

幼儿期的语言教育主要任务是培养幼儿正确发音，丰富词汇，教会他们说话。这些内容都得在语言实践中学习、掌握，这就必须让幼儿多练习，采用多种方法反复地练习。

> **拓展资料**
>
> **帮助幼儿积累词汇量的方法**
>
> 1. 根据事物选配修饰语：狗有什么样的？大的、小的、长的、毛的、灵敏的、好玩的、打猎的、报警的……根据修饰语来判断事物：绿色的、枝叶茂密的、白色树干的、长得整整齐齐的、芳香的——这是什么？白桦。
>
> 2. 给事物选配动作：风在干什么？刮起了尘土，吹掉了树叶，鼓满了船帆……根据动作选定事物：在天空发光，照暖了大地，驱散了黑暗——这是什么？太阳。给动作选配对象：什么东西会在水里游？鱼。什么东西会在空中飞？

飞机、蝴蝶、树叶……

　　3. 选状语：可以怎样地学习？很好地、懒洋洋地、很努力地……

　　4. 选同义词：大的、巨大的、庞大的

　　5. 填空：邮递员来了，他送来了（　　）。扫院子的人拿起了扫帚，他要（　　）。我要钉钉子，给我拿（　　）来。

　　6. 扩展或补充句子：孩子们出去。(去哪里？去干什么？)猫爬上了树。(什么树？为什么？干什么？什么时候？)

　　7. 一个整体的组成部分：树——树干、小树枝、大树枝。

　　8. 用指定的词(或几个词)造句。

（资料来源：苏联 B.H. 阿瓦涅索娃等. 学前婴幼儿教育［M］.
北京：人民教育出版社，1984.）

（二）鼓励幼儿同伴之间的自发模仿和相互交谈

　　2岁以后的幼儿常常会出现同伴相互间的语言模仿。1岁半的幼儿进托儿所时，除了哭叫以外，基本没有什么说话的声音。而2岁以后的幼儿则不同，他们午睡起床后会叽叽喳喳讲个不停。有的互相模仿，有的呼唤同伴，有的小声念儿歌，有的要求老师帮助，也有的向同伴或老师讲述某个问题，表现出在集体活动和自由活动中说话的基本态度。教师应该提倡和鼓励幼儿这种积极说话的态度，同伴间的自发模仿和相互交谈，会带给幼儿许多乐趣，增加相互间语言交往和学习的机会。因为练习说话和练习其他技能一样，需要有许多自由实践的机会。

（三）丰富生活实践，随时随地帮助幼儿正确使用语言

　　日常生活是幼儿学习语言的基本环境。在这个环境中丰富词汇，发展口语，有很多得天独厚的条件。在日常生活中，幼儿接触到的词句都是与具体的事物、动作同时出现的，即物与动作——词与句，总是同时作用于幼儿的视觉和动觉，对幼儿来讲凡是形象具体的事物，都比较便于建立音—义之间的联系，易于理解和掌握。

　　日常生活中的语言多是常用的、反复出现的，这样易于加深幼儿的印象和帮助幼儿理解。因为所有的词、句都不是听一听、讲一讲就能掌握的，而是经过反复出现、多次运用之后，才能真正理解词义，做到正确使用。成人应善于抓住时机对幼儿进行语言培养。例如：利用清晨、午睡、外出前等生活中的穿衣时间和幼儿对话，教幼儿正确说出各种衣服和身体各个部位的名称、对应关系，动手穿衣的过程能让幼儿体验、学说更多的动词，感知、理解"左""右"，情境中的对话交流，更易于幼儿学习运用语言描述自己正在做的事情。在盥洗时，教幼儿说出盥洗用具、五官和身体各部分的名称，固定的盥洗环节、方法有助于幼儿理解动作之间的先后逻辑关系，在盥洗的过程中与幼儿对话，能帮助幼儿理解"先、后"，并学习用"先……后……"的句式表达，也有助于良好盥洗习惯的养成。在散步时，主动向幼儿

介绍所见到的能理解的事物，同时丰富有关词句。

在日常生活中，成人最容易发现幼儿说话中的问题，如发音不准、用词不当、口吃或语病等。发现以上任何问题，都要通过示范予以及时纠正，否则养成不良的语言习惯再纠正，就会事倍功半了。当幼儿的句子过于压缩时，成人可以扩充他的句子。当幼儿表述不准确、不清楚时，成人一方面应耐心猜测他所要表达的意思，另一方面也要用恰当的语词来解释其行为，用正确、清楚的词句示范讲述。比如，当幼儿说"爸爸班"时，你可以说："是的，爸爸去上班了。"这种重复能够有效帮助幼儿提高说话的能力。在这个过程中，一定要让幼儿感觉是在进行自然的对话，而不是纠正他的错误——"黄金法则"就是你要先说"是的"。

由此可见，幼儿语言教育应创设条件、丰富生活内容，在实践中认识世界，发展幼儿的语言能力。

（四）在游戏中练习讲话

通过游戏练习讲话，可以在幼儿自由玩耍时，询问他们在玩什么东西（说出物体的名称），在做什么事情（说出自己的动作或活动内容），成人有时也可以扮演游戏中的一个角色与幼儿对话。如和宝宝一起玩娃娃家，成人可以扮演成"家"中的孩子，让幼儿当"爸爸"或"妈妈"，"孩子"故意向"爸爸"或"妈妈"提出许多要求，让幼儿在用语言处理和满足"孩子"的要求中练习说话。成人也可以当着幼儿的面利用玩具材料模拟日常生活中幼儿熟悉的情节，如煮饭、洗衣服等，边说边做，如："我把青菜烧一烧，烧好喂给娃娃吃。"让幼儿多听多理解，学习这些表达方法。此外，成人还可以启发幼儿模拟更多的生活情境，如招待客人、带娃娃出门散步等。

通过游戏练习讲话，需要注意以下两点：一是在游戏中，应帮助幼儿提高游戏技能，比如成人和幼儿一起玩"看医生"的游戏时，成人可以告诉幼儿医生会给病人开处方单；当成人扮演售货员时，可以给幼儿演示怎么称东西；成人也可以告诉幼儿各种玩具的不同玩法，这对幼儿来说非常有帮助。二是成人可以给游戏中的幼儿提出建议，但是请记住，建议仅仅是建议，不是指挥和命令，如果幼儿对你的建议没什么兴趣，就不要再坚持。加拿大曾进行过这样一个研究：第一组妈妈高度干预孩子的游戏，第二组妈妈让孩子自己做主玩游戏，结果显示第一组孩子的语言水平明显低于第二组孩子。

（五）组织多种形式的语言教育活动

语言教育活动是指有目的、有计划、有组织地进行集体语言教育活动。设计这类教育活动的出发点应是本班幼儿语言发展的一般水平，欲达到的语言发展目标是大多数幼儿力所能及的。通常，2—3岁的幼儿可以说一些三四个词组成的简单句，描述生活中发生的事件，这个阶段，成人可以通过组织形式多样的语言教育活动让幼儿学说结构复杂些的句式，帮助幼儿在日常交流时迁移运用这些句式，让语言更加丰富。语言教育活动的主要类型有看图讲述、欣赏文学作品、听说游戏、早期阅读等。

1. 看图讲述活动

使用图片来帮助幼儿进行讲述，是我们熟知的看图讲述活动，教师提供的图片可以是印刷出版的图片，也可以是由教师自己绘制的图片，还可以是半成品的边讲边绘画的图片。在指导幼儿观察理解并进行讲述时，教师需要帮助他们联想图片之外活动的形象和连接的情节。根据图片的运用和对幼儿语言上的不同要求，可以将看图讲述分为描述性的看图讲述、创造性的看图讲述、排图讲述、拼图讲述、绘图讲述等，针对这个阶段的幼儿，主要是描述性的看图讲述。

2. 欣赏文学作品

文学欣赏是一种能动的反映活动，是对作品再现的生活及作家在作品中表现的审美认识进行再创造和再评价的过程。

3. 听说游戏

听说游戏，是以培养幼儿倾听和表述能力为目的，用游戏的方式进行的语言教育活动，为幼儿创设的是学习快速敏捷反应的语言运用能力的情境。

4. 早期阅读

世界学前教育组织（OMEP）1997年国际会议的主题即"儿童与书"，认为"早期阅读是使幼儿获得口语、使用书面语言的物质基础，能提高读写技能，提高文化背景，扩展见识，使幼儿处于丰富的智力环境中，并激发其想象力和思维能力，促进婴幼儿情感和社会化的发展"。周国光认为"儿童习得语言的手段之一就是模仿"，因而合理地运用早期阅读可以让幼儿巩固旧词的学习。同时，通过接触、模仿运用新词，在早期阅读中，幼儿会掌握许多重要信息，比如，书是从左向右看的，文字和图片是有联系的，最重要的是，幼儿体会到了阅读充满乐趣。

因此，在这个阶段，应继续给幼儿提供阅读的空间和时间，重视幼儿良好阅读习惯的培养，如阅读时的正确姿势，阅读后将图书放回原来的位置等。成人可以和幼儿共同阅读，并且一边给他们看图画，一边讲解。这时候的幼儿往往会用心地倾听，自己也会对着图画指指点点。

此外，成人还应创设条件，让幼儿学会自己独立地看书，也要求幼儿边看边说图书或图片的内容。根据幼儿阅读进展情况适当添加图书，以提高幼儿阅读的积极性。

（六）引导孩子问问题和回答问题

常问问题的父母会有常问问题的小孩。家长或教师在生活中、教育活动中，要注意保持对话引擎不停地运转，并邀请幼儿回应自己的问题，成人要有足够的耐心引导幼儿多问问题。如听故事回答问题，成人在给幼儿讲故事之后，可以提一些这个年龄段孩子可以回答的问题，如"故事中的××做什么事情了？""故事中的××去哪里了？"等，让宝宝理清楚故事发生的时间、地点、人物和事件。当孩子在问出密集的"为什么"时，很多父母常常不理智地说了一大堆原来他们并不需要说的话，其实并不需要给幼儿太过详细的答案，简短地回答就可以了，幼儿并不见得真的想知道问题的答案，他们其实只是想试试"为什么"跟"怎么样"这种疑问句的使用方法。

二、30—36个月幼儿的语言教育活动

（一）提供丰富的语言学习环境，丰富幼儿的语言经验

幼儿语言获得是在一定的语言学习环境中进行的。语言学习环境一般可分为四类：人文背景、学习情境、学习者的条件、教学条件。而幼儿语言学习环境最大的特点是"自主性"和"和谐性"。成人应当为他们创设一定的言语交际环境和机会，实际上言语交际是在一定的语言环境中进行的听说双方的互动行为。幼儿对语言的理解需要对言语交际的语言环境有一定的认识，也就是幼儿言语交际和语言学习对语言环境有一定的依赖性，对语言环境的依赖程度我们称之为"语境依赖度"。如"我们走"，走到哪里去？别人无法知道，可是交际双方之间共知较多，就很容易明白我们一起到哪里去。幼儿的言语同成人相比，对语境依赖度明显要高。因此，幼儿语言的发展和训练，要在一定的语言环境中进行。由此可见，为幼儿创设一个与他们发展相适应的物质环境和心理环境，提供丰富的可听、可说、可讲的内容和宽松愉快的气氛，让幼儿想说、愿意说、大胆说是非常必要的。

比如："娃娃家"是非常受孩子喜爱的，可以在娃娃家放置一些深受孩子喜欢的娃娃，生活中常见的衣服、小床以及一些餐具。在游戏中，幼儿会模仿大人的动作洗菜、烧饭……他们在玩的过程中，不但学会讲"鸡蛋、水果、饼干……"等表示食物名称及生活用品名称的词汇，还会互相交流："我们烧饭给娃娃吃好吗？""娃娃别哭，我给你吃鸡蛋。""我给娃娃穿衣服。""娃娃睡着了。"因此，在丰富的游戏环境中，幼儿的语言能力可以得到有效的发展。

（二）组织幼儿进行讲述活动

讲述活动以培养幼儿独立构思和表述一定内容的语言能力为基本目的，给幼儿提供积极参与命题性质的实践机会。

讲述时，幼儿需要感知一定的凭借物，所谓凭借物，即讲述的对象，主要是指讲述活动中教师为幼儿准备的或幼儿自己参与准备的，如图片、情境、实物等，这决定了讲述内容的范围和指向，是十分重要的。幼儿借助对这一凭借物的认识和已有的生活经验，构思自己的独白语言。所谓的独白语言，就是需要幼儿独自构思，用完整、连贯的语言将内心的感受和体验表达出来，并能得到他人的理解。不同讲述内容有不同的思维方式，也有不同的逻辑顺序，这对幼儿的观察力、记忆力、想象力和思维能力都是极高的挑战。

拓展资料

活动名称：讲述"一张照片"

活动目标：让幼儿学会用"谁在哪里干什么"的句式叙事。

活动过程：要求幼儿具体描述：照片上都有谁？他们在哪里？他们正在干什么？引导幼儿用同样的句式回答。

活动说明：印象深刻的生活经历，更能激发幼儿的表达欲望。通过照片等形式记录下生活场景，通过翻阅照片的方式，与幼儿一起回忆，聊一聊发生过的事

情,幼儿会很乐意表达。在与成人的对话叙述中,他能学到更多的表达方式,在成人的反复提问、幼儿表达的过程中,学会用"谁在哪里干什么"的句式叙事。

(三)欣赏文学作品,重复和理解作品内容

文学作品是促进幼儿语言发展的重要手段。它可以让幼儿学习文学语言,丰富词汇,提高倾听能力。

儿歌、故事等幼儿文学作品,用的都是经过作家提炼加工的文学语言,具有生动、形象,富有节奏感等特点,易于被孩子理解和接受。文学语言的早期输入,对提高幼儿对语言艺术的兴趣和敏感性、文学语言模式的"储存"、早期"创作欲"的激发、艺术思维的萌发都具有积极的作用。

1. 以感受为主

俄国幼儿文学奠基人别林斯基曾经说过:"婴幼儿文学正面的直接的影响,都应当集中于婴幼儿的感性,而不应当集中于他们的理性。"也就是说要反复地让幼儿欣赏、感受幼儿文学作品中美的语言、美的情节、美好的主题、美好的生活。幼儿往往很喜欢反复听同一个故事,百听不厌正基于此。

2. 复述

复述是幼儿学习、重复和模仿文学作品的表述语言、再现文学作品的一种手段。它可以加深文学作品的教育效果,促进记忆、思维和连贯性言语的发展。

复述不是完整作品的重复讲述,有时可以是一个优美的词或一个句子的复述,有时可以是幼儿感兴趣的一段对话或一些动作的重复讲述。成人可以让幼儿反复地听,反复地说,甚至也可以用表演的方式来帮助幼儿再现作品的有关内容。

拓展资料

活动名称:儿歌《亲一亲》

活动目标:

① 初步理解儿歌内容,引导幼儿边表演边有节奏地念儿歌。

② 鼓励幼儿运用个人经验想象,尝试根据儿歌原有句式进行仿编。

③ 愿意参与活动,体会仿编儿歌带来的乐趣。

活动过程:成人通过边做动作边有节奏地念儿歌来激发幼儿对儿歌的兴趣。然后引导幼儿边表演动作边念儿歌。在熟悉理解儿歌内容的基础上,成人可以先做示范,替换儿歌中的内容,鼓励幼儿进行仿编。

活动说明:通过文学创编活动,可以引导幼儿理解语言结构形式与语言内容的关系,即不同的思想内容可以通过同一种语言结构表达出来;同时,还可以鼓励幼儿大胆想象,创造性地进行词语的搭配组合,表达丰富多彩的思想内容。

附儿歌《亲一亲》

小手亲小手，啪——啪——啪啪啪

小脚亲地板，咚——咚——咚咚咚

小碗亲小碗，叮——叮——叮叮叮

小勺亲小勺，当——当——当当当

（四）组织幼儿进行谈话活动

谈话可以是幼儿学习在一定范围内用语言与人进行交流的活动。谈话常常围绕一个中心话题，运用已有经验，宽松自由地在一起交谈。话题常常是交谈的中心和主线。这一阶段幼儿的语言表达方式主要是对白语言，其独白语言发展较慢，尚不能独立叙述一件事情的过程，而交谈往往采用的是对白语言。所以组织谈话活动是促进幼儿语言发展的较好方式。成人可以和幼儿进行随机的日常谈话，也可以有目的、有计划地组织集体谈话活动。

1. 日常生活中的谈话

这是谈话活动中的一种重要形式。随着语言教育改革的不断深入，人们越来越深刻地意识到，日常生活中的谈话是发展幼儿口语的重要途径，它带有极大的情境性和感情色彩。交谈的话题极其丰富，交谈的对象经常变化，交谈可以在任何情况下开始或结束，不受时间、空间、年龄对象的限制。这种谈话活动主要有两种形式：

（1）日常个别谈话

在一日生活的各个环节，如晨间来园、晨间活动、关系、游戏、活动过渡的间隙、离园等时间内，教师都可以利用这些零散的时间与部分幼儿就某个话题进行交谈。但这种交谈并不是随意进行的，而是经过一定的计划和准备的，教师要考虑好本次谈话要与哪些幼儿交谈，谈什么，在交谈中发展他们的哪些言语技能和态度。教师应该把这部分内容列入一日活动计划中。例如，早晨来园时，教师计划与班上较内向、语言能力相对较弱的幼儿交谈："今天谁送你来的呀？""你的手帕真漂亮，上面有些什么好看的动物？""来园的路上都看到了谁呀？"通过日常生活中的个别谈话交流，主要目的在于增强个别幼儿的自信心，调动幼儿参与活动的兴趣和积极性。

（2）日常集体交谈

与个别谈话相比，日常集体谈话的话题更自由，可以同时有多个话题。形式更活泼，可以是师生间的谈话，也可以是同伴间的谈话或是师生、同伴间的讨论等。这种谈话也遵循着"自由参加"的原则，幼儿可以参加谈话活动，也可以从事其他活动。例如，在每日散步时，教师可以就园内的花草树木或其他的环境变化与幼儿进行交谈和讨论。教师可以问："滑梯旁新添的轮胎秋千可以怎么玩？你们猜一猜，是谁把它搬到这儿来的？我们要怎样爱护轮胎秋千？"等。通过这样的日常集体谈话，教师既可以为幼儿提供机会锻炼他们的表达能力，又可以培养幼儿的观察力和注意力。

2. 有计划的集体谈话活动

这类活动需要教师制定一定的计划和教育活动方案，依据事先确定的话题，有目的地组织幼儿进行。谈话的话题可以各式各样，凡是幼儿熟悉的或是与他们的生活紧密相关的，都可以加以选择。这些题目可由教师拟定，也可以请幼儿参与拟定。主要话题有：

我最喜欢的……（人物、动物、玩具、图书、衣服等）

我和周围的人（爸爸妈妈、爷爷奶奶、老师及同伴等）

我和节日（六一国际婴幼儿节、国庆节、春节、三八妇女节等）

我参加的一些活动（春游、参观、访问、旅游、探亲访友等）

周围环境的变化（花草树木、建筑物、道路、居住环境等）

由于这类活动需要事先进行精心设计和准备，因此在指导活动过程中，教师要注意以下两点：第一，要努力创设良好的语言环境，鼓励每个幼儿都能积极地发表自己的看法和见解。第二，要增加幼儿语言交往的密集度。活动过程中，教师不仅要让幼儿自己说，还要让他们积极地与同伴交谈，与教师交谈，在交谈中学习他人有用的经验，不断提高语言运用能力。由于有计划的谈话活动对幼儿的有意注意、有意记忆及言语能力的要求较高，因此可以根据班级幼儿语言发展水平的实际情况进行组织。

> **拓展资料**
>
> 活动名称：我的爸爸
>
> 活动目标：
>
> ① 引导幼儿围绕"我的爸爸"谈话，学会用简短的语句介绍自己的爸爸。
>
> ② 鼓励幼儿养成安静地听同伴谈话、轮流交谈的习惯。
>
> 活动过程：通过提问、示范的方式引导幼儿说说自己的爸爸。
>
> 活动说明：爸爸是幼儿非常熟悉的话题，贴近幼儿的生活，幼儿非常有兴趣，能够激发幼儿共同的谈话和讨论的兴趣。

（五）在听说游戏活动中发展幼儿的语言

听说游戏活动是以培养幼儿倾听和表述能力为目的，用游戏的方式组织幼儿进行的语言教育活动。

1. 练习听力的游戏

良好的听力是清晰发音的前提，发展听觉的灵敏度就是要发展辨音能力。练习听力的游戏，主要是发展幼儿能分辨各种大小、强弱等不同性质的声音，发展听觉注意。

> **拓展资料**
>
> 游戏名称：猜猜，谁在学动物叫
>
> 游戏目的：训练幼儿能准确区分熟人的声音和一些动物的叫声。

游戏方法及规则：在托儿所班上进行时，教师可以要求全班幼儿都闭上眼睛，然后指定一名幼儿学一种动物的叫声，如公鸡、小猫、小狗、老牛等的叫声，让听的幼儿猜一猜刚才是谁在学动物叫。

游戏延伸：这个游戏也可以在家里玩，由家里的成人来学动物的叫声，让幼儿来分辨。

2. 练习发音的游戏

练习发音游戏的内容、规则和过程都要根据幼儿发音的特点来确定。2岁以下的幼儿适合在日常生活中纠正发音，2岁以上的幼儿适合运用游戏的形式。成人选编这类游戏时，要注意游戏的内容要尽量简单，不要把几个难发的音同时组织到一个游戏中。游戏要有趣味性，让幼儿在玩的过程中，自然地练习发音。

为使幼儿有模仿的榜样，成人不能仅仅是一个游戏的组织者，还应该是一个游戏的参与者，以正确的发音给幼儿示范。在家庭中主要是个别练习，而在托儿所里，教师除了要注意组织全班幼儿练习外，更应着重于个别幼儿的单独练习。教师必须注意倾听每个孩子的发音，发现错误要及时地进行正确的示范。

拓展资料

游戏名称：送南瓜

游戏目的：教幼儿练习正确发"n""l"音。

游戏方法及规则：教师可用纸浆做几个南瓜或在纸上画几个南瓜，请若干名幼儿，沿着圆圈边走边念"小篮子，手中拿，我给奶奶送南瓜"。念完后站在一名幼儿面前，将篮子交给对方，交换位置坐下，后者接过篮子继续送南瓜。

游戏延伸：对于一些幼儿不容易发出的音，教师可以专门找一些相关音的字，编成较为顺口的儿歌教给幼儿，让幼儿在练习中不断进步。

3. 练习用词的游戏

选择或自编练习用词的游戏时，先要确定游戏的内容，如丰富和巩固哪些词，然后要考虑这些内容如何在游戏规则中体现。因为游戏规则是完成内容的保证。在游戏过程中，成人要以极大的兴趣，把幼儿吸引到游戏中来，同时要提醒幼儿遵守游戏规则，以使幼儿获得正确的练习。

拓展资料

游戏名称：开商店

游戏目的：正确说出商品的名称、颜色和用途。

> 游戏方法和规则：由成人当售货员，为幼儿准备一系列的日常生活用品或水果蔬菜，请幼儿依次购买商品。购买时一定要说出商品的名称、颜色和用途，如："我买香皂，白色的，洗澡用的。""大青椒，绿色，用来吃的。""漂亮的裙子，黄色的，我喜欢穿。"说对了才能卖给他。

这个游戏可以重复玩很多次，售货员也可以让幼儿来当。玩这个游戏前，成人可以带幼儿到超市去仔细观察，看看超市都有哪些东西可以卖。

（六）开展早期集体阅读活动

在托儿所开展有目的、有计划、有组织的早期集体阅读活动是大有裨益的。一是教师与幼儿在集体阅读时，可以帮助幼儿获得最佳的阅读效果；二是幼儿在集体阅读活动中可以和同伴分享集体阅读的快乐，从而提高幼儿参与阅读的积极性；三是在集体阅读中，教师可以及时发现幼儿的阅读需要，从而提供恰当的帮助。

然而需要注意的是，幼儿的阅读不同于成人的阅读：在阅读材料上，成人主要阅读报纸书刊网络信息等，而幼儿主要以阅读图画书为主；在阅读对象上，成人主要以文字阅读为主，而幼儿的阅读遵循着从图画到文字的过程，而且主要以图画为阅读对象。

拓展资料

> 活动名称：《一个男孩、一条狗和一只青蛙》绘本阅读
> 活动目标：通过观察画面，帮助幼儿理解因果关系，并愿意用语言表达。
> 活动过程：
> ① 开始阅读前，教师可以和幼儿做命名游戏，指认画面的动物及其他物件。
> ② 通过点指细节，如横着的树干等，引导幼儿关注情节之间的因果关联。
> ③ 鼓励幼儿从单个词汇开始，逐步完整地讲述一句话。
> ④ 教师记录好幼儿讲述的内容，配合画面读给幼儿听。
> ⑤ 教师可以根据画面配上一定的语气词，更好地引导幼儿理解画面情境、情节等。
>
> 活动延伸：让幼儿拿着这本无字书给家里人讲讲，可以说这种方式也是幼儿对绘本的一次再创作。

教师可以选择大部分的语句只包含3个重要词语的图画书，比如"奶奶弄丢了她的帽子"，或者"她吹灭了蜡烛"，此外，幼儿非常喜欢了解"大"和"小"、"多"和"少"之类的数量概念，所以可以选择涉及这些数量概念的书籍。

需要注意的是，开展早期阅读活动的目的在于让幼儿养成良好的阅读习惯和阅读行为，旨在让幼儿会在成人的提示下做出与图画书主角相应的动作和表情，能用口头语言来叙述

图画书的内容，能根据自己对图画书的理解，产生与主角或主要人物相应的情绪，表现出移情性的反应；能较为连贯地叙述所阅读图画书的主要情节，在叙述过程中会较多地使用图画书中的语句；能在日常生活中会有意识地联想起自己看过的图画书并用图画书中主角的行为，来调节自己的行为；能在阅读完一本图画书之后，会表达自己是否喜欢所阅读的图画书，并能初步说明原因，还会表达自己对主角或主要人物特征的理解和喜好。在早期阅读活动中，能初步形成"图画—口语—文字"三者之间的联结。

本章小结

2—3岁是幼儿基本掌握口语阶段，这一阶段将持续到入学前，其中，初步掌握口语阶段的语言发展特点是：基本上能理解成人所用的句子；语音逐渐稳定和规范，发不出的语音逐渐减少；能运用多种简单句句型，复合句也初步发展；疑问句逐渐增多；语言常常使用接尾策略。目标口语初步发展阶段的语言发展特点是：词汇量迅速增加，对新词感兴趣；能抽象句子规则，常表现出系统整合的语言内化能力；能说出完整的句子，出现了多词句和复合句；说话不流畅，表达常有"破句"现象；言语功能呈现出越来越丰富、准确的趋势，而适宜的语言教育活动可以促进幼儿语言的发生发展。

延 伸 学 习

 拓展阅读

宝宝的思维能力，不是问几个"为什么"就能培养的

读书的时候，教授经常会带我们参观美国的幼儿园和小学。和美国孩子互动得多了，我最深的体会之一是美国孩子的独立思考能力都特别厉害，对事情都有自己的理解，而且能讲出一些道理，来支撑自己的观点，不会人云亦云。

今年给苏宝选纽约这边的幼儿园时，有一家幼儿园的教育理念我很喜欢。园长发现我们互相是哥大教育学院的校友，很高兴地约我一起喝杯咖啡，我也趁这个机会和她聊了不少我在育儿方面的疑问，其中就包括学龄前宝宝的思维训练该如何进行。

园长和我分享了一个训练思维能力的模型，叫做"Bloom归类法"：

这个三角模型把人类的思维能力分成了六个层面，最早是由教育心理学家Benjamin Bloom提出的，在北美很多学校被老师用来培养孩子的思维能力。

训练宝宝思维能力的关键是家长和老师会提问，思维训练可以从宝宝会说话就开始。如果宝宝到了一定年龄，认知还停留在"是什么"的层面，不懂得应用、分析和创造，那是因为没有人去引导和启发他，问一些更深层次的问题。

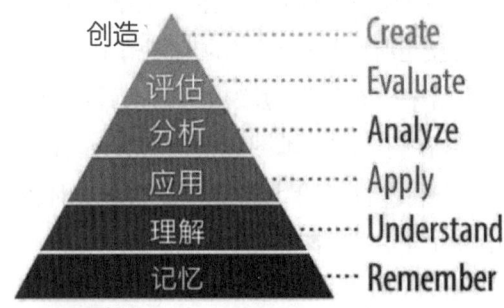

举个例子,在读《丑小鸭》这个故事的时候,针对不同年龄段和思考能力的孩子,可以参考这个模型对孩子提不同层面的问题。

1. 记忆

丑小鸭的家在哪?

农场上有没有小鸡?

丑小鸭的羽毛是什么颜色?

2. 理解

为什么丑小鸭会离开家?

丑小鸭和其他小鸭有什么不同?

这个故事主要讲了什么?

3. 应用

除了离开农场,丑小鸭还有其他办法解决问题吗?

如果你是丑小鸭,你会怎么做?

4. 分析

这个故事给了我们什么结论?

如果丑小鸭不离开农场,会发生什么?

如果丑小鸭和其他小鸭一样,故事的结局会有什么不同?

5. 评估

你觉得农场上的动物应该欺负丑小鸭吗?

你希望给丑小鸭哪些建议?

6. 创造

如果是你来讲这个故事,你会怎么改写?

园长建议我参考 Bloom 三角模型,从最底层的"记忆"层面开始,宝宝掌握了一个层面的能力后,再上升到新的层面,逐渐加深问题的难度。

我一直利用 Bloom 模型对苏宝进行思维训练,实践了一段时间后,我的心得是:

提问是重要的思维训练工具,但是一定要循序渐进,尽量不要问孩子他根本回答不了的问题。

很多家长并不是不愿意对孩子提问,而是问的问题太难了,孩子回答不了,对思维训练是没有帮助的。问得对比问得勤更重要。比如2岁左右的孩子,是不太可能回答"你希望给丑小鸭哪些建议"这样的问题的。

宝宝的思维能力发展是阶梯性的,但是一定要尊重孩子的认知发展进度,从最底层的思维能力开始训练。对于3岁以下的宝宝,刚开始思维训练时,问题一定要具体、具体、再具体。

比如:丑小鸭住的农场上有哪些动物?(具体)

而不是:丑小鸭在农场遇到了什么困难?(过于抽象)

苏宝现在不到2岁,思维训练还停留在记忆和理解的阶层。我们读绘本的时候,绝大部分时候我们的问题都集中在"是什么""有多少"。

千万不要小看记忆和理解这两个层面的思考力,虽然它们似乎和创造性无关,但其实是高层次思维能力的基础。记忆和理解能力强大的孩子,才能有更丰富的高层次复杂思维。

思维训练的过程中,怎么才知道宝宝准备好进入下一个思维训练阶段了呢?你可以尝试在和宝宝对话的过程中,引入一些逻辑更复杂的陈述。比如和苏宝一起读绘本的时候,我会对她解释:因为小羊驼很想妈妈,所以他有点难过。这只是陈述,而不是提问,如果宝宝对这句话没反应是很正常的,但是大人重视用逻辑用语和宝宝交流,也会给宝宝潜移默化的影响。如果你发现宝宝对你这句话感兴趣,甚至在尝试模仿了,就可以逐渐引入因果关系的思维训练了。

(资料来源:摇篮网)

 学习活动

日常生活中,观察2—3岁幼儿的各种表现,可以对照本章学习的内容,看一看幼儿是否达到了这一年龄阶段会出现的正常反应。

 复习与思考

1. 简述25—30个月幼儿的语言发展特点。
2. 简述31—36个月幼儿的语言发展特点。
3. 试论述25—30个月幼儿语言教育的主要内容。
4. 试论述31—36个月幼儿语言教育的主要内容。
5. 根据25—30个月幼儿的语言发展特点,设计符合这一阶段幼儿语言发展水平的语言学习的小游戏。
6. 根据31—36个月幼儿的语言发展特点,设计符合这一阶段幼儿语言发展水平的语言学习的小游戏。

第七章　早教机构中婴幼儿的语言指导

学习目标

1. 了解早教机构语言活动的具体内容与组织方式。
2. 理解与掌握早教指导活动中教师指导的内容与方法。
3. 对早教教师的工作产生认同感。

第一节　早教机构中语言教育活动的特点与目标

近年来，0—3岁早期教育受到人们的广泛关注。国内已有的早期教育机构主要有两类：一类是招收2—3岁幼儿的幼儿园托班，这类早教机构的课程是直接面向幼儿组织教养活动的，教师和幼儿之间开展的形式多样互动活动；另一类是非全日制的亲子园、早教中心等早教机构，由家长带着幼儿来接受早教服务。

由于服务定位的不同，早教机构课程的组织实施形式也不同。当定位于直接促进幼儿发展时，课程是面向幼儿来实施的，活动是教师联合家长共同与幼儿之间展开的互动，家长仅仅是"旁观者"；当定位于家长进行育儿指导时，课程主要借助于亲子互动的方式向家长传递育儿观念、育儿知识，活动是教师、家长和幼儿之间展开的三方互动，这类的活动是"早教指导活动"。

本文中的早教机构特指以"指导"为活动理念，形成教师、家长、幼儿三方互动的模式，创设适宜幼儿全面发展的环境的早教指导中心。

一、早教机构中语言活动的特点

（一）三方互动

相对于幼儿园，早教机构最核心的内容是教师、幼儿和家长三位一体的关系。教师与幼儿的互动体现为教师设计、组织、实施亲子活动使幼儿主动快乐地参与并获得发展；家长与幼儿的互动体现为家长作为早期教养的主要角色，主动引导幼儿参加活动，陪伴幼儿完成游戏过程,并随时准备为幼儿提供帮助、鼓励和指导;教师与家长的互动体现在教师在示范的过程中,向家长阐释活动价值与幼儿语言发展的特点,在亲子互动中,教师作为观察者和指导者,指导家长进行亲子互动,游戏结束时,对幼儿的语言发展特点和家长的指导状况作出分析并为家长提供在家庭中进行活动迁移的方法。

(二)幼儿个体差异较大

0—3岁是人的一生中成长发育最快的阶段,月龄越小,个体之间发展的差异就越大。目前早教机构的班级常以3个月或6个月为一阶段来划分,幼儿之间的差异也是很大的,例如同一个班级中20个月的"小蛋糕"已经可以模仿妈妈说5个字的短句子,19个月的"青青"只能在跟老师打招呼的时候说一个单字"好"。另外,婴幼儿的发展是模糊且整体的,语言活动更要强调综合性,活动中渗透认知、动作等不同元素,促进婴幼儿的全面发展。

(三)家长层次不一

在日常观察中,女性家长比男性家长会更主动地和教师交流,也会耐心听取教师的意见,而男性家长则很少主动和教师交流。可能因为教师也是女性居多。因此,女性家长与教师之间更容易沟通,她们也最易成为早教工作强有力的支持者。而男性家长,他们更多的是当幼儿出现了急需解决的问题时希望从教师那里获得方法或帮助。在调查观察中,我们发现年纪大的家长,特别是隔代家长,更关注幼儿的身体、饮食等生活方面的情况,对幼儿过于娇惯,很少关注幼儿其他方面的表现。经常在早教中心活动时,任由幼儿到处乱翻,很少引导他们物归原处。年轻的家长,也就是父母,他们关注的则较为全面,如幼儿智力、身体等各方面的表现。每一位家长对自己孩子的期望值是不一样的,有的要求很高,有的则"很低",甚至不提任何要求,总说:"孩子大了自然会知道的。"另外,家长受教育程度不同,对幼儿的教育观念也不同。一般来说,家长的文化程度越高,其掌握的有关家庭教育的知识就越多,他们主动学习家庭教育知识的愿望也会更强烈。

二、早教机构中语言活动的目标

教育活动开展前要有教育目标。制定教育活动的目标是活动设计中最重要的一环,它的恰当与否将对活动设计产生决定性的影响。教师在制定活动目标时应当遵守幼儿自身语言发展的水平,以幼儿能够达到的能力为依据。立足于婴幼儿已有的语言发展水平设计活动和投放材料,为他们提供练习的机会,在此基础上再确定发展性的新目标,同时活动延伸部分给出家庭教养的建议,为语言发展提供支持。

(一)幼儿语言发展目标

1. 总目标

1984年卫生部颁布《3岁前小儿教养大纲》,其中语言发展方面规定的教养任务是:

(1)引导小儿笑出声音,从咿呀学语到掌握一定的词汇,并正确发音。

(2)发展小儿理解语言的能力,逐步懂得一些周围事物中常接触的生活知识。

（3）培养小儿利用语言和成人交往，并表达自己的要求。

（4）通过成年人正确的语言教育，培养小儿的注意观察、思维与记忆等，并培养良好的道德品质。

2. 具体目标

《3岁前小儿教养大纲》中语言的发展分月龄提出了具体的要求，如下表。

表7-1 《3岁前小儿教养大纲》

	语言发展的一般规律	教养内容和要求
1	2个月的婴儿有时伴着微笑能发出声音。	成人要经常和婴儿说话，给他唱歌，或听一些音乐，发展婴儿的听力。引婴儿微笑。
2	3—4个月的婴儿能咿呀学语，逗引时能大声笑。5个月会拉长声发喉音，能将头转向叫名字的人，成人与婴儿说话时，有手脚不断活动的反应。	成人在和婴儿讲话时，要引导婴儿牙牙学语，手脚不断活动。培养婴儿对声音的反应，能将头转向发音的方向。引婴儿用发音回答。
3	6个月的婴儿能发出比较复杂的声音，用不同声音表示不同反应，能分辨和蔼与严肃的表情和声音。	成人用温柔的声音表示鼓励、用严肃的声音表示禁止，培养婴儿分辨声调。
4	7—8个月能发"爸""妈"等音节，有理解简单语言的能力，如能用眼睛找所问的东西。能做简单的回答性动作，如说再见时知道摆手，不要的东西就摇头。	① 培养婴儿理解语言的能力，引起婴儿用语声和动作回答。如指出某一物品，或熟悉的人在哪里，训练婴儿用眼睛找或用手指出。 ② 培养婴儿在成人提醒下，做一些简单的动作。
5	9—11个月认识常见的人和物，会模仿叫"爸爸""妈妈"。	① 对婴儿进行语言发展的训练，通过日常生活所接触到的物品和动作，使他理解这个单词的意义，并逐步发展对各种声音的模仿。 ② 培养婴儿模仿成人的发音，从发单音到随成人重复一些音节，如"爸爸""妈妈""咿咿"。
6	1岁—1岁3个月会用单词表达要求，会主动叫"爸爸""妈妈"。	启发小儿用单词表达自己的愿望，引导小儿称呼亲近的人。
7	1岁3个月—1岁半会说一些简单的词，如"再见""给我""不要"等，会说出自己的名字，对不会说的词有时会用表情来代替，认识自己的床位和衣服。	① 通过日常生活所接触到的事物，引导小儿将语言与实物或动作联系起来。 ② 利用玩具、看图片及游戏等方式发展语言。

	语言发展的一般规律	教养内容和要求
8	1岁半—2岁语言逐渐发展，词汇增加，会说由3—4个字组成的短句。2岁时知道常见物名称，喜欢跟着成人学语。唱歌，说歌谣，并且爱重复结尾的语句。	① 充实丰富小儿生活，使他们对周围环境发生兴趣，引导鼓励他们能简单地说出周围成人的称呼、人体某部位的名称、日常生活中常见物品的名称，认识托儿所，知道两三种常见交通工具名称，知道两种常见水果、蔬菜，常见动物的名称。 ② 培养儿童正确发音，教小儿由单词逐步会说由3~4个字组成的短句。 ③ 给小儿讲故事、看图片、教简单儿歌，发展小儿的语言。 ④ 对语言发展较为迟缓的小儿要做个别指导、启发、鼓励、多多练习，使其语言发展达到一般水平。
9	2岁—2岁半开始会提问题，会说出完整的句子，能说明一件简单的事情，会说简单的儿歌，爱听故事，能唱短歌。	① 启发小儿提出和回答问题，避免以手势来代替语言。成人要认真回答小儿的提问，同时注意培养小儿发音清楚，用词准确。 ② 通过一日生活各项活动，发展小儿语言，要创造条件，扩大小儿眼界，使他们多听、多看、多说、多问、多想。除必要纪律外不限制小儿讲话。 ③ 通过短时间的语言、作业、听故事、朗诵儿歌、看图讲述，认识社会环境和自然环境等，发展小儿的语言。
10	2岁半—3岁已能将词联接成有秩序的语言，语言的内容与结构开始复杂起来，同时语言开始成为交际及认识自然现象和社会环境的主要工具。会用简单的词句表达自己的愿望，并能讲述自己的印象，会讲出故事简单情节。	① 教小儿正确运用词类说出较复杂的句子，鼓励小儿用语言表达自己的愿望，使语言成为与成人及小儿相互间交往的工具。 ② 成人讲话时语言要正确，尽量使用普通话，教育小儿要用富有感情、有表现能力的语言，并用语言进行常识教育。 ③ 语言作业时间逐渐增至10分钟左右，会背诵简单儿歌，听完故事能讲出简单情节及主要人物，会表演游戏。

2008年上海市教委印发的《上海市0—3岁婴幼儿教养方案》对语言发展方面也分月龄提出了观察要点。

表7-2 《上海市0—3岁婴幼儿教养方案》

月龄	观察要点
2—3个月	• 开始将声音和形象联系起来，试图找出声音的来源。 • 对成人逗引有反应，会发出"咕咕"声，而且会发a、o、e音。 • 常喜欢咬书或拉扯图书，有时会安静地看图书。

(续表)

月龄	观察要点
4—6个月	• 咿呀作语，开始发辅音，如d、n、m。 • 看见熟人、玩具能发出愉悦的声音。 • 呼他名字会转头看。
7—9个月	• 能反复发出"Ma-Ma""Ba-Ba"等元音和辅音，但无所指。 • 试着模仿声音，发音越来越像真正的语言。 • 会试着翻书，喜欢以前听过的故事。
10—12个月	• 能懂得一些词语的意义，如问："灯在哪儿呢？"会看灯；向他索要东西知道给。 • 能按要求指向自己的耳朵、眼睛和鼻子。 • 能说出最常用词汇，如"爸爸""妈妈"。 • 出现难懂的话，自创一些词语来指称事物。 • 用动作表示同意或不同意（点头、摇头）。
13—18个月	• 开始知道书的概念，如喜欢模仿翻书页。 • 开始重复别人说过的话。 • 能用少量语汇表达一定的意思，如说"抱"表示要大人抱抱。 • 开始出现两三个字组成的动宾结构的句子表达意思，如"婴儿吃""妈妈抱""要去"等。 • 模仿常见动物的叫声。
19—24个月	• 开口表示个人需要。 • 能记住生活中熟悉物放置的固定地方，如糖缸。 • 对声音的反应越来越强烈，喜欢听重复的声音，如一遍又一遍地听一首歌、读一本书等。 • 能说几个字的简单句，如"囡囡要糖"等。 • 能分辨一本书的封面及基本结构，开始辨认书中角色的名字，会主动看图讲述。
25—30个月	• 听完故事能说出讲的是什么人、什么事。 • 会用几个"形容词"。 • 会用"你""我""他"，会用连续词"和""跟"，会使用副词"很""最"。 • 能说出常见物品的名称和用途，词汇量发展迅速。 • 会使用七八个词组成的句子进行简单的叙述。 • 会背诵简单的儿歌，且发音基本正确。 • 开始理解事件发生的前后顺序。
31—36个月	• 会问一些关于"是什么""为什么""是谁""在哪里"的问题。 • 在成人引导下，理解故事主要情节。 • 认识并说出常见的物品、动物名称，词汇量较丰富。 • 运用字词的能力迅速增加。 • 能说出有几个词的复杂句子。 • 开始运用"你们""他们""如果""但是"等词。 • 知道一些礼貌用语，如"谢谢"和"请"，并知道何时使用这些礼貌用语。 • 知道家里人的名字和简单的情况。 • 喜欢自己看图画书。 • 会回答简单的问题。

（二）对家长的教育指导目标

早教机构集体活动中，教师不仅要教育引导幼儿，还要对家长进行科学指导，以提高家长的科学育儿水平。因此，活动目标不仅指向幼儿，也要指向家长。对家长的教育指导目标应该是：1.指导家长树立科学的育儿观，采用科学方法，进行有效的亲子游戏；2.建立融洽的亲子关系，促进幼儿身心健康发展；3.不断提高自身能力，规范语言，做出正确的示范。

第二节　早教机构中语言教育活动的集体指导

一、早教机构中集体语言教育活动的内容

语言是以语音、字形为物质外壳，以词汇为建筑材料，以语法为结构规律而构成的体系，是人类最重要的交际和思维的工具，对人的认识过程和认知结果具有非常重要的影响。婴幼儿正处于语言发展的关键期，这个阶段婴幼儿的语音、词汇、语法等均处于"蓄势待发"的阶段，他们从发声练习、单音重复、以词代句逐步发展到运用语言与周围的人进行较为自由的交谈。语言能力的开发对婴幼儿及其将来的语言发展、认知发展以及社会性发展都将产生积极的作用。

（一）专门的语言教育活动

早教机构通过专门的教育活动来推动婴幼儿语言以及其他领域能力的发展。集体语言活动又分为听说活动和阅读活动。

1. 听说活动

听说活动是通过游戏的形式提高婴幼儿倾听能力，运用语言与他人进行交流的语言教育活动。听说活动主要是提高婴幼儿听觉敏感性，倾听的兴趣，培养婴幼儿听到声音、指令、手势时做出反应，发出基本语言，尝试表达自己的愿望，学说简单的语句，培养口语表达能力。

（1）积极示范，辅助理解

由于婴幼儿年龄小，声带发育还不够完善，对语言的理解和表达能力有限，有些词汇和句子他们能听懂但不会说，这就需要教师、家长的示范。教师、家长在示范时要做到口型夸张、语速放慢，还可以配上肢体语言帮助婴幼儿理解，同时要引导婴幼儿眼睛看着成人的口型，这样便于婴幼儿模仿学习。

案例1

19—24个月的宝宝会说3—5个字的句子。《好吃的水果》活动旨在让宝宝尝试认识并说出常见水果的名称、颜色和形状。教师从箱子里摸出一个苹果对着家长和宝宝说"苹果""红苹果",接着边用两只手做成圆形边示范说:"圆圆的苹果。"教师用肢体语言帮助宝宝理解"圆圆"的概念,并引导宝宝进行模仿。教师又用同样的方法示范"香蕉"。接着,家长和宝宝进行亲子互动,在互动过程中,宝宝摸出仿真水果,家长学着教师的语言和动作对宝宝进行示范,鼓励宝宝模仿。最后,教师拿出实物香蕉和橘子,宝宝们看见后都想吃。这时,教师说:"宝宝想吃什么呀?告诉我以后才可以拿哦!"通过刚才的示范互动,学会说的宝宝拿到了水果,不会说的宝宝通过家长的再次示范,宝宝的努力模仿,终于学会说出水果名称并拿到了水果。

案例中,教师用口型夸张、语速放慢的方法进行示范,用肢体语言帮助幼儿理解,家长在与幼儿的互动中用语言和动作反复进行示范,鼓励幼儿模仿,取得了很不错的效果,不仅让幼儿认识并学说了常见水果的名称、颜色和形状,而且增进了亲子间的感情。

(2)多感官参与,建立语音与实物的联系

多种感官参与是在设计、实施专门的语言活动中较常使用的方法。宝宝的语言发展不是孤立的学说的活动,而是在听、说、读、做、玩中自然渗透的。在语言活动中,单一的模仿学说活动形式很容易流于枯燥,而且在长达20多分钟的活动中,没有可以动手操作的教玩具也容易分散幼儿的注意力,因此,重视多种感官的全面参与,实现幼儿建立语音与实物的联系。

案例2

在《好听的声音》这一活动中,教师首先模仿动物叫声,让宝宝听一听、辨一辨,接着模仿动物的动作做一做,然后让宝宝也来说一说、学一学,最后出示操作图片,让宝宝找一找,送小动物回家。在整个活动中,宝宝的耳、口、手、眼都处于活动状态,语言能力也在游戏中得到了锻炼。

再如,《猜声音》活动是针对19—24个月宝宝设计的。这个月龄段的宝宝开始学说3—5个字的句子,通过多媒体播放声音,让宝宝听一听、猜一猜是什么物品(动物)发出的声音。教师出示图片,宝宝看一看是否猜对。接着宝宝尝试用3—5个字模仿发出各种声音,学着说一说,如模仿小汽车"嘟嘟嘟"开起来的声音。最后让宝宝的身体也动起来,手拿方向盘,学做小司机开小汽车,在游戏中发展宝宝的语言能力。

幼儿学说话是从模仿动物的叫声开始的。案例中,小猫、小狗、小鸟等动物的叫声都是一些拟声词、叠词,易于幼儿模仿,可爱的动物形象又非常容易引起幼儿的参与兴趣。幼儿进入游戏情境后,参与的主动性被充分调动起来,自然而然就有了语言表达的兴趣。

(3)游戏互动,练习表达

游戏情境是指成人参与幼儿的游戏活动,通过与幼儿的互动练习发音、丰富词汇和学习句式。游戏是幼儿最喜爱的活动,教师、家长与幼儿在游戏中的有效互动,可以使幼儿在轻松、愉快的游戏情境中,不知不觉地练习发音、丰富词汇和学习句式,提高语言能力。

案例3

"小鬼来当家喽!"玲玲来到娃娃家,拿起玩具摆弄起来,她一会儿拿起刀切胡萝卜,一会儿拿小勺在锅里炒……玲玲妈妈站在旁边看着她玩。我走进娃娃家问玲玲:"你切的是什么菜呀?"玲玲看着我不说话,妈妈对玲玲说:"这是胡萝卜。"玲玲模仿妈妈对我说:"胡萝卜。"我说:"我想吃胡萝卜。"玲玲拿起胡萝卜给我,我说:"谢谢!"玲玲还是不说话,妈妈说:"宝宝要说不用谢!"玲玲又模仿妈妈说:"不用谢!"我假装吃,边吃边说:"胡萝卜甜甜的。"玲玲很高兴。玲玲妈妈拿出奶瓶问玲玲:"这是什么?"玲玲回答:"奶瓶。"妈妈又问:"给谁喝?"玲玲说:"娃娃。"她说完就把奶瓶塞到娃娃嘴巴里,妈妈说:"娃娃喝奶。"玲玲学着妈妈说:"娃娃喝奶。"

25—30个月的幼儿会说简单的复合句。玲玲已经30个月了,可是她只能说简单的词。2—3岁是语言迅速发展时期,随着幼儿年龄的增长,生活经验的丰富,他们对游戏越来越感兴趣。在幼儿游戏时,成人不是旁观者,而是参与者、观察者和指导者。今天玲玲在游戏时,教师抓住契机参与游戏,家长在教师的影响下也参与其中,通过教师、家长和幼儿之间的互动,引导幼儿开口说话,学说简单的句子。幼儿玩得开心,学得主动,语言能力也得到了发展。

2. 亲子阅读活动

亲子阅读,又称"亲子共读",就是以书为媒体,以阅读为纽带,家长和幼儿在共同阅读的过程中,帮助幼儿积累语音、语汇等语言知识,以提高其语言能力,分享阅读乐趣。

首先,成人要为幼儿挑选形象生动、色彩鲜艳、主题单一、情节简单、篇幅较大、图文并茂的书籍。其次,采用适宜的亲子阅读方法进行阅读。亲子阅读的方法很多:①边听边赏边看图书阅读:在听赏阅读中引发幼儿阅读的兴趣,产生阅读的愿望。②成人与幼儿一起阅读:旨在让幼儿在自己观察与识图的基础上,进一步学习理解这些书面语言的信息。可以与幼儿围绕阅读内容开展表演游戏等方式,加深对所读的书面语言的印象。③让幼儿自己阅读：在幼儿自己阅读的过程中，观察阅读情况，适时提问，用问题引导幼儿的思路，了解阅读结果。

> **案例 4**
>
> 　　13—18个月的宝宝会以音代物，喜欢模仿常见动物的叫声。在亲子阅读活动《散步》中，教师边翻开图书边告诉宝宝："这是小青蛙，小青蛙呱呱叫。"同时加上可爱的青蛙动作，引发宝宝模仿的兴趣，家长带领宝宝模仿小青蛙的叫声和动作。教师说："小青蛙去散步，它看见了谁？"教师把图书翻到后面一页，引导宝宝观察，认识小鸭并模仿叫声。亲子互动时宝宝翻一页书，家长运用教师的方法与宝宝共同阅读，引导宝宝观察，认识动物并模仿叫声。亲子游戏时教师播放音乐，家长带领宝宝散步，音乐停，教师出示图片，宝宝观察后模仿动物的叫声和动作。

案例中，教师根据13—18个月幼儿的年龄特点，运用成人与幼儿一起阅读的方法开展活动。在共同阅读的过程中，成人引导幼儿观察图片，认识常见的动物，模仿动物的叫声和动作，帮助幼儿理解"散步"的概念，以音乐游戏的形式激发幼儿阅读的兴趣，加深对所读书面语言的印象。

（二）日常生活中的语言教育活动

杜威说：教育即生活。这一理念体现在语言教育领域即是强调在日常生活中渗透语言教育的意识。随机渗透法是指教师除了在专门的语言活动、阅读活动中培养幼儿的语言表达能力，还注重在半日活动的各个流程中、在其他领域的亲子活动中启发幼儿开口说话，随机进行语言启蒙的一种方法。

1. 在半日活动中渗透语言教育

从幼儿到早教机构来晨检的那一刻起，便是教育的开始。幼儿步入早教机构的大厅，需要和晨检教师、带班教师打招呼问好。教师带幼儿到各活动室活动时，第一个环节是点名活动，教师叫到每位幼儿的名字，需要幼儿大声回答"哎"或者"到"。教师发放教玩具时，会有意识引导幼儿说"我要这个玩具""这是方向盘""谢谢教师""给你"等短句。在活动结束前，教师需要每位幼儿和教师挥手说"再见""拜拜""下次再来玩"等。

> **案例 5**
>
> 　　亲子活动将要结束了，又到了发放贴纸、奖励表现良好的宝宝时间了。很多宝宝已经迫不及待要上前抢教师手里的五角星。教师走到悦悦面前，悦悦看看教师，用小手一指红色的五角星，等着教师给她贴上。这时教师故作疑惑地对悦悦说道："悦悦，你要什么颜色呢？你要大声告诉我，我才知道哦！"悦悦看了看教

> 师，还是不肯说，又用小手一指，期望教师这回明白她的意思。教师这时对悦悦妈妈说："许多宝宝的语言发展迟缓，其实都是家长的过度保护造成的，宝宝一个眼神、一个动作你就明白他要什么、想什么，时间久了，宝宝也习惯了这种与家长的互动方式，以为我不说，看一下、动一下，爸爸妈妈就知道我想要什么了，他也就失去了说话表达自己想法的动力，其实这是剥夺了宝宝运用语言进行社会交往、互动的机会。所以，这时候需要爸爸妈妈们装一装傻，让宝宝大声把需求说出来再满足他。"悦悦妈妈听了，对悦悦说："宝宝，你说要红颜色。"悦悦模仿说："要红颜色。"教师撕下红色贴纸，贴在悦悦的额头上说："宝宝真棒，下次要记得主动和老师说噢。"

2. 在其他各领域活动中渗透语言教育

对于婴幼儿，年龄越小，越需要各领域的整合，接受丰富而全面的环境刺激。在开展涂鸦、音乐、手部精细动作等活动时，教师也会有意识渗透语言教育的内容，比如将某些活动的操作要领编成短小精悍的儿歌或顺口溜，读起来朗朗上口，幼儿即使不太理解其中的含义，也会非常乐意跟着模仿、大声朗读，这是发展幼儿语言思维能力和记忆力的一种好方法。

> **案例6**
>
> 在19—24个月宝宝建构活动《叠叠高》中，教师在示范搭高楼的玩法时辅以简短的顺口溜："搭高楼，搭高楼，一块一块往上搭。拿一块，放一块，高楼搭得高又高。"顺口溜的形式朗朗上口，富有韵律，不仅给家长提供了引导方式，也增强了活动的趣味性。再如，13—18个月龄段的宝宝喜欢握笔涂鸦，在涂鸦活动《小小艺术家》中，教师为了激发宝宝涂鸦的兴趣，在示范涂鸦的要领时，自编了一段顺口溜："小蜡笔，手中拿，嘀嘀嘀嘀开汽车，嘟嘟嘟嘟开回家，变出一只红苹果。"家长可以在宝宝涂鸦时引导其模仿小汽车嘀嘀嘀、嘟嘟嘟的声音。

正是有了这种全面发展的教育意识，教师才能在亲子活动的各个环节捕捉到语言教育的契机，引导幼儿大胆开口并尝试用语言表达自己的想法和意愿，最终实现幼儿语言能力的发展。

3. 日常教育中的语言积累

语言教育不是一蹴而就的，也不是幼儿参加了几次早教机构的活动就能有质的飞跃的，最主要的还是靠父母平时的有意引导和环境刺激。日常教育法是指在日常生活中通过向幼儿传达大量的语言信息和进行频繁的语言互动从而达到语言教育目的的一种方法。

案例 7

童童 2 岁半了，妈妈发现这个阶段的童童非常喜欢模仿成人说话，大人说什么，他就跟着说什么，像个小复读机。于是，妈妈有意说些复杂的句子让童童跟着模仿。有一天，妈妈带童童到超市去，"童童，我们去逛超市。""我们去逛超市。"童童很兴奋，也跟着妈妈说。"今天，我们去逛超市。"妈妈一字一顿地说。"今天，我们去逛超市。"童童也跟着说。走到卖蔬菜的地方，妈妈边挑蔬菜边对童童说："这是黄瓜。""这是黄瓜。"童童说道。"黄瓜是长长的，吃起来脆脆的，吃了身体好。""长长的，脆脆的，吃了身体好。"童童一边摸着长长的黄瓜，一边模仿着妈妈的话。"童童，黄瓜是什么颜色的呢？""是绿色的。""对了，绿色的，像小草的颜色一样，还像你衣服的颜色。""像我的衣服一样，嗯……还像西瓜的颜色。"童童摸摸自己的衣服，小脑袋想了想，补充道。

案例中，妈妈抓住了幼儿处于语言发展的爆发期、喜欢模仿成人说话的特点，在生活中渗透了许多语言教育的内容。幼儿在玩耍中、游戏中、生活中学，语言逐步丰富起来。

日常生活中处处存在着语言，而亲子指导活动每周只有一次，更多的语言开发需要家长在家中对幼儿进行指导。正如华东师范大学缪小春教授所言："儿童早期经验的主要来源是父母的抚养。"家长要时刻抓住时机，运用各种方法与幼儿进行互动，在互动中引导幼儿练习发音、丰富词汇、学习句式，激发幼儿的语言潜能，促进幼儿语言的发展。

早教课程设置的原则是以儿童早期发展理论为基础的。在幼儿发育过程中，每个行为的出现都有其"敏感"期，这个时期是学习新行为的关键时期，在该时期，幼儿有一种内在的驱动力，促使其尝试这种新的行为。因此，教育者不仅应考虑客观的教育要求，而且要十分重视儿童的成熟状况和发展的可能性。

二、早教机构中集体语言教育活动的组织与实施

教师作为组织者决定着集体活动的主题和目标。教师在活动方案设计中已经预设了主题，但是在活动组织中遇到的形形色色的问题，导致实施过程和方案有差别，需要专门讨论活动的实施和组织。

活动的参与人员有家长和幼儿两个主体。因此，根据教师活动时面对的对象不同，活动可分为四种类型：单独组织幼儿活动；组织亲子活动；通过组织幼儿，对家长指导的活动；单纯指导家长的活动。

（一）集体教育活动的设计原则

1. 理论内化的原则

教师不断内化科学理论使其成为自身的知识与技能，抓住幼儿身心发展的关键期，顺

应幼儿身心发展的特点，通过亲子早教课程，实现幼儿学习、家长培训的指导思想，形成教师、家长与幼儿进行互动游戏的教学模式，目的是通过亲子间的互动游戏使幼儿得到良好的发展，使家长成为合格的教育者。

2. 遵循月龄特点的原则

0—3岁是婴幼儿大脑发育最快的时期，如果这时能够丰富婴幼儿的生活，针对婴幼儿的月龄特点给予正确的教育，就能加速婴幼儿智力的发展，为良好的行为习惯和个性品质的形成奠定基础。一般认为早期教育从婴儿出生时即可进行。在不同的月龄阶段，早教课程的侧重点有所不同。如周岁以内的婴幼儿以感官功能训练、动作训练、语言发声训练为主；周岁至3岁幼儿除上述训练外，还应加入感知动作思维，连贯性动作与活动，语言、玩伴交往及个性形成等方面的训练和培养。

3. 亲子互动的原则

婴幼儿最初几年主要是在家庭里度过的，与其相互作用的基本对象是父母。不少心理学家认为，婴幼儿早期与照料者之间形成的关系的性质将会影响其以后的发展。儿童心理学研究表明，儿童对父母有着强烈的依恋，0—3岁的婴幼儿对父母的依恋行为更甚。因此，在早教课程中引导家长参与互动，可以增强婴幼儿的积极性，促进良好师幼、亲子关系的形成和发展。"亲子活动"是以亲缘关系为主要维系基础的，其最大的特点是通过亲子间的互动交流，共同学习，合作游戏，使婴幼儿得到良好的发展。人一生中的亲子关系的好坏取决于亲子互动是否成功，同时人一生的幸福指数高低也与亲子关系和谐程度成正比。

（二）集体语言活动主题的实施

集体活动的主题是由教师确立的，包括活动中使用材料的选择和设计、材料递进出现的顺序、活动的程序和渐进甚至对家长互动内容的发起，都是教师在分析幼儿月龄特点的基础上进行组织实施的。教师可围绕五大主题组织活动，与幼儿和家长互动。

1. 解读幼儿发展情况

在教师组织的集体活动中，幼儿由于月龄特点会表现出类似的行为，但根据自身发展水平和兴趣差异会表现出个别行为。而教师和家长的互动不可能离开幼儿的行为，所以在集体互动中，教师会向家长解释幼儿的行为，这不仅可以帮助家长了解幼儿，也能让家长看到自己孩子发展的特点和原因。交流幼儿发展的一般性知识，是教师解读幼儿最主要的方式。幼儿月龄特点是主要的发展知识。

其次，分析幼儿具体行为，包括诠释幼儿心理和分析幼儿动作。例如：亲子课程——好听的声音，通过听听、猜猜小动物的叫声，激发幼儿运用多种感官来听辨，家长带领幼儿尝试运用一问一答的形式，引导幼儿学学小动物的叫声，在听听、找找中，尝试声音和图片的对应。教师播放小动物的叫声，燕燕注意力集中地听声音，愿意模仿小猫、小狗、小鸡的叫声。在亲子互动时，燕燕跟着妈妈尝试一问一答与老师进行互动，学着模仿小动物的叫声和动作。在亲子游戏中，当教师问："喵喵喵，谁在叫？"燕燕跟着妈妈一起答："喵喵喵，小猫叫。"并能找出小猫的图片。燕燕对声音的反应强烈，她喜欢重复，如一遍又一遍地听小动物的叫声；她喜欢模仿，如在反复听了小动物叫声后，愿意学着模仿；在妈妈的带领下，也能尝试运用一问一答的形式模仿小动物的叫声和动作；最后，还能对声音和图片进行对应。

2. 提高家长教育意识

教师在组织集体活动中不断提醒家长发挥自己对幼儿的教育引导作用，增加家长参与互动的意识。其中主要包括：①家长在活动中对儿童的帮助和支持。②引导家长树立科学育儿理念。集体互动能够满足幼儿发展的共性需要而且效率较高，也提供了家长间横向对比的机会。

3. 解释活动设计思路

教师作为专业知识的所有者，设计和组织早教活动要遵循一定的理论，但是家长没有相关经验，双方信息是不对称的。教育的效果不仅取决于教师如何施加影响，同时也取决于家长在特定人际互动情境中对教师所提供的各种影响的选择和主观解释。因此，教师与家长的互动主题包括对活动的解释，主要是解释自己的行为和要求，阐述活动的价值，介绍活动材料。

4. 教给家长游戏方法

教师组织活动不仅是为了促进幼儿的发展，更是为了通过示范和活动教给家长一些游戏方法，增加亲子活动的科学性和丰富性。在现场，教师面向家长的游戏指导分为亲子方法和游戏技巧。亲子方法是指家长和幼儿共同游戏的程序，是完整的过程的讲述。例如：亲子游戏"小老鼠上灯台"中老师向家长讲解"家长坐在地上屈膝，让孩子坐在膝盖上，家长要根据音乐的节奏来一步一步上升，在最高处突然下来，让宝宝感觉身体平衡"。

家长往往按照教师的方法可以"照猫画虎"，但是成功的几率较小，正是因为缺乏游戏技巧。例如：在"捡雪花片"活动中，教师总结"家长很好的一点是注意到了关注孩子的动作，但是还是缺少一些语言的刺激。你可以说：哦，你捡了个红色的啊。这样很简单的一句就给予宝宝语言刺激，但是我们家长好像都没有注意"。

5. 提供家庭延伸游戏

集体活动的时间是有限的，教师向家长呈现出来的游戏方式方法也是有限的。因此，集体活动中教师通常会在结束环节向家长提供在家庭中可以延伸的小游戏或者互动方法。延伸的游戏要简单易操作，比如阅读活动之后教师可以向家长介绍适合宝宝年龄段的图书，利用睡前或饭后进行阅读倾听活动，时间控制在10分钟左右，在阅读中适当运用提问、模仿等形式，帮助宝宝理解记忆，提高兴趣。

（三）集体语言活动中教师的角色

婴幼儿的月龄特点决定了集体活动的时间要短，其发展差异又制约了集体活动的内容和开展方式。这一特点随着月龄的减小愈加明显。因此，在指导活动中占较大比例的是自由分散活动，婴幼儿和家长在教师创设的环境中探索，教师则随即进行指导。除此之外，教师需要根据该月龄段婴幼儿的发展特点设计适合的小组活动，以集中指导婴幼儿和家长。

在活动组织时，教师需要承担多种工作。

1. 活动观察者

早教指导中心面对的两大主体：0—3岁婴幼儿和家长，是没有统一标准和一致行为的集合体。在一次活动的集合中，婴幼儿拥有"自己的发展大纲"，家长同样各具特色。在单次活动组成的集合中，每次活动都具有自己特有的组合，毫无规律可言。教师的任务是给每个不同家庭以最需要的指导，仔细观察便是获取婴幼儿发展现状的可靠依据。另外，早教中心的指导具有随机性的特点。婴幼儿的发展本身就是点点滴滴的，需要从生活中捕捉其发展的代表性行为。家长和婴幼儿的互动同样需要关注。他们的教育理念通过教育方式和行为表现出来，在处理婴幼儿间的纠纷、对待婴幼儿行为态度等细节部分都隐含了家长真实的观念。

教师只有仔细地观察，才能获得婴幼儿和家长的信息，才能获得活动质量的信息，才能设计适合婴幼儿发展水平的活动促进其发展，才能有针对性地向家长提出要求和建议，提高其家庭教养水平。每次活动是否适合婴幼儿水平、婴幼儿是否感兴趣、家长是否接受建议，这些反馈信息同样只有教师"明察秋毫"，才能准确获得。因此，早教指导教师首先需要是一名仔细的观察者。

教师对于婴幼儿以及带养者行为的敏感性和意识会随着经验以及专业能力的提升而改变。对观察到预设现象的分析，基本以理论知识的储备为主，准备在先。新教师在活动中更多精力在教学环节的完整性上，自由环节更多的是"看"，常常不知道"看什么"，观察的随机性较强，这往往是由于教师缺乏明确的观察目标，缺乏对主体观察的敏感性和观察意识造成的。通过经验的积累和长期的练习，教师能够较好地确立观察目标，同时在活动中随机捕捉点滴行为，获得有价值的信息。

2. 早教中心环境创设者

0—3岁这个阶段的婴幼儿属于皮亚杰学说的感觉运动阶段和前运算阶段。在0—2岁这个感知运动阶段，婴幼儿通过协调感觉体验（如看和听）和运动行为（伸手拿东西、触摸）建立对世界的认识。材料投放的重要性不言而喻，材料作为媒介将婴幼儿的动作发展展示出来，也成为教师指导的出发点和三方交流互动的刺激物。2—3岁属于符号功能亚阶段，幼儿开始可以用涂鸦式的图形表示人、房屋、汽车和世界的其他方面。教师则需要投放刺激幼儿想象和创造的材料，让幼儿在操作中激发灵感，得到发展。因此，教师需要创设适合本月龄段的环境，投放能够吸引孩子主动探索的玩具和材料，更重要的是教师在材料选择和环境创设中要考虑可迁移性，能够在家里开展相似的活动，家长可以在家里指导幼儿游戏。

3. 科学育儿指导者

家长在婴幼儿不同的月龄有着不同的关心侧重点。7—12个月月龄时，家长的问题集中于孩子的吃喝拉睡等养育问题。而24—36个月月龄时，家长更多寻求孩子好动、不合群、打人等行为的信息。教师不仅要从与家长的沟通中获取信息，而且要具备各种专业的知识，包括儿科保健、儿童动作发展、语言发展、情绪情感、社会性发展等知识。在此基础上，找准适当的时机，运用合适的方式进行沟通指导。沟通是指行为者之间通过有效语言、运用合理的协调方式达到理解或共识的行为。沟通过程要有语言表达，所以教师要很好地了解婴幼儿的行为特点，解读行为背后的原因，除了要能够与婴幼儿进行沟通，要了解他们的语言发展特点，要能理解肢体等外显语言，还要更多地与家长进行沟通。要能够通过问题设置来引导家长就带养经验进行分享，通过沟通技巧了解更多地隐性信息，综合考虑各项因素。教师与带养者的交流沟通，不仅是一种互动，更多是通过交流了解婴幼儿的日常生活、发展情况，了解家长的带养方式，形成带养方面的共识，避免因为带养方式、观念上的差异，出现交流上的问题。参加亲子活动的带养者有不同背景，差异较大，既有父母，也有祖父母，教师在和不同的家长沟通时，要尽量避免过多专业术语的运用，多用一些生活化的方式沟通，和家长在同一水平进行交流。

协商性的早教指导中，带养人不是被动接受指导的个体，而是一个主动的参与者，是在实施过程中始终与教师、婴幼儿进行沟通、互动的实践者，从而力争使游戏活动与教师的专业知识、与婴幼儿个体发展特点有连接的可能性，并在操作上能够落实。同时带养人个性化教养方面经验丰富，缺乏的是普遍性规律性的教养知识。教师需要采用多种方式，运用提问、追问、演示、带养者介绍、回忆活动等形式来进行带养人经验分享，为家庭教养的指导提供依据。

4. 活动组织者

虽然0—3岁婴幼儿的月龄特点决定要以分散活动为主，但是在集体活动中，小组指导具有必要的价值。教师要根据不同月龄婴幼儿的注意力时间和合群程度，有效调节个体指导和小组指导的组织。审时度势是成功组织的前提和关键。教育和指导是循序渐进的，随着教师对婴幼儿和家长的不断深入了解，指导过程也呈螺旋式发展。早教指导老师明白了这点后，便要恰如其分地"见好就收"。

在集体活动中，教师要通过新奇玩具的展示、生动丰富的语言表情吸引婴幼儿，婴幼儿产生兴趣才会积极配合活动。而家长的行动是以婴幼儿动作来变化的。活动的设计一定要考虑婴幼儿的兴趣和水平，在实施过程中则要保持和家长的互动，把真正的指导内容在活动中渗透给家长。

5. 积极反思者

早教教师根据婴幼儿月龄特点自主设计和研发活动，由于参加活动人员多样，活动的设计一定存在改善的空间。教师要在活动实践的基础上考虑活动开展的背景和过程，反思设计和组织中的问题，不断改善和完善活动设计。

教师根据每次早教亲子课程实施的实际情况和家长的反馈，对亲子课程进行评价分析，指出优缺点和改进的地方，同时分析自己对亲子课程的实施情况。教师依据教学反思等进行备案，教研组根据教师的反馈情况，组织教师们研究讨论：早教亲子课程环境的创设是否适宜该月龄段的婴幼儿；是否满足婴幼儿的需要并且有利于促进婴幼儿发展；是否提升了家长的指导能力。通过集思广益，对早教亲子课程进行调整、修改，并请课程对应智能的强项教师再次实施早教亲子课程。教师应不断反思与改进活动设计，并且在教育实践中遇到新情况新问题后，主动进行研究、寻求答案。通过教师的反思和研究是早教指导质量提高的决定因素之一，也是教师专业成长的重要途径。

反思是一个开放的建构过程，以自身的经验以及知识积淀为基础，在质疑的过程中获得解放的力量和内在的启蒙与升华。波斯纳认为，只有经过反思，教师的经验才能上升到一定高度，并对后继行为产生影响。他提出教师成长公式：教师成长＝经验＋反思。教师可以通过反思日记、案例分析等形式对观察与指导经验进行记录。记录的过程中教师可以吸取他人经验，来实现反思，改进自己的指导方法，提高观察与指导能力。

拓展资料

在全语言教育环境中培养婴幼儿的语言智能

人与动物的本质区别在于人能运用词语进行沟通和记录，表达强烈的情感。

多元智能理论之父加德纳认为，语言历来是人类社会不可或缺的一种"人类智能的卓越范例"。

口头语言促使我们的祖先由具体思维发展到抽象思维；"阅读"使人们能够认识那些并未亲身经历的物体、场景、事件及概念；"写作"则使人能够与素昧平生的人进行交流。通过语言及其思维能力的发展，人类能够记忆、分析、解决问题、策划未来并进行创造发明。

要培养和提升宝宝的语言智能，最重要的就是要将宝宝置于现实生活之中，用全语言教育的方法来进行。

所谓的全语言教育方法就是将生活中的一切环境都作为语言教育的环境，来进行语言教育。由于宝宝还小，爸妈可以利用生活中的一切资源，利用与宝宝在一起的点滴时间，跟他们说话，或利用映入眼帘的文字符号等和他们对话、与他们进行语言交流。

全语言教育的理念包括：

1. 全语言教育是与宝宝进行口头交流的教育

当爸妈喂宝宝吃饭、为他提供生活照料的时候，或是带着宝宝外出时，都是和宝宝进行口头言语交流的绝佳机会。我们可以将此时此景有机地结合起来，跟宝宝说话。比如在削水果给宝宝吃的时候，就可以告诉他水果的相应名称或其他关联水果的名称。特别是带着宝宝外出时，沿途所见所闻，均可作为与宝宝谈话的内容。

2. 全语言教育是让宝宝感受书面语言的教育

全语言教育的关键是营造一个学习语言的氛围。为使宝宝能够感受到阅读的氛围，增强他对文字的兴趣，在家里最好要有浓郁的书墨之香。也就是说，爸妈要有手不释卷的习惯，并经常抱着宝宝，告诉宝宝爸爸妈妈在看书，使他了解看书也是生活的一部分。与此同时，爸妈还可以有意识地带宝宝到亲子图画书馆、书店等地方，在那里宝宝不仅可以看到更多的书，还可以更充分地感受到浓郁的读书气氛。

全语言教育是让宝宝理解图画和符号的过程。在宝宝语言发展关键期内，及时地为宝宝提供完整语言的学习机会，图画书是最好的工具，因为它是宝宝理解图画符号到文字符号，从学习口头语言到书面语言过渡的得力助手，它能帮助宝宝从非言语交际向口语交际转换，从口头语言交际向书面语言转换。因此，为宝宝选择合适的图画书就显得格外重要。

全语言教育的方法主要有：

1. 睡前为宝宝朗读故事

声音对于宝宝来说十分重要，因为他们对书面语言尚不熟悉。因此"听觉阅读"十分有利于宝宝语言智能的发展。可以每天在宝宝入睡前为他们朗读故事。爸妈的朗读必须咬字清晰、语调抑扬顿挫富有感染力，朗读不必完全照搬书中的文字，可根据故事情节增添一些形容词或象声词，培养宝宝的倾听能力。

2. 引导宝宝看图书画面

爸妈可用手指随故事情节在画面上移动，也可提出一些观察的问题，如"他又换了一件什么衣服？住在什么地方？手里拿着什么？"等文字语言以外的内容。

3. 引导宝宝完整复述

讲完一个故事，应与宝宝一起交谈，让宝宝可以将主要内容复述出来，以便宝宝理解故事情节，增强口头言语的表述水平。当宝宝在说的时候，教师必须注意倾听。

当宝宝还处于1—3岁的幼儿期时，我们可以让他们经历"前图画书阅读经验""前识字经验"和"前书写经验"来增强他们对语言的兴趣和敏感性，为今后的语言智能发展打下坚实的基础。

1. 前图画书阅读经验

前图画书阅读经验就是让宝宝获得若干具体的学习行为经验，具体内容主要有以下方面：翻阅图画书的经验，掌握一般的翻图画书的规则方式；读懂图画书内容的经验，会看画面，能从中发现人物表情、动作、背景，将之串连起来理解故事情节；理解图画书画面、文字与口语有对应关系的经验，会用口语讲出画面内容，或听爸妈念图画书，知道是在讲故事的内容。

2. 前识字经验

向宝宝提供的前识字经验有两方面的具体内容：知道文字有具体的意义，可以念出声音来；可以把文字、口语与概念对应起来；理解文字功能作用的经验。

3. 前书写经验

让宝宝学会握笔等方法，包括培养宝宝对文字的观察、分析、比较和分类能力。

综上所述，让宝宝在实际生活中去交流、去体验，宝宝的语言智能才能得到真正的发展。

（资料来源：周念丽著.0—3岁儿童多元智能评估与培养［M］.上海：华东师范大学出版社.2010.）

第三节　早教机构中语言教育活动的个别化指导

在创设了适宜的环境，提供了操作材料之后，教师可以根据关注到的不同的家庭互动情况进行个别化指导，给出科学具体的意见。教师和家庭的互动有两种方式：一种是教师与婴幼儿的互动，在情境中开启；另一种是教师与家长的互动。

一、对婴幼儿的个别化指导

教师与婴幼儿互动的行为主要是教师以动作和语言开启，表现为见面打招呼、对婴幼儿的操作指导以及材料支持等。对不同类型的婴幼儿，教师的指导行为和语言要具有针对性。在具体指导婴幼儿的过程中，教师可以采用以下几种策略。

（一）情感策略

教师在活动中有效地调动婴幼儿的积极情感因素，激发婴幼儿的兴趣，增强自信心，实现活动中师幼共同参与，积极互动。

案例8

杨杨第一次来到早教中心，奶奶把他带到了欢乐蹦蹦跳活动室的滑梯旁，示意他去玩，可素来有点胆小的杨杨只是呆呆地站着不动。奶奶用手去推他，他使劲往奶奶怀里躲。

看着杨杨惊恐的眼神，老师在他面前蹲下身子，对他说："杨杨，没关系，我们等一会玩，先看看其他小朋友玩。"过了一会儿，看到杨杨似乎适应了环境，奶奶便试探着说："走，我们爬楼梯。"杨杨不动。奶奶提高了嗓音："杨杨，快爬上去！"杨杨还是不动。老师拿起了一个皮球，从滑梯上滚下去，并让奶奶走到滑梯旁："杨杨，你看皮球滚到奶奶那去喽，快，滑下去拿球。"杨杨犹豫着，看看老师，又看看奶奶，终于在老师的帮助下爬上了滑梯。老师一只手贴住杨杨的前胸，一只手扶住他的后背，让他慢慢滑下来。杨杨拿到球的那一瞬间，露出了难得的笑容，对奶奶说："我还要玩一次！"

活动结束后，老师告诉奶奶："以后再碰到这种情况，请不要着急，先稳定杨杨的情绪，再用他喜欢的物品吸引他，鼓励他，让他感到这种运动是安全的。慢慢地，他的胆子就会大起来，运动能力也会增强。"

教师在活动中，先让杨杨看其他小朋友玩，稳定杨杨的情绪，然后又拿起了一个皮球，从滑梯上滚下去，调动他的积极情感，激发他的兴趣，从而引导孩子积极参与到活动中。

（二）语言支持策略

教师用积极的指令和建议，富于童趣的语言，适时地鼓励和表扬，启发式的提问，激发婴幼儿与教师互动。

案例9

亲子游戏"玩纸球"开始了。宝宝们都围坐到老师身边，只有臣臣还在活动室里东奔西跑。奶奶花了九牛二虎之力把他拉到身边坐下，可还没等奶奶坐下，他又跑开了。

老师走到臣臣身边，蹲下身，温柔地对他说："臣臣喜欢看魔术表演吧？老师能把报纸变成球，你要看吗？""要，当然要！"臣臣一下子睁大了双眼，认真地盯着陶老师手里的报纸看。陶老师边捏报纸，边念儿歌："捏、捏、捏，用力捏，两只小手使劲捏，报纸变成小纸球。""臣臣也要来！"臣臣跑回奶奶身边，拿起报纸兴奋地捏了起来。

才捏了一会儿工夫，臣臣又不停地回过头东张西望，把活动室里的毛绒玩具拿出来玩了起来。"臣臣快回来，你再不听话我可要打你了！"臣臣奶奶生气地喊道。老师及时阻止了奶奶，并走到玩具柜的旁边："我们臣臣在干吗呀？""抱小兔睡觉呀！"臣臣答。陶老师对他眨眨眼："小兔还没吃过饭呢，饿着肚子怎么睡得着呀？"臣臣恍然大悟地点点头："对的，吃饱了才睡得着。""那么，我们一起用报纸做汤圆给小兔吃吧！""好！"臣臣再度跑回奶奶的身边，高兴地捏起"汤圆"来。

老师会在了解婴幼儿特点的基础上，用富有童趣的语言，抓住婴幼儿的兴趣所在，一步一步因势利导，将婴幼儿的注意力重新集中到亲子游戏上。

（三）鼓励策略

支持策略是指在活动中教师为了鼓励、帮助、推进和支持婴幼儿的活动，采取的一些有效、适宜的手段和方法。有直接的、间接的、物质的和非物质的支持。

> **案例10**
>
> 　　1分钟、2分钟、3分钟……在个别化活动的某个角落里，时间仿佛被人遗忘：一个名叫畅畅的宝宝正在试图把掉下的挡风玻璃板安装回他心爱的小汽车上去，但尝试了许多次还是没能安装成功。老师静静地在一旁看着，没有出声，也没有出手相助。奶奶迫不及待地上前要帮忙，她急忙拉住奶奶说："奶奶等等，宝宝摆弄的过程是学习、探索的过程，我们一起观察宝宝在操作过程中的问题所在，适时、适当地指导或当宝宝要放弃时给予适当的指导。"
>
> 　　畅畅"屡战屡败"，显得有些急躁了。他并没有发现是车头摆放的方向给他的安装带来了困难。老师摸了摸畅畅的头，以示鼓励，顺手把方向盘转了个方向，以降低安装的难度。畅畅重振信心，摆弄起了划水器，然后拿起挡风玻璃板，一下子就安装成功了。他一边操纵着方向盘，一边嘴里"嘀嘀叭叭"地模仿着汽车喇叭声。

教师引导家长一起观察婴幼儿在操作过程中的问题所在，摸了摸畅畅的头，给予鼓励，并通过方向盘转个方向，给予婴幼儿动作支持，就让畅畅获得了成功的快乐。

二、对家长的个别化指导

早教机构中参加活动的家长差别很大，不同的家长有不同的需求和带养方式。教师通过与婴幼儿的互动过渡到与家长的互动。观察婴幼儿，向家长指出婴幼儿发展水平以及家庭可锻炼的方法。观察家长，改正情境中出现的错误教养行为。

（一）教师指导家长的方式

1. 因人而异的方式

（1）根据家长的性别不同，选择不同的策略。

在日常观察中，我们发现女性家长比男性家长更多地会主动和教师交流，也会耐心听取教师的意见。而男性家长则很少主动和教师交流，这其中的原因部分是因为教师也是女性。因此，女性家长与教师之间更容易沟通，也最易成为早教工作强有力的支持者。对于男性家长，他们更多的是当孩子出现了急需解决的问题时希望从教师那里获得方法或帮助。因此教师可以用简洁的语言给予反馈，或者直接告诉他们明确的建议和可行性的方法。

（2）根据家长的年龄不同，选择不同的策略。

在调查观察中发现，年纪大的家长，特别是隔代家长，更关注婴幼儿的身体、饮食等生活方面的情况，对他们过于娇惯，而很少关注他们其他方面的表现。在早教中心活动中，任由婴幼儿到处乱翻，从不引导他们物归原处。年轻的家长，也就是父母，他们关注的是婴幼儿智力、身体方面的表现。所以，对于年纪大的家长，教师不仅要向他们介绍该月龄段婴幼儿的发展目标，而且还要用浅显的语言告诉他们如何引导婴幼儿玩。教师在与家长互动时要注意态度亲切，诚恳和尊重。对于年轻的家长，教师引导他们根据该月龄段婴幼儿的观察要点来指导孩子，尽量争取得到他们对早教工作的支持和合作，听取他们的建议和意见，在互动中共同促进婴幼儿的健康成长。教师在沟通时，可通过各种现代化的手段进行联系，提出合理的建议。

（3）根据家长对婴幼儿期望的不同，选择不同的策略。

在日常访谈中，不难发现每一位家长对自己的孩子期望值是不一样的，有的要求很高，有的则"很低"，甚至不对孩子提任何要求，总说：孩子大了自然会知道的。因此，针对期望过高型家长，教师要从客观、全面和发展的角度分析婴幼儿，提出建议，否则就会伤及家长的自尊心，使家长对婴幼儿产生过激情绪。在措辞方面，教师要注意委婉，运用先扬后抑的方法，让家长易于接受。针对期望值低的家长，像溺爱骄纵型、放任武断型的家长，教师可以运用科学的理论，如婴幼儿敏感期发展等引起家长的重视，阐述错过敏感期发展的不良后果，以引起家长的注意，再提出相应的教育要求，引起家长对婴幼儿早期教育的重视。

2. 因事而异的方式

（1）以交流婴幼儿情况为主的策略

交流婴幼儿情况的沟通，教师最好用具体的语言进行表达。其次，要借助具体事件分析婴幼儿的表现，这样会让家长更容易理解婴幼儿的状况，感受到教师对自己孩子的关注。笼统地说"很好，很聪明"，会让家长感觉到教师在敷衍自己。在反映婴幼儿的一些缺点时，教师更要注意措辞，避免用一些过激的词语伤害到家长的自尊，所以，教师要多使用就事论事的评价方式以及发展性的评价。

带养者带给教师的不只是问题，更多地提供了观察的角度，带给教师新的思考，促进教师观察能力提升，不断反思，提升专业能力。

（2）以分析婴幼儿问题为主的策略

教师切忌用"告状""埋怨"口吻，要注意维护家长的自尊，不当着其他家长和婴幼儿的面反映问题，同时遵循"一表扬二建议三希望"的原则。比如："这个孩子早教活动时很喜欢参与各种活动，这是值得表扬的，但往往见到其他孩子玩什么，他就'抢'什么，如果家长多与孩子一起玩，让他知道怎么玩，感受到玩的乐趣，同时，引导他一些与人交往的方法,就更好了。"

(3)以介绍亲子活动为主的策略

早教亲子活动具有"双对象性"的特点,它不仅指导婴幼儿参与亲子活动,更是指导家长如何用正确的方法引导婴幼儿,让他们有所获,家长也有所得。在亲子活动中,教师向家长介绍活动的价值,介绍时语言要言简意赅,使家长心里清楚,示范互动教给家长亲子互动的具体方法,引导家长观察,帮助了解婴幼儿的发展状况。亲子互动让家长积极参与到活动之中,体验亲子互动的乐趣。

如:《小乐器在唱歌》亲子活动结束后,教师可以介绍或出示大量生活中的材料——勺子、锅盖、纸棒、铁罐、筷子等,通过演示让家长明白生活中到处都是声音,只要做有心人,生活中很多东西都可以当做小乐器,让婴幼儿敲敲打打,从而发展他们的听觉和对节奏的感知能力。

3.指导家长与婴幼儿互动的策略

(1)观察需要策略

观察需要策略是指观察婴幼儿的动作、需要与行为,及时发现异常,给予帮助,使婴幼儿处于愉快和满足的状态。

案例11

铭铭把塑料动物模型拼板拿在手里,左右翻看着,然后抬起头高兴地看着站在旁边的妈妈,指给他看自己手里的东西。他正准备去摆弄桌子上其他塑料动物,妈妈开始问:"这是什么小动物呀?它是什么颜色的呀?"铭铭不理妈妈继续摆弄手里的动物拼图。在妈妈的再次询问下,铭铭才不耐烦地说:"小狗。"接着,妈妈便逐一问铭铭动物的名称、颜色。过了一会儿,妈妈示范将不同的动物放在相应的模板里,让铭铭模仿。直到看到铭铭放对了一种,妈妈才放心让他自己玩。这时,铭铭已经没有了一开始看到玩具时兴奋的表情,转身离开了。

妈妈一味让孩子学习把动物放入相应的模板中,置他的自由探索于不顾。但是铭铭对妈妈的"良苦用心"并不感激,而是不耐烦。当游戏在瞬间异化成任务,活动兴趣便由内在动机转变为外在强迫,认知活动就可能戛然而止。如果家长能静静地细心观察婴幼儿的自主活动,当他们碰到问题适时地给予帮助,那他们将在不断的探究中获得经验,保持探究的兴趣。

(2)倾听等待策略

积极倾听婴幼儿的需要,等待婴幼儿表达需求,不要急于包办。

案例 12

豪豪来早教中心一点也不怕生，东看看西玩玩，显得非常好奇。外婆很开心，指着墙上说："豪豪找一找小鸭在哪里？"豪豪马上找到小鸭指一指："噢！"外婆又指着另一边墙壁说："豪豪再找找小猫在哪里？"豪豪马上找到后指着小猫说："啊！啊！"外婆很开心，但也有点失落，对老师说，豪豪已经3岁了，记忆力很好，认识物体速度非常快，也很聪明，但就是语言发展得很缓慢，只能用单一的音节来表达自己的意思，连"爸爸、妈妈、婆婆"都还没办法清晰地叫出来，不知如何是好。也到医院检查过，医生说发音器官没问题。

老师仔细观察了豪豪和外婆的游戏情况，发现只要豪豪发出一个简单的音节出来或做一个简单的动作，外婆就迫不及待地帮豪豪把说不出的话语全部说完了，而且外婆性子也比较急，语速较快。

以上案例可以发现外婆在无形中扼杀了豪豪说话或者学习说话的机会，只要豪豪的一个动作、一个音节，奶奶就把豪豪想说的说了出来。如果奶奶能倾听孩子的需要，等待孩子表达需求，不急于包办，语速放慢，清晰表达，相信会有一个不一样的豪豪。

（3）帮助鼓励策略

家长及时帮助鼓励婴幼儿，让他们充满自信。

案例 13

琪琪与爸爸妈妈一起制作好了美丽的花花衣，欢快的音乐中时装表演秀开始了。妈妈帮琪琪穿好了花花衣，轻轻地说："琪琪，你去表演吧。"琪琪胆怯地拉着妈妈的手，只往妈妈的后背躲，不愿上去表演。老师对琪琪妈妈说："琪琪第一次在大家面前表演，难免会害怕、胆怯，你可以牵着琪琪的手一起表演，走秀时还可以和宝宝一起拍拍手、摆个造型，让爸爸做摄影师，给你们拍照。"于是妈妈牵着琪琪的手，一起走上了"T台"。妈妈与琪琪一起随着音乐节奏往前走，一会儿停下来，互相微笑，一会儿母女俩摆个造型。宝宝虽然有些羞涩、胆怯，但她还是勇敢地跨出了第一步。老师来到琪琪身旁，示意妈妈给了琪琪两个大拇指。

这时，轮到乐乐上台表演了。教师对乐乐说：你去和琪琪一起表演吧！然后对琪琪说："琪琪，你刚才表演得真棒，再表演一次吧！"妈妈说："琪琪，你一定行的。"同时给了她一个吻。于是乐乐拉起琪琪的手，一起迈开步子走上"T台"，又是转圈、又是叉腰摆造型，非常高兴，一旁的家长们也为他们的表演鼓起了掌。这一次的表演，琪琪脸上露出了开心的微笑。与小同伴们的一起表演让琪琪感受到了快乐与自信……

（二）以提升亲子共享交流经验为目标，促进亲子间交流互动

发展生态学认为，如果活动的双方都感受他们是在共同（互补）做一件事情，那么，婴幼儿习得经验的机会将更快、更好。例如：母亲和孩子一起看一本图书，母亲边看边给孩子讲解，孩子边听边回答母亲的提问，那么这种双人关系不仅使共同活动的过程为婴幼儿发展提供学习机会，而且也会有助于提高其完成活动的主观动机和兴趣。如果能持久多次的发生联合活动，双方更能形成一种深层次的情感联系，对婴幼儿的脑功能有较好的激发和推动作用。

案例 14

23个月的俊俊显然是家里的宠儿，很聪明，但不管是什么游戏，他的脸上常常挂着茫然的表情。妈妈似乎也没什么好办法，于是，小家伙常常丢下一筹莫展的妈妈，自己漫无目的地走来走去，很是无聊。

玩具室内，老师带领着家长和宝宝们正在玩"穿项链"游戏，这个游戏的主要目标是通过将细细的绳子穿进小木珠内，发展宝宝手的精细动作和手眼协调能力。俊俊和妈妈拿到老师递来的木珠，妈妈就对俊俊说："俊俊，看到老师怎么穿项链了吗？来，把木珠穿进去。"俊俊没有理睬妈妈，将木珠拿在手中很茫然。妈妈看着俊俊，又重复了一句："就学着老师的样子穿呀！"可是俊俊还是一脸的茫然。

看到他们的互动出现僵局，老师走了过去，对着俊俊说："俊俊，老师请你把红色的小木珠递给老师好吗？"这句话激起了俊俊的探索兴趣，一下子就从众多的小木珠中找出红木珠递给了老师。接过红木珠，老师对俊俊说："看，这是一粒红色的小木珠，我们把小木珠穿起来变成项链好吗。"为了吸引俊俊的兴趣，老师念起了儿歌："小木珠，穿呀穿，穿呀穿，一穿穿到小洞洞，看，红木珠穿到河对岸喽！"老师一边说一边将红色的木珠从绳子里穿了过去。"俊俊真棒！现在，俊俊也来和妈妈一起试一试好吗？"老师示意妈妈按照老师的方法和俊俊一起互动。为了让俊俊学会这个本领，妈妈也尝试着用老师的方法和俊俊一起互动起来。也许是有了老师游戏情节的指导和生动儿歌的配合，妈妈的指导兴趣也被激发出来，"俊俊，你来帮妈妈找找，蓝色的小木珠在哪儿呀？俊俊来穿珠珠，妈妈来念儿歌好吗？"有了妈妈投入的陪伴，俊俊小手越来越灵活，不一会儿，一串漂亮的项链就穿好啦！

类似的场景在早教活动中并不少见，家长陪伴在婴幼儿身边发号指令："把这个三角形放进去！""来，把绳子穿过去！"婴幼儿懵懵懂懂地摆弄着，常常不能完成要求。其实，陪伴的方式远不止"祈使句"这一种，家长身心的共同陪伴才是观察婴幼儿最直接的方法。通过积极的干预帮助婴幼儿，提升他们的能力。婴幼儿的游戏也不是听指令做动作这么机械。对于新的环境、陌生人、新的玩法等各种不熟悉的事物，他们往往不会主动去探索。要激发

这类婴幼儿的好奇心，家长可以尝试自己先动起来，用简单的语言配合动作激发起他们的兴趣，同时也给他们提供直观的示范。

本章小结

　　随着人们对婴幼儿发展价值的不断关注，早教机构的重要价值也凸显出来。早教机构的研究目标与其他教育机构有所不同，在关注婴幼儿生理和心理发展的过程中也紧密关注微观系统——家庭。家庭的教养水平直接影响带养方式以及婴幼儿的身心发展情况。由此，早教机构的定位于向家长宣传科学教养理念，普及育儿知识，服务于各种层次的婴幼儿和家长。

　　学习本章，要了解婴幼儿语言发展规律，在此基础上遵循月龄特点设计活动。活动中与婴幼儿有效互动，准确解读婴幼儿发展情况，帮助家长了解婴幼儿个体特点。也要发起与家长的有效互动，从婴幼儿发展情况入手，发现带养问题，进行教养指导，传播科学育儿知识。

延伸学习

 **拓展阅读**

早教老师指导"祖辈育儿"有妙招

　　0—3岁是人生发展的关键期，从孩子出生的第一天起就必须开始对他们进行科学的、正确的、合理的教育。但是，从现行的早期教育机制来看，托幼园所大多数接收的是2.5—3岁的孩子，学前教育机构所授也是3—6岁以内的内容。因此，许多拥有大学文凭，甚至拥有硕士、博士等高学历的父母，由于忙于工作奔波、事业追求，不得不将3岁以前孩子的教育拱手让给自己的父母。在早教中心，很多宝宝也都是由自己的爷爷奶奶、外公外婆带着前来参加早教活动。祖辈代养虽有其迫不得已的现实初衷，但从婴幼儿早期教养的角度看，其往往存在以下诸多弊端：其一，某些祖辈文化程度偏低，对早教不够重视。且身体状况欠佳，照看孩子精力不足，常常抱有"宝宝吃好、喝好、睡好，不要发生意外就好"的心理照看孩子。比如倾向于让孩子一个人看电视、睡觉而忽视了成人陪伴，容易导致孩子生活规律差、交往能力差、社会性发展弱等。其二，祖辈带孩子往往对其溺爱有加，包办代替现象较多，孩子缺乏生活自理能力和社会交往能力，且运动量较少，最终影响了大脑及智力的发展。

　　早教中心的指导老师在给宝宝进行亲子游戏的同时，也应注重向家长们传递科学育儿观念，让祖辈慢慢理解、接受一些先进的教育理念和教育方式，并能让祖辈有效运用科学的方法，顺利地迁移到家庭中与宝宝进行亲子互动。在实践过程中，早教指导老师也总结出了一些指导祖辈家长科学育儿的实践原则,作为指导的重点。

一、保教并重,满足婴幼儿安全、舒适的保教需求

在以往与祖辈家长沟通的过程中,发现部分祖辈家长往往过于重视婴幼儿的保育,满足婴幼儿的吃、喝、拉、撒、睡等生理需求,而相对忽视了保育过程中的教育意识。祖辈家长承担起养育第三代的责任,就不能仅仅局限于让婴幼儿吃得好,穿得暖,睡得香,长得胖而已。对于婴幼儿,其保育与教育是联系在一起的,既要做到保中有教,即在抚育婴幼儿的过程中注重对婴幼儿良好生活习惯的培养,又要做到教中有保,在进行游戏或亲子活动时,首先要以婴幼儿的生理安全、舒适、生理需求满足为基本前提。

案例 15

班里来了个宝宝,小名叫辰辰,长得黑黑瘦瘦的。第一次走进班里就觉得这个宝宝在同月龄段中属于长得瘦小的孩子。游戏即将开始了,只见她将自己的大拇指伸进嘴里开始吮吸起来,两只眼睛也开始无神,想睡觉了。坐在她身后的奶奶立马把她抱在怀里,从包中拿出准备好的奶瓶,塞进宝宝的嘴里,就看到辰辰闭上眼睛,开始享受奶瓶带给她的滋味。老师为了保证其他宝宝正常参与游戏,只能让辰辰奶奶抱着宝宝去外面的休息区域给宝宝喂奶了。等到辰辰过了一把奶瘾后回到活动室,第一个游戏也结束了。

活动结束后,指导老师与奶奶做了详细沟通,听奶奶说:"辰辰23个月到了。在家里奶量比饭量大,吃饭的习惯很不好,不喜欢吃饭。看到香喷喷的饭菜也没有很大的食欲。我们大人也不知道弄什么菜给她吃,真让我们很头痛!每次健康检查总是不达标,总是被医生批评。"

在和奶奶的交流中得知辰辰喜欢吃巧克力,他们会经常给她吃巧克力、糖之类的零食。听了奶奶的话,老师意识到是爷爷奶奶的养育方式出了问题,只知道尽量满足宝宝的需求,而忽视良好习惯的培养。老师对奶奶说:"辰辰这么大的孩子,基本能和大人吃一样的饭菜,别光给孩子喝奶粉,水果呀、米面呀,都要让辰辰适当吃一些。下午两餐之间还可以来些小点心。"奶奶听了,一脸愁容地说:"我们也知道这些,可辰辰就是不爱吃怎么办啊?"老师笑着对她说:"辰辰这种情况肯定是急不得的,她的食量不大,可以每次先少盛一点,她吃完后,你们要及时表扬她,这也是新的习惯的建立过程,需要耐心引导。""还有,辰辰不爱吃饭和运动量不足也有关,平时一旦饿了吃点零食就饱了,自然不想吃饭了。所以,一方面要加强宝宝的运动量,一方面不要随便给她吃零食。"奶奶听了,舒心地笑了,决心回家一试。

每个婴幼儿来自不同的家庭,每个家庭对他们的养育方式也有很大差别。在这个案例

中，婴幼儿不良的生活习惯引起了教师的关注。教师首先了解了婴幼儿的月龄段和平时的生活起居习惯，作为与家长沟通的切入点。其次，在与家长沟通时，教师不仅从保育的角度给家长提供了这个月龄段婴幼儿合理的饮食结构，还提供了一些帮助婴幼儿养成良好生活习惯的方法，使其能更好地适应早教中心的亲子活动。

二、严慈并济，重在从小养成良好的行为习惯

俗话说"没有规矩，不成方圆。"我们所说的"规矩"也就是平时十分重视的习惯的培养。然而，由于独生子女及隔代教养的缘故，很多祖辈疏于对婴幼儿某些不良行为习惯的约束和教育，以致婴幼儿从小便自我中心、我行我素，乃至脾气大、任性。对婴幼儿的不良习惯严加约束，从小养成良好的行为习惯，遵守一定的规则秩序，不仅有助于他们更好地适应集体环境，对于日后的社会交往及良好性格的塑造也具有重要意义。

案例 16

今天我们在亲子阅读室中进行亲子阅读活动。走进教室，老师招呼着宝宝们先坐在自己喜欢的卡通座椅上。彤彤看见琳琅满目的图书坐不住了，一会儿去拿图书，随便翻阅一下就扔地上了。我见这一状况后，就对彤彤说："何老师看看，哪个宝宝愿意和自己的卡通椅子做朋友，坐在它身上，坐得稳稳的。"可是彤彤似乎听不懂我的话，还是在拿后面的图书。我轻轻地走到彤彤身边，轻轻地说："彤彤，你的卡通椅子生气了，哭了。你不和它做朋友。"彤彤听了马上坐回自己的椅子上。

在阅读活动中，彤彤和其他孩子比起来注意力集中的时间比较短暂。短短10分钟左右的亲子阅读活动，彤彤被奶奶反复抱回椅子上好多次。最后，我拿出漂亮的贴纸，对彤彤说："彤彤最听话，坐在奶奶身边好好看书，等会儿就让贴纸和你做好朋友，好吗？"彤彤听到有贴纸，看了一眼漂亮的贴纸，一下子就乖乖地坐回奶奶身边看起书来。

活动结束后，老师和彤彤的奶奶进行了一番交流。彤彤平时就有乱丢玩具的不良习惯，玩具和图书都是家中保姆阿姨整理的。在活动时，老师发现彤彤喜欢大人夸她，赞赏她。于是，老师对奶奶说："奶奶，你还不太了解你的孙女呢，她呀，喜欢别人肯定她，夸她。平时你们可以准备一些奖励贴纸或一些彤彤喜欢的小奖品，彤彤一旦表现好了，就奖励一个，陪她玩的时候也多提醒她一下，有时不是宝宝不愿意整理，而是没有人盯她，她就忘记了。""可是有时候我们提醒她也不干啊！"奶奶无奈地说。"这种情况呢，就需要爷爷奶奶先动起来了，你可以假装说，哎呀，我的腰扭了，彤彤来帮我整理玩具吧。首先让她参与进来，然后下次你慢慢放手，慢慢宝宝也会把整理玩具当成一项游戏，越来越喜欢，越来越习惯的，因为这里面有一种成就感。"奶奶连连点头。

在进行婴幼儿的行为习惯养成时,既要有"严",对婴幼儿的行为严格要求,一旦发现不良的行为习惯要严加约束,予以改正;同时,也要有"慈",善于运用一定的教育方法,以柔和、慈爱、灵活的方式教育婴幼儿,比如在这个案例中教师运用了语言鼓励的方法、以身作则亲自整理的方法等。

三、尊重差异,按照身心发展规律进行教育

科学育儿是早教指导中心教养的基本理念之一。在进行家长指导时,教师尤其注重向家长普及每个月龄段婴幼儿的身心发展特点和成人的教养重点,主张遵循婴幼儿的身心发展规律进行教育。然而,每个婴幼儿的身心发展又存在一定的差异性,如何在兼顾不同个体发展的规律性、普遍性与独特性、差异性之间取得平衡,也是教师指导的一个重点。

例如,2岁幼儿开始牙牙学语,逐渐有自我意识。他们会通过自己的语言和行为来表达自己的想法和意愿。但也有个别婴幼儿语言发展上比较缓慢,理解性语言多于表达性语言,表现为听得懂大人的话却不能自己用语言来表达。在实践中,也经常听到个别祖辈家长讲:"我家宝宝都听得懂,就是不愿说,开口晚。"

案例17

班级中有这样一位男宝宝,他们家是一对龙凤胎,都是23个月大,姐姐已经有点会说话了,会说"爸爸""妈妈"等简单的叠词。可是这个弟弟就是不开口说话,家长很着急。

在活动中教师也观察到这个弟弟,他听得懂老师和家长的话,就是不会说而已。活动中,外婆也想办法让弟弟开口说话,弟弟就是不理睬外婆。外婆把弟弟想要的东西拿走,弟弟就开始发脾气、哭闹。外婆没办法只能"投降",把弟弟想要的东西给他。在活动结束后,老师就和家长做了沟通。"弟弟都懂大人讲什么,就是不愿说。很多时候都是大人帮他说掉了,所以弟弟就不愿意说了。我们在带孩子时,不要样样争先在宝宝的前面,而要给宝宝一个锻炼的机会。不要看到宝宝发脾气哭闹就妥协。要坚持、要等待。""那要怎么坚持呢?"外婆对老师的话略带疑惑。"好比弟弟喜欢吃糖,看见糖就很开心,那我们可以有意识锻炼宝宝开口,糖拿在我们手中,让弟弟努力说出'糖果'。或者勉强说出一个字'糖'的话就马上奖励他吃糖,长此以往,弟弟就知道,自己表达出来就会有奖励,就会得到自己喜欢的东西。渐渐的,语言上也得到锻炼,不会做'小哑巴'了。"

我们要尊重每个婴幼儿的最近发展区,指导老师会在集体指导时给出每个月龄段婴幼儿相应的发展基准,而在个别指导中,家长可以与教师就某些方面发展迟缓的婴幼儿的教养问题进行详细交流。案例中的弟弟在语言发育上有点慢,祖辈在抚养过程中,要重视引起这种现象的原因,如指导老师发现是平时家长的包办代替现象太多了,没等孩子开口家长就意会了孩子的意思，孩子自然也就不必开口了。因此，指导老师建议家长要学会等一等，让婴幼儿尽量自己表达意愿，哪怕就一个字也行。婴幼儿能用一个字表达出自己的意愿，就要马上给予他鼓励和表扬，给他信心。

总之，针对祖辈家长的重保轻教、包办代替、过分溺爱等现象，指导老师要与家长多沟通，遵循保教并重、严慈相济、遵循年龄特点与尊重个体差异相结合的原则，普及科学育儿的教育理念和教养方法，提升祖辈家长的教养水平。

（资料来源：王静萍主编.0—3岁婴幼儿早教亲子课程开发研究［M］.上海：上海科学普及出版社，2014.）

 学习活动

组织学生去早教中心观摩一节语言活动，每个学生可以选取一组家庭进行观察并记录，讨论儿童语言发展情况以及家庭带养方式。

复习与思考

1. 你组织的早教活动中，有一组家庭是第一次来参加活动，分散活动时，你会做出怎样的指导？如何与家长进行沟通？

2. 一名早教教师，在面对家长和婴幼儿时分别应具备哪些素质？

第八章　婴幼儿语言常见问题及对策

学习目标

1. 了解婴幼儿语言常见问题及形成原因。
2. 掌握婴幼儿语言常见问题的应对对策。

婴幼儿出生的头三年是婴幼儿语言发展的关键期。三年间，婴幼儿从咿呀学语到说简单的词语，再到开始能回答简单的问题，婴幼儿每一次的成长进步，总会让爸爸妈妈看在眼里、喜在心间。但婴幼儿的语言发展也不是一帆风顺的，爸爸妈妈会在婴幼儿语言发展中遇到各种问题和困惑。本章将围绕婴幼儿语言发展的常见问题：口吃、缄默不语、怕与陌生人交流、多种语言混杂着说、什么都说"不"、口齿不清以及词汇贫乏等，解读其出现的原因，提出有效的对策。

第一节　婴幼儿出现口吃的原因及对策

案例1

"东东现在34个月，前段时间说话还挺好的，可是最近说话开始出现结巴的情况。有时这两天好一点，可过几天又结巴得厉害，一句话半天都说不出来。听着我就想发火，可还不能说他，怕越说他越严重，这可怎么办？"东东妈妈正在早教中心的沙池边向老师咨询着，东东的声音从一旁的沙池里传来，"妈……妈，他……他……拿……我……我……我的……铲子！"

东东妈妈的困惑是很多家长在婴幼儿2—3岁开始都会遇到的问题——突然出现口吃。其实这一阶段口吃是幼儿在语言发展中常见的一种问题，被称为语言流畅性障碍，主要表现为说话时语言表达不流畅，说不出来，语句中断，字句、音节不断重复。2—5岁的幼儿最易出现口吃问题。据专家统计，口吃幼儿约占幼儿总数的10%—15%，其中，绝大多数幼儿的口吃是假性的，随着年龄的增长、语言实践的增加，这一问题也会不治而愈，我们将这一种现象称为"口吃现象"。

但是，也有一小部分幼儿的"口吃现象"最终会发展成为"口吃"。据专家统计，幼儿口吃现象的发生率是10%—15%，而成人口吃的比例为1%，可见，如果我们没有正确地看待、有效地干预，还是会有很多出现"口吃现象"的幼儿成为真正的口吃患者。因此，我们必须清楚了解究竟什么原因会造成幼儿"口吃"，做到心中有数，科学育儿。

一、婴幼儿口吃的原因

婴幼儿的口吃，更多的是一种"口吃现象"。那么，究竟是什么原因会造成这一问题呢？综合各类观点，产生口吃的原因主要有以下几种。

（一）语言发展的阶段性特点

幼儿从2岁开始，语言发展迅速，词汇量迅猛增加。这一阶段，他们虽然学到了许多新词，但要把这些词语有条理地组成一个句子并且说出来，仍然是有一定困难的。他们的思维速度往往超过说话的速度，语言跟不上思考，想说的东西太多，一下子找不到合适的词，心里又着急想把它说出来，于是就变得说话不连贯，经常重复同一个词语或语音，这种情形看起来很像口吃。但对2—3岁的幼儿来说，说话不连贯、重复是语言飞速发展中正常的、自然的现象，决不能称为"口吃"，只是一种"口吃现象"。但如果处理不当，就会引起语言发展上的危机，成为真正的口吃。

（二）遗传

口吃与遗传相关。据统计，口吃患者家族发病率可达55%—65%，父母有口吃的话，子女口吃的发病率要比父母正常的高得多。

另有研究表明，父母双方都有口吃者，子女60%也会有口吃；父母任意一方有口吃者，子女产生口吃的可能性为40%；而只有10%的口吃儿童，家人没有口吃现象。这一数据虽然无法说明口吃究竟是先天受父母基因影响，还是后天受家庭语言环境影响，但无疑给我们一个启示：如果家长是口吃患者，更要在婴幼儿语言发展的关键期，特别留心他们是否有口吃现象，这种现象是否具有向"口吃"病症转化的趋势。

（三）模仿

幼儿的模仿能力强，当他们接触到口吃患者，或者在游戏中接触到有口吃现象的同伴，甚至当他们在电视或电影场面中看到口吃情节，在强烈的好奇心和模仿兴趣的驱使下，便会模仿和学习。模仿是幼儿语言发展的一种重要方式，幼儿语言发展尚未成熟，很容易因为模仿而出现口吃现象，若不及时干预，最终会习惯成自然，成为口吃患者。

（四）过度关注与矫正

正如前文所说，幼儿在2岁后开始出现的说话不连贯、重复、断句是幼儿在语言飞速发展阶段的一种正常生理现象。但很多父母望子成龙、望女成凤，子女的这种口吃现象是他们所不能允许的。一旦幼儿说话出现一点不连贯、重复、断句的情况，父母就会进行纠正。

有的是在子女一句话还没说完就打断，要求他们把话重新说完整；还有的甚至会训斥子女。这些过分的关注和过多的矫正，常常会给幼儿带来更大的心理压力。幼儿在开口前变得更容易紧张，担心自己说错，在这种心理的影响下，他们的心理压力更大，反而越说越错，更容易发展成口吃。

（五）精神压抑

另一种观点认为婴幼儿之所以口吃，与吮吸大拇指、咬指甲等行为相似，是为了释放他们的某种心理压抑。这种观点是以精神分析学派的弗洛伊德心理分析理论为基础，认为婴幼儿在成长过程中产生了某种心理障碍，或是某种心理需求无法得到满足时，就会以某种方式释放出来。

这一观点可以解释有些婴幼儿在受到惊吓呵斥，或者环境突然改变后会出现口吃。因为这些突如其来的刺激和变化会造成婴幼儿心理的紧张，若父母没有及时发现和注意，这种紧张没能及时有效地缓解，就可能出现口吃。

此外，父母经常争吵或离异家庭的婴幼儿也容易发生口吃。因为婴幼儿在家庭中感受不到温暖，而更多感受到的是父母之间剑拔弩张的关系，长此以往，会逐渐变得内向、孤独、自卑，情感的长期压抑也会造成口吃。

（六）语言编码

语言学派的观点认为，口吃是因为说话者的语言编码出现了问题。研究人员认为口吃其实是说话人的语言行为出了问题，语言接收和理解上是没有问题的。通过对成人口吃患者的研究发现，成人的口吃现象主要出现在语音开头时的辅音，特别与句首词有关，如"你……你……你……你……好……"，口吃者通常在"你"的"n"这个辅音上发生拖延的现象。

另外，很多婴幼儿同时进行两到三种方言的学习，有些甚至还要学习英语，这样多种类的语言，可能造成婴幼儿语言编码混乱，也会出现口吃现象。

还有一些婴幼儿因思路迅速宽阔，说一些不常使用、或原本未准备说的词语时，大脑来不及编码，也会出现口齿追随不及情况，发生口吃现象。

（七）其他因素

影响婴幼儿口吃的原因，除了以上几种常见原因，还有其他因素。例如，医学专家指出，先天的发育不良也会引起口吃。一些婴幼儿在胎儿期母体患妊娠毒血症、出血或躯体性疾病，或发育过程中患某些传染病使神经系统功能弱化，言语功能受损会导致口吃。

二、婴幼儿口吃的对策

（一）科学认识婴幼儿口吃现象，避免贴标签

首先，成人应该了解幼儿在 2 岁后开始出现的说话不连贯、重复、断句这种类似口吃的

现象，是语言飞速发展阶段的一种正常生理现象，一般会随着幼儿年龄的增长、语言实践的增加而自然缓解，切勿过分焦虑。因而，当幼儿出现语言不流利的现象时，成人要科学地认识到这种现象是可以接受的，进而为幼儿创造一个良好的语言学习环境，帮助他们顺利度过 2—5 岁这个"口吃现象"高发期。

其次，在幼儿出现说话不流利的情况时，切记不要随意给他们贴上"口吃"的标签，过度地矫正。因为一旦贴上了标签，过分重视，幼儿在说话前会更容易感到紧张、害怕，说话时也会更加在意自己是否有不流利的情况，从而产生口吃的心理预期，最终将发展成为伴随一生的一种语言交流障碍——口吃。

(二)宽容对待婴幼儿口吃情况，给予他们充分的表达机会

1. 学会等待，耐心倾听

幼儿从 2 岁左右起，开始逐渐用语言表达自己的要求和愿望，有了强烈的表达愿望。而这一阶段的幼儿往往思维超前于语言发展，他们的脑子转得要远远快于语言，常常出现嘴巴跟不上脑子、语言表达不流畅的情况；表达也会缺乏逻辑性，只言片语。当幼儿出现这一情况时，成人要给予幼儿更多的空间，宽容地对待他们在语言过程中的停顿、重复，耐心等一等他们，认真听他们把话说完，而不应皱起眉头露出不满意的神情，或是直接打断，要求他们"再说一次"，更不应该责怪与打骂。这样幼儿就不会过于关注自己的口吃现象，在语言表达方面更有自信，话也会越说越流畅，越说越好。

2. 降低要求，循序渐进

作为成人，我们要着眼婴幼儿的发展阶段，尊重他们当前的能力。婴幼儿的语言表达与他们的认知水平、语言发展紧密联系，成人要适当放低标准，不能要求他们达到成人的词汇量和流畅度。这就像婴幼儿刚开始学习走路时一样，怎么可以要求他们像成人一样稳健？尽管他们走得歪歪扭扭，但他们是朝着前进的方向在移动，我们也就很满意了。这和婴幼儿的语言表达是一个道理。

(三)树立优秀的语言表达榜样，营造良好的语言学习环境

如果说以上两种是成人在遇到婴幼儿口吃现象后的应对态度与做法，那么有什么办法是可以防患于未然，或者助推婴幼儿早日度过"口吃现象"高发期的呢？

1. 自然情境中，鼓励婴幼儿多看、多听、多说

婴幼儿处于直觉行动阶段，要有计划地带领婴幼儿去直接接触、观察外界的事物，或者通过看图片、看图书的方式获取现实知识，积累感性经验和语言素材。丰富的生活经验和知识，是婴幼儿拥有丰富多彩的语言的前提，也有利于他们更好地思考、表达自我。

倾听是表达的先决条件。培养婴幼儿倾听的习惯，是发展他们口语的先决条件。婴幼儿在倾听的基础上进行模仿，才能够更好地表达。因而可以在自然情境中，和婴幼儿一起听各种声音：自然界中的各种声音(风声、雨声、雷鸣声、虫鸣鸟语……)，生活中的各种声音(交通工具的鸣笛声、切菜炒菜声……)，在倾听自然后，鼓励婴幼儿去模仿、想象，增加他们表达的兴趣和能力。

在语言实践中反复练习。给婴幼儿创设说话的环境，在轻松、自由的氛围下，鼓励婴幼儿无拘无束地表达。在多说的过程中，培养他们正确发音，完整表达。

2. 生活对话中，鼓励婴幼儿模仿正确示范、用多种方式表达

模仿是婴幼儿语言学习的重要途径之一。在生活对话中，注意为婴幼儿树立良好的榜样。与他们说话时，要放慢语速，语调平稳，吐字清晰，有节奏感。婴幼儿在这样的环境下，也会受到潜移默化的影响：放慢语速、不紧不慢、自由地表达自己的想法。

如果婴幼儿出现模仿口吃儿童说话的情况，成人要及时制止，进行正确的示范，防止口吃"习惯成自然"。

表达的方式有很多，除了语言，歌曲、儿歌都是表达的方式。一些婴幼儿在日常对话中会有口吃的现象，但当他们在唱歌、念儿歌时却可以很流畅；此外，还有不少婴幼儿在使用方言时会口吃，但却能较为流利地运用普通话。因而，我们可以鼓励婴幼儿换一种方式表达，帮助他们增强自信心和表达的愿望。

3. 语言活动中，鼓励婴幼儿接受多种类型的文学熏陶

文学作品是促进婴幼儿语言发展的重要手段。为婴幼儿朗读一些简短、优美的儿歌或绘本，在读的时候放慢语速，让婴幼儿充分感受语言的连贯和优美，儿歌的节奏感，同时，也为他们提供更丰富的语言素材、词汇积累，更有利于培养他们对于语言表达的兴趣。

第二节　婴幼儿缄默不语的原因及对策

案例 2

> 小布丁现在 9 个月。因为我要上班，他 100 天以后，就住在奶奶家，由奶奶主要照料。一直也都说小布丁很好带，不像有些孩子一样经常哭闹；就是平时逗引他，也不会呵呵呵笑，比较平静，感觉很"老成"。刚开始，我们还很开心，感觉生了个'天使宝宝'，但最近，感觉好像不太对，担心会不会是反应迟钝。带他到医院去检查，身体发育也都正常，这到底是怎么回事啊？真是让人头疼。

和小布丁一样沉默的婴幼儿在医学上有专门的称呼——"沉默婴儿"。这类婴幼儿往往有相似的表现：与同龄孩子相比，哭闹少，甚至是不哭闹；对外在刺激（成人说话等）反应很慢，去医院检查又没有任何器质性的病变。他们往往不善于用表情和哭声来表达自己的情感与需求，成人无法及时地收到他们饥饿或者不舒服的信号，也就无法给予适当的营养补给和照料，长此以往，容易导致婴幼儿身体发育迟缓、智力发育落后，严重的还会造成婴

幼儿孤僻、冷漠等性格缺陷，影响他的一生。

一、婴幼儿缄默不语的原因

婴幼儿的缄默不语现象出现的原因有很多，主要原因是婴幼儿所处的社会养育环境不良，其中又以母婴交流缺乏，以及家庭氛围影响为主。

（一）母婴交流缺乏

母亲是婴幼儿生存、发展的"第一重要他人"。母婴交流是婴幼儿最早的社会性交往，充分且积极的母婴交流有利于婴幼儿良好社会行为的养成。相反，母婴交流的缺乏会给婴幼儿带来不良的影响，很多"沉默婴儿"的产生就是由于母婴交流缺乏。

随着现代社会节奏的加快，很多80后妈妈在诞下孩子后不久就重新回归工作，投入职场竞争中，"沉默婴儿"也呈逐年增加的趋势。80后妈妈在自身回归工作的同时，不得不将孩子托付给祖辈照顾，往往只能是下班回到家，拖着疲惫的身心，在孩子睡觉前和他们短暂地玩一会。一方面，婴幼儿出生的前三年是亲子依恋建立的关键期；另一方面，母亲对婴幼儿发出的声音、动作、表情无法给予及时的反馈，婴幼儿缺乏与母亲的情感交流、肢体接触以及亲子互动，长此以往，婴幼儿与生俱来的"对话"能力就会逐渐弱化甚至消失了。

美国心理学家哈洛曾对幼猴进行试验。他把出生不久的幼猴放在两个假母猴的环境里，一个是用钢丝做的手拿奶瓶的"钢丝妈妈"，另一个是用棉花和皮毛做的可以取暖的"棉布妈妈"。"假妈妈"虽然满足了幼猴的温饱，但由于长期无法与"真妈妈"对话和接触，幼猴长大后变得性格孤僻、呆板、适应力极差，甚至生产后不会照顾自己的后代。这个实验也告诉我们，母婴之间缺乏积极的交流、抚触和互动，是造成婴幼儿"沉默"的重要原因。

（二）家庭氛围影响

家庭氛围对婴幼儿的成长起着潜移默化的作用。温暖、和睦、有爱的家庭里，父母长辈对婴幼儿温暖的照顾，用合理的方式养育他们，在这样氛围里生活的婴幼儿大多会健康成长。而如果家庭不和睦、充满冷漠与疏远，父母长辈存在抑郁、滥用药物或其他不良行为问题，婴幼儿也多数会长期处在冷落中，需要无法得到满足，造成"沉默"。

二、婴幼儿缄默不语的对策

（一）选择母乳喂养，增进母婴情感

母乳喂养是母亲与婴幼儿建立亲密母婴情感的开端。新生儿初到人间，他们在母亲的怀抱与爱抚中感受温暖和关爱，增进母婴情感。在母乳喂养的过程中，婴幼儿投入母亲的怀抱，接触母亲温柔的肌肤，细嗅母亲丝丝的芳香，此时，母亲给了他们乳汁，母亲给了他们全世界。比起流水线上生产出来的奶瓶,婴幼儿更需要母亲的哺育,这不仅能满足他们的生理需要,同时满足他们的心理需要,填补他们的"皮肤饥饿"和"情感饥饿"。

(二)通过亲子互动,建立母婴关系

母亲通过多种感官通道和婴幼儿亲密接触,以游戏的形式和婴幼儿开展互动,有利于母婴关系的建立和巩固。婴幼儿的嗅觉是相当敏感的:把浸有母亲乳汁的布片靠近婴幼儿的鼻端,他能够很快止住哭声,并做出寻找母乳的姿势。因而,母亲应该多抱婴幼儿,让他熟悉母亲的体味。婴幼儿的听觉是十分敏锐的:他们在出生不久就能够分辨出母亲的声音。因而,母亲可以多和婴幼儿说话,这些看似无意义的"对话"不仅有利于丰富婴幼儿的情感体验,还有利于增强婴幼儿的语言经验。婴幼儿对人脸具有天生的识别能力:母亲微笑的脸能吸引他们的视觉注意。母乳喂养时仔细观察也不难发现,婴幼儿常常是边吃奶边看着自己妈妈的脸,这是婴幼儿情感发育过程中的视觉需要。婴幼儿最敏感的部位是口角、唇边和脸蛋,依偎在母亲温暖的乳房边,能在大脑中产生安全、甜蜜的信息刺激,对其智力发育起着一定的催化作用。此外,母亲经常的抚摸、拥抱也会产生同样的效果。

图 8-1 妈妈陪我看雪花

全身心地投入亲子游戏,用孩子最喜欢的方式"玩",在玩中积累经验、发展认知、增长智慧。从最初玩自己的手和脚,到玩奶瓶等日常用品,再到玩玩具;从认识父亲母亲,到感知身边环境中的人和事,进而开启人生最初的交往,建立起人生启蒙的关系。

(三)利用生活照料,增强亲子交流

婴幼儿尚不具备生活自理能力,需要成人养育照料。例如,婴幼儿尚不能自理大小便,需要成人每天数十次地为他们换尿片,清洗。湿尿片使他们感到"难受",干净的尿片让他们变得"舒服"。多次更换尿片的经验使婴幼儿知道尿湿了需要用哭来表示自己不舒服,换好后用手舞足蹈的方式告诉成人自己舒服了。因此，在养育环节，成人首先要做到的就是敏感地感受到婴幼儿的需求，及时给予反馈。其次，可在更换尿片的时候和婴幼儿说："宝宝，腿张开，换尿布了，舒服喽。"每次换尿片时都重复，能够帮助他们建立条件反射。在4—5个月时，婴幼儿尿湿后，成人只要用语言和动作进行提示，婴幼儿就会配合地抬起两腿，等待换尿片，这是亲子交往获得的收获。同样，吃饭、洗澡等生活照料环节中进行亲子交流也会产生很好的效果，使婴幼儿身心愉悦、知觉灵敏。

年轻的爸爸妈妈们，即使工作再忙碌也不要忽视对宝宝生活需求的满足。换尿片、洗澡、吃饭等这些生活照料环节中的亲子交流，看似简单，却会让婴幼儿充分感受到你的爱。看似简单的照料与教养，对婴幼儿的成长来说却是意义非凡的。

（四）营造家庭氛围，感受家庭温暖

温暖、和睦、有爱的家庭氛围里，婴幼儿会得到更精心的照顾，感受到更愉快和谐的关系，从而健康快乐地成长。因而，要为婴幼儿提供一个有良好家庭关系的氛围，妈妈的温暖、爸爸的力量、祖辈的疼爱，会让他们在人生最初的交往中感受乐趣，进而产生亲近他人的愿望。

拓展资料

面对沉默的孩子

人们都说"沉默是金"，而且许多人都把这句话作为座右铭，但用到孩子身上我却觉得沉默不是金。

就拿我班的鑫坤来说吧，每次上课他都认真听，可就是一提问他，或者让他起来背儿歌，他就一声不吭。要是再坚持，他就红眼圈，然后"掉豆豆"。所以，平时真是不敢提问他。据家长说，他回家也从来不说在幼儿园学了什么东西。就他的表现来看，他不属于接受能力差的孩子，平时也很主动参加集体活动，挺活泼的一个孩子，为什么就是不回答问题呢？

究其原因，我认为有两点。第一，他可能是害怕，怕回答错了，老师批评他。第二，是由于这一年龄阶段孩子的特殊心理特点，此时，人生第一反抗期已经出现，逆反心理占主要作用。老师越让他说，他越不说，或者用哭来表示反抗。老师拿他没办法，只好算了。于是，他从心理上得到了强化。久而久之，就形成了沉默的习惯。孩子在回答问题上沉默算不了什么，但也许会迁移到人际交往等方面，如果这样，问题就严重了。俗话说"一把钥匙开一把锁"。我们首先要注意到孩子普遍的心理特点，然后要注意观察分析每个孩子的自身特点，才能找到解决问题的方法。对沉默的孩子，既要采取开导劝说的方法，又要经常提问并鼓励他。只有这样，才能让他们摆脱沉默。通过我们的坚持努力，积极引导，现在李鑫坤比以前活泼多了，上课也能大胆回答问题了。

（资料来源：百度文库）

第三节　婴幼儿怕与陌生人交流的原因及对策

案例 3

欣宝两岁了，我们一直有个问题就是，她平时在家很会说的，可一旦到了外面，或者有陌生人在身边，就不开口了，怎么引导都没用。以前还愿意跟人打招呼，现在长大了，反倒连招呼都不愿意打了。就像现在在外面，让她和别人打招呼，要么就是往我怀里钻，要么就干脆跑开，如果批评教育她，她又会直接哭，弄得我很尴尬。真不知道这是像谁，越长大越坍台了呢。

为什么宝宝越大反而越怕陌生人了呢？

图 8-2　让我一个人静静

孩子怕生是很多婴幼儿家庭都会遇到的问题。以前不怕生，怎么越长大反而越怕生了呢？成人需要怎么做，才能引导婴幼儿更加开朗的和陌生人交往呢？

一、婴幼儿怕与陌生人交流的原因

婴幼儿越大越怕生，不仅与婴幼儿自身的性格有关，也与他们的认知、心理发展特征，以及家庭养育环境密切相关。

（一）婴幼儿心理发展特征

发展心理学研究显示，0—3 个月的婴儿处在无差别的依恋阶段，这一阶段的婴儿对所有人的反应几乎是相同的，也不抗拒陌生人的拥抱和抚触。从3个月起到1岁左右，婴儿面对陌生人的时候，他们的反应减少了，但此时婴儿一般还是可以接受陌生人，与其一起游戏或接受他们的照顾。一般在婴儿6—7个月左右开始对陌生人回避，与陌生人的微笑也减少了，这一表现在8—10个月最严重，一般到2岁以后开始减弱，消失时间因人而异，有些到三四岁才完全消失。这是婴幼儿心理发展的一般特征，属于正常现象。

婴幼儿在这一过程中还可能出现陌生人焦虑。据统计，约20%的婴幼儿的陌生人焦虑表现不明显，持续时间也较短，往往好像没有发生过一样；而还有一部分婴幼儿的焦虑持续时间长，程度深。陌生人焦虑的表现一般是：婴儿从6个月左右起，忽然一反常态，原本是谁抱都可以的，现在变成了面对陌生人时退缩、哭泣，陌生人越是靠近越是退缩。心理学家指出，这种陌生人焦虑并非坏事，恰恰说明了婴幼儿的心理发展到了一个新的阶段，说明婴幼儿依恋关系已经确立，是婴幼儿心理发展的一个里程碑。一方面，陌生人焦虑反映出婴幼儿认知能力的发展，已经可以把熟人和生人、熟悉的环境和陌生的环境区分开来，说明他们的智慧上升到一个新的高度；另一方面，陌生人焦虑也是婴幼儿情绪情感以及社会性发展的正常阶段，说明发展良好；最后，陌生人焦虑也能从现实层面对婴幼儿起到保护作用，避免婴幼儿受到不友好的陌生人的伤害。

（二）婴幼儿自身气质类型

婴幼儿生来就具有个人最初的气质特点。不同气质类型婴幼儿的个性特征也有所差异，有的婴幼儿天生腼腆、害羞，不喜欢多说话，这是他们与生俱来的气质性格。气质类型没有好坏之分，也较难在后天人为地改变。因而如果宝宝是比较腼腆内向的性格，大可不必一定要求他在其他人面前表现得很活跃。

（三）婴幼儿家庭养育环境

家庭养育环境中的亲子依恋和家长性格，往往也与婴幼儿对陌生人的态度密切相关。一般来说，亲子依恋过于密切，家长性格比较内向的家庭，婴幼儿更容易怕生。

亲子依恋过于密切也会引起婴幼儿害怕与陌生人交流。过于密切的亲子依恋并不是健康的，婴幼儿对母亲或者其他养育者过于依恋，会导致他们失去很多与其他人交流的机会，导致他们交流能力减弱，不敢也不会和陌生人交流。

一般来说，家长性格比较内向、孤僻，不喜欢交往，孩子也相对不善于交流，这可能是出于遗传因素，也可能是气质发展中的"掩蔽现象"。所谓"掩蔽现象"，就是指一个人的气质类型没有改变，但是形成了一种新的行为模式，与其所处的环境逐渐契合，而与本身的气质类型有所差异。父母不喜欢交往，给婴幼儿提供的与人交往的机会也就比较少，可以让婴幼儿模仿和学习的榜样也就没有了，因而，婴幼儿的社会化进程会变慢，不喜欢和陌生人交流。

（四）其他影响因素

除了上述三种影响因素外，有的婴幼儿也会由于在语言交流上存在障碍或困难，比如口吃、发音不清等，怕受到他人嘲笑，而拒绝与陌生人交流。这种情况需要成人及时进行有效引导，帮助他们正确认识自己，克服障碍，树立自信。

另外，不愉快的经验刺激，也会造成婴幼儿的恐惧，从而害怕与陌生人交流。比如，家长一直和孩子说"再不听话，就让陌生人把你抱走"，久而久之，婴幼儿就会留下陌生人是坏人的印象，从而不愿意和陌生人交流。

二、婴幼儿怕与陌生人交流的对策

（一）循序渐进地引导

1. 合理看待怕生行为

婴幼儿在0—3岁阶段出现害怕陌生人的现象是正常的，这是他们心理和认知发展的一个重要里程碑。作为成人，首先要认为这一行为是正常的，而不是一个什么严重的问题。如果婴幼儿不愿意和别人打招呼，家长不要一个劲要求他们必须去打招呼；也不要逢人就说"我们家宝宝就是性格害羞，不愿意跟人打招呼"；更不要随意拿他和别的孩子比较，否则只会一直给他们提供不好的心理暗示，结果越来越坏。

2. 逐步引导参与交往

有熟悉的人陪同进入新的环境或人群，婴幼儿更容易不怕生。引导婴幼儿和陌生人或者同伴交往，可以先是爸爸妈妈陪着，或者由他们熟悉的好朋友带着一起加入，在熟人的陪同下进入新环境，婴幼儿的压力会减小，他们往往更容易参与交往，充分感受到与同伴或者成人游戏的乐趣。

在熟悉的环境下，婴幼儿陌生人焦虑发生的概率较小。有研究表明，10个月的婴儿在陌生的环境中见到陌生人，大都会表现不安；而如果让他们在环境中先待十分钟，熟悉环境后，再让陌生人出现，只会有一小部分有消极反应。因此，可以先让婴幼儿在熟悉的环境中尝试和陌生人接触，再逐步带他们走向外面的世界。

3. 及时表扬每次进步

当婴幼儿在社交方面取得进步时，比如一向害羞的孩子开始和售货员阿姨说谢谢了，或者他开始微笑着在一旁看着同伴们游戏了，成人应当及时给他们表扬和鼓励。同时需要注意的是，表扬要具体、自然，过于浮夸和夸张的表扬只会加重婴幼儿心理的负担，引起不必要的畏难情绪。

4. 充分感受美好世界

经常带婴幼儿走出家门，去感受自然界的美好，体会与人交往的乐趣。多与大自然、大社会接触，他们的心情会更愉快、性格会更开朗。在公园里看哥哥姐姐滑轮滑，看爷爷奶奶练太极拳，在游乐园和小朋友一起玩滑梯、玩乐高等。走进生活，去感受生活中的乐趣，在不知不觉中，婴幼儿就开始不再害羞，愿意与人交往。

（二）因人而异地顺应

正如前面所说，婴幼儿的气质个性是不一样的。有的孩子本来就内向害羞，这并不是缺点，只要不影响他们正常的社会交往，成人完全没有必要加以纠正。只要家长正确示范，加上融洽的家庭环境，他们一样会自信快乐。不妨少点干预，多些顺应，让孩子们生活得像他们自己。

（三）言传身教地示范

1. 加强亲子间交流沟通

婴幼儿最早的社会交往是亲子交往，人际交往的对象首先是父母或其他主要代养人。因而，作为家长，首先要与婴幼儿进行充分、积极的交流，帮助婴幼儿积累人生最初的社交经验，告诉他们基本的社交礼仪，例如别人说话时不插嘴、说话时眼睛看着别人等。在日常生活中，鼓励婴幼儿说出自己的想法和愿望，尊重他们的自我表达，帮助他们树立自信。其次，家长发现婴幼儿出现怕生情况，要及时和他们沟通，了解他们内心的想法。比如有的婴幼儿长得胖乎乎的，大人看到往往会情不自禁地捏捏他们的小脸表示喜欢，但其实他们并不喜欢总是被人捏小脸，久而久之，他们就开始不愿意和成人接触了，而这并不是由于害羞怕生。这时，需要家长及时了解他们的想法，判断他们是不是真的怕生。

2. 树立成人的榜样示范

父母是孩子的第一任老师。很多家长都表示，婴幼儿在家里是有很多话的，但一到了外面，就变得害羞，没有声音了。遇到这一问题，父母首先要做好榜样，平时多和邻居打招呼，碰到认识的人相互问好，热情地与别人交谈，与人说话有礼貌，即使遇到陌生人也要保持礼貌、态度友好。这样，婴幼儿会受到熏陶，耳濡目染，怕生情绪也会逐渐消退。

家长也要多给婴幼儿创造和不熟悉的人交往的机会，比如带着孩子一起参加朋友聚会，邀请小朋友到家里做客，让他们看到成人可以很好地与朋友、陌生人交流，是一件愉快的事情，慢慢激发他们交往的兴趣。此外，家长要避免和孩子说类似于"再不听话，就让陌生人把你抱走"之类的语言，减少他们对陌生人的恐惧感。

拓展资料

有的宝宝只在家中活泼好动，一到外面就显得分外胆小，总是怕生，不敢多说话。因此，"怎样让孩子变得大方些"便成为许多年轻父母亟待解决的问题。

"宝宝在家时很活泼，一出去就变得很怕生。不爱跟同伴玩，而且老粘着妈妈。怎么让宝宝变得大方一些呢？"上周有些家长反馈的这个问题，您也碰到了吗？

全球化的人类大融合时代，却把孩子推向了反面。由于现在城市中多数孩子是独生子女，所有的大人都围绕着一个孩子，形成了典型的以孩子为中心的"倒金字塔"育儿模式。这些生活优越的"小皇帝"看似集万千宠爱，其实却备感孤单。

育儿专家指出，3岁前，孩子在这样的社会结构中生活，以自我为中心的经验已经根深蒂固，导致上幼儿园时多数孩子无法适应，这种社会心理的影响甚至贯穿一生。那么，如何拓展宝宝的社交能力？父母3岁前的正确引导尤其关键！

1. 多为孩子创造社交机会

中国蒙台梭利学会早教委员会主席王惠文认为，放弃"圈养"，让孩子多随父母参与社会活动，日常去哪里就带上他，不用刻意教什么，孩子自然会悟出道理。父母丰富的社会经验及日常的为人处事方式，会在无形中传授给孩子。

只要天气好，每天都应该让宝宝到户外活动，一来可以认识许多事物，二来可以接触很多不同的面孔。对这些面孔，开始宝宝会惧怕，但时间长了，就渐渐不害怕了。父母们还可以多参加一些婴幼儿活动，增加宝宝的参与意识，扩大宝宝和同龄宝宝的社交范围，学会在陌生的环境与陌生人相处。

2. 别随意干涉孩子的意愿

"孩子的可塑性很大，难以变化的常常是成人的态度。"国家级育婴培训师、省级考评员陈红建议，家长要让孩子尽量自由、放松地游戏、学习，少批评、多鼓励。

当孩子不愿意与其他更多的孩子相处时，家长不能硬逼着孩子去和小朋友一块玩，因为害羞的孩子比较喜欢一对一的交往；当孩子不愿意称呼别的长辈时，家长不要勉为其难，因为这可能会增加孩子的恐惧感；当孩子不愿意在客人面前表现时，家长也不要胁迫他，因为这样做会加剧孩子的紧张，将来会以更多的沉默和拒绝来应对，使害羞升级。

王惠文提醒家长，如果带孩子去公园或游乐场玩，就让孩子自由地玩，别随意干涉或见到孩子间略有争执就上去制止。

3. 从身边的这些细节做起

宝宝在六七个月到一岁左右，处在社交性参考的发育阶段，遇到不熟悉的人或环境，会先参考熟悉面孔的反应以寻求保护，这是正常的。

但如果宝宝太过怕生，家人须多投入一些时间和精力来培养。在平时照顾中，父母要注意一些细节问题：

① 别急着让陌生人抱孩子。家中来了陌生人，不要急于将宝宝抱到陌生人面前，介绍给客人，也不要让客人抱孩子，不然会造成孩子心理上的压力和不安全感，他会因为紧张和惧怕出现哭闹。

这时你可以把孩子抱在怀里，大人们先交谈，让孩子有一段时间观察和熟悉，渐渐的他的恐惧心理消退后，就会高兴地和客人交往。如果孩子哭闹，立即抱他离远一些，过一会儿再让孩子接近客人。

② 宝宝熟悉了新环境再玩。到了一个陌生的环境，宝宝可能会将你抓得更紧，这时，你不要离开宝宝，而应当陪伴宝宝，和宝宝一起认识新环境，并把新环境里一些有趣的东西指给宝宝看，让宝宝摸一摸，使宝宝对陌生的环境逐渐熟悉起来。等宝宝熟悉之后，就能放开手脚玩了。

③ 让宝宝先适应短暂分离。对小宝宝来说：不在眼前的东西就是不存在的。宝宝3个月的时候，就可以和宝宝玩藏猫猫的游戏，这就使宝宝初步理解，看不

到的东西不是不存在,而是暂时看不见。宝宝八九个月的时候,你就可以躲得远一些,比如躲在门后边或藏到其他房间,让宝宝适应与你有短时间的分别,并逐步和其他看护的人建立起信任。这样宝宝就不会只缠住一个人不放。

(资料来源:百度经验)

第四节 婴幼儿多种语言混杂着说的原因及对策

案例4

宁宁今年已经两岁半了,平时周一到周三住在外婆家,外公外婆说四川话,有时也说几句"川普";周四到周六住在爷爷奶奶家,爷爷奶奶是上海人,在家主要说上海话;周日回自己家,爸爸通常是上海话和普通话穿插着说,妈妈说普通话。到了现在,宁宁除了喊"爸爸妈妈"比较清楚之外,其他话都是咿咿呀呀说不清楚。看着其他同龄的小朋友都已经能较为流利地说话了,宁宁妈妈很焦急。去医院检查也没发现有什么异常,究竟是怎么回事呢?为婴幼儿提供"丰富"的语言环境究竟好不好?

随着城市化、全球化的日益发展,越来越多原本说不同语言的人生活在同一个城市里,多种语言的使用在现代日常生活中变得日益普遍,这给婴幼儿带来多种语言的复杂刺激。丰富的语言刺激对婴幼儿来说,究竟是一种语言学习的优势,还是会扰乱他们语言的学习?

一、婴幼儿多种语言混杂着说的原因

婴幼儿多种语言混杂着说的原因主要是受到周围环境中多种语言的刺激。家庭是婴幼儿生活的主要场所,日常代养人是婴幼儿接受语言刺激的主要来源。很多家长只和婴幼儿说普通话,而不说方言,理由是他们怕影响了婴幼儿说普通话的口音,或者是出现混乱。真的是这样吗?婴幼儿时期接触两种或多种语言,真的会影响婴幼儿正常的语言发展吗?其实未必会导致语言混乱或者延迟,关键在于如何给婴幼儿呈现这多种语言。真正导致婴幼儿多种语言混杂着说的原因可能是以下几点。

(一)语言环境变化频繁

婴幼儿从一种语言环境进入另一种语言环境,往往需要一个适应和缓冲的时间。仔细

观察，当婴幼儿在进入一个新环境，尝试开口讲话的初期，常常会出现这样那样的怪腔，让人哭笑不得。过于频繁的迁移或更改周围的语言环境，需要婴幼儿不断转化自己的语音学习习惯去适应周围的环境，如果这个转移过快，就容易造成混乱。由于短时间内接受的语音刺激过多，婴幼儿会分不清在怎样的环境下使用怎样的"语音系统"，最终出现的结果就是多种语言混杂，或者干脆什么语言都说不清楚，长此以往，可能会造成交流障碍，逐渐产生自卑的心态，而更加不愿与人交流。这种影响较多出现在婴幼儿学说话或者刚会说话时期。因为此时他们的语言掌握并不完全，还处在积累语音、词汇的敏感期，尚且不能很好地掌握和理解语言词汇。因此，如果在此时，婴幼儿身边的语音环境频繁且过快地转变，就会出现多种语言混杂、语音混乱的问题。

（二）语言方式对应混乱

随着现代社会迁移的加快，很多跨地区的家庭组成出现，很多家庭内部可能就存在多种不同的方言，正如前面提到的宁宁，外公外婆讲四川话，爷爷奶奶讲上海话，爸爸讲上海话和普通话，妈妈讲普通话，一个家庭里起码有三种不同的语言。这种情况下，如果家庭成员在说话时，没有把不同的语言使用固定分在不同的系统里，而总是换来换去，就容易造成婴幼儿语言的混乱。比如外公外婆一会说四川话、一会说"川普"，爷爷奶奶一会说上海话、一会说普通话，一会又上海话和普通话穿插着说，很容易给宁宁造成困扰，索性一边只说普通话，另一边只说方言，反而不会有太大的负面影响。

此外，还要提及的是，如果婴幼儿长期处于一种方言环境，而缺少普通话环境，那么方言的发音也可能对婴幼儿的发音造成一定的影响。因而，建议在说方言的家庭中最好有一位固定说普通话的家长，提前预防产生方言发音干扰普通话学习的问题。

（三）家长盲目拔苗助长

很多家长都有一种观念，认为婴幼儿学习语言是一生之中最容易的阶段，因而，常常有很多家长盲目给孩子学习多种语言，有些甚至在孩子1岁多就把他们送去培训机构学习英

图8-3 你们究竟在说啥

语，想要孩子"赢在起跑线上"。其实，这是家长的一个误区。首先，语言的学习和掌握不是一蹴而就的，需要语言环境和一定词汇量的辅助，因而，贪婪地让婴幼儿学习日常听不到、用不到的语言，是一件十分不明智的事情。其次，在婴幼儿语言学习的初期，还没有能力分清所学的几种语言的时候，盲目地让他们学习多种语言，是十分危险的，也很容易造成婴幼儿多种语言的混乱。

二、婴幼儿多种语言混杂着说的对策

（一）明确多种语言混杂的界限，避免夸大问题

首先，家长要明确多种语言混杂的界限，是不是婴幼儿在说方言或普通话的过程中使用了两种语言就是语言混杂？答案是否定的。通常，婴幼儿甚至是幼儿，在学习双语的过程中都会经历一个混合使用两种语言的时期，在这一时期，他们所说的句子中常常会出现两种语言的词语，这一现象是正常的，并不代表婴幼儿语言混乱。相反，在同一个句子中使用两种语言的成人具有更强的语言表达技巧。有时候即使婴幼儿在同一个句子中使用了两种不同的语言，我们也可以发现其实他们仅仅使用一种语言的句子要远比使用两种语言的多得多，这足以说明他们是能够区分开所用的两种语言的。因为婴幼儿其实也只是在和懂得这两种语言的人说话并且深信成人对这种说话方式并不反感的情况下才会同时使用两种语言。换言之，就是婴幼儿是依据具体的情境来决定是否在同一个句子中使用某种或某几种语言，以及使用频率。

其次，理性对待婴幼儿的语言问题，避免过分焦虑。不因婴幼儿不当使用某种语言而责备他，也不把问题过分夸大。为婴幼儿营造一个宽松的心理环境，让他们能放心大胆地开口说。如果婴幼儿说的与成人希望的不同，成人耐心为他们重新示范一次，请他们再重新说一次。

（二）减少语言环境转换的频率，固定交谈方式

语言学习需要一定的频率、强度和重复，婴幼儿语言的学习更是如此，需要成人为他们提供大量恰当的语言输入。因此，即使是在多方言的家庭环境中，只要每位成人在与婴幼儿交谈时所使用的语言、交谈方式是相对固定的，并且能稳定维持这种模式，也不会给婴幼儿造成不好的影响。如果迫不得已要为婴幼儿改变语言环境，如搬迁到外地需要接受新的语言，那么家长必须帮助婴幼儿明确哪一种是母语，先说好母语。哪怕有丰富的新的语言的环境，也要在起初一段时间先在家庭中提供母语环境，让他学好母语，再逐步过渡学习新的语言。

（三）及时矫正多种语言的混杂，进行科学指导

如果婴幼儿出现了语言混杂、无法说清一种语言并且有了抗拒与人交流的迹象时，成人需要及时介入，帮助他们尽早矫正。矫正的实施者要有耐心，和语言学习的过程一样，矫正的过程也是缓慢的，也许不是每一次都能看到进步，也许婴幼儿还是经常出错，成人要温和地指出他的错误，给予正确的示范，帮助他一次次纠正。当他能够说正确时，要给予及时的肯定和鼓励。

矫正的方法主要有以下几种：首先，了解婴幼儿出现语言混杂的原因以及是哪几种语

言混杂，试着寻找婴幼儿使用第一语言的困难在哪里。其次，根据婴幼儿存在的问题，对症下药：如果是语音发音有问题，成人需要清晰、缓慢地示范；如果是词汇量问题，成人需要从生活入手，丰富婴幼儿的词汇量，如去超市买菜时，说一说食物的颜色、形状等。最后，回归日常口语，鼓励婴幼儿与人交流，从简短的社交用语开始，逐步过渡到简单的对话，在使用语言的过程中建立自信，纠正问题。

拓展资料

5岁孩子"金口难开"愁坏爸妈

王先生的儿子亮亮是个十分可爱的小男孩。1岁半左右，孩子还能很正常地喊"爸爸、妈妈"，可随着年龄增长，孩子的话却越来越少。在2岁的时候，干脆一句话也不说了。

因为儿子不说话，在幼儿园受尽了欺负，有些小朋友嘲笑他是"小哑巴"，还往儿子身上扔东西。为了避免儿子产生心理阴影，王先生只能把亮亮接回家，幼儿园也不能去了。

就在王先生为"不会"说话的儿子整天唉声叹气时，"奇迹"却毫无征兆地出现了。1月10日晚上，亮亮正在跟小姨玩耍。突然，亮亮说了一句："小姨，帮我把牛奶拿过来呗！"一听这话，小姨立即兴奋地跳了起来。"哎呀！亮亮说话了！"王先生夫妻俩闻讯赶来，也笑得合不拢嘴。一旁的亮亮却很淡定："我一直会说话啊，就是不想说。"

探因：复杂的语言环境把孩子弄蒙了

王先生很纳闷："能说话为啥不说呢？"后来，一位医生的话点醒了王先生。这位医生深究了亮亮的家庭语言环境，推断是因为他过早处于多种语言的混乱环境，造成语言系统失衡，难以用一种单纯的语言来表达，因此不开口说话。

原来，王先生家的语言环境很复杂。他自己平时说普通话，但爱人是江西人，平时在家总说江西话。王先生的老家是朝阳的，爷爷奶奶带亮亮时操着一口很重的朝阳方言。王先生的岳母是广东人，平时讲粤语。而亮亮的小姨从英国留学回来后，一直呆在王先生家里，平时讲中文时不时夹杂着英语。没想到，身处复杂的语言环境下，亮亮被彻底弄迷糊了，所以干脆选择不说话。"现在想想真有恍然大悟的感觉。就拿简单的'关灯'一个词，我们家就能给孩子说出5种以上的叫法，孩子那么小，不蒙才怪。"王先生说。

提醒：孩子过早接触多种语言不可取

沈阳军区总医院心理专家陈琨表示，这个叫亮亮的孩子实际上是出现了选择混乱。其实孩子的耳朵能正常听见，思维也正常，孩子为了防止这种混乱的语言环境，只好选择语言回避。之所以在5岁的时候才突然说话，是孩子在慢慢寻找一个适应自己的语言体系。近年来，许多年轻父母本着"不能让孩子输在起跑线上"的心态，异常重视对孩子语言能力的培养，孩子刚会喊"爸爸""妈妈"时，就马上教他"Daddy""Mummy"，才两三岁就让孩子学说英、法、日等多种语言，试图给孩子创造学外语的良好环境。这种多种语言轮番上阵很容易把孩子弄迷糊。

儿童心理专家李智表示，人的心理和生理一样具有复杂的几大系统，心理同样具有每个生长时期所特定的需求，也就是各阶段发育敏感期。在特定的敏感期内为孩子的心理发展创建一个适度的环境是非常重要的。孩子在0—2岁期间，语言储备信息量大于心理发育所特定的局限，思维方式还未发育成熟，没办法协调这么多语言信息，不知道怎么表达是正常的现象，顺应孩子发展规律进行教育才是最重要的。幼儿期的孩子正处在"游戏期"，这个时期的教育应以游戏为主，在游戏中发展孩子的感官，激发孩子的心智，培养孩子的社会能力。

（资料来源：吉和网资讯频道）

第五节　婴幼儿喜欢说"不"的原因及对策

案例5

32个月的男宝宝君君最近多了一句新的口头语——"不！"不管问他什么，都会迅速被弹回一个"不！"

图8-4　我不要！

前两天刚刚发生一件让君君妈妈哭笑不得的事情：爸爸过生日，君君最爱吃的奶油蛋糕上桌了。妈妈问："君君，我们吃蛋糕好吗？"君君一扭头，说："不要！"而当妈妈把蛋糕切下一块放到君君的小餐盘里后，君君嘴里一边不停地说着"不不不不不"，一边把蛋糕吃光了。不仅是语言上拒绝，连行动上也和成人对着干，让他把玩具送回盒子里，他偏要把盒子里的玩具都搬出来；让他吃饭，他偏要去外面玩。如果不按照他的意思来，就开始哭闹。家里人都被君君的这个大变化搞得无所适从，为什么之前一直是"天使宝宝"的君君忽然不听话了呢？

2岁左右的幼儿常常最爱说"不"这个字，爱说"不"的原因其实很简单，"不"的发音简单，是婴幼儿一下子可以掌握的单字。一般2—3岁的阶段也被称为是人生的第一个"叛逆期"，往往这个阶段是在爸爸妈妈没有一点点防备的某一时刻就忽然到来了。他们发现原来自己也可以有某种想法，所以就迫不及待地去实践，而最简单也是他们可以一下子使用的方法就是说"不"。于是一发不可收拾，不管是什么事情都是"不""不不不不不"，一段时间以后也许还会变成"不可以""不要""不对"。

一、婴幼儿喜欢说"不"的原因

（一）心理发展阶段

幼儿2—3岁时期的"叛逆"，其实是他们在宣扬自己的独立性。这一时期，幼儿的身心发展迅速。他们逐渐发现自己可以依靠自己的双脚，而不是需要成人的怀抱，就独立自如地走到这里或那里；能用说话的方式表示自己的需要或想法。他们发现自己已经不是成人的附属物了，而是可以按照自己的意愿做事情，此时的他们充满自信。于是，幼儿开始宣布独立，拒绝来自成人的一切建议，即使自己毫无道理，也要顽抗到底；同时，对成人提供的必要帮助也是不屑的，因为这一阶段，他们的认知远不足以让他们判断正误和理解自己真正的需要。由于此时幼儿的心智仍然很不成熟，他们的很多需要还是需要成人的帮助才能实现，因而这一阶段的幼儿其实是处在"追求独立和祈求爱与帮助"的纠结中。因而，虽然这一阶段的幼儿像个"小恶魔"，成人也还是需要提供情绪支撑和必要帮助，既满足他们独立的愿望，又给予他们实际需要的帮助。

（二）家长错误示范

家长是婴幼儿的第一任老师，模仿是婴幼儿探索世界、发展认知的重要途径之一，因而，婴幼儿的某些叛逆言行很有可能是从家长身上模仿来的。比如经常能听到有家长对孩子大声呵斥说"宝宝，不可以玩这个！""放下，不能拿！""不要这样、不许那样"，这些都是婴幼儿平时语言输入的一部分，他们听在耳里，记在心里，不知从哪一天开始，他们开始用自己的方式叛逆，也学会用"不"来向家长表达自己的要求。婴幼儿就像一面镜子，镜中映射出的内容，正是家长平时对他们的言行。

二、婴幼儿喜欢说"不"的对策

（一）丰富婴幼儿回答问题的词汇量

2—3岁幼儿爱说"不"的原因之一是他们的词汇量匮乏，此时他们想要拒绝，可能脱口而出的关于拒绝的词汇只有"不"字。因而，需要家长教给婴幼儿更多回答问题的话，丰富他们的词汇量。比如问问他们："说什么能更有礼貌地拒绝别人？""除了说'不'，你还想说什么？"让他们掌握更多的词汇，"不"字也就不是脱口而出的首选了。

如果幼儿出现了"好"或者其他肯定的词语，家长一定要及时表扬，给予正强化，这样他们很快就会学会赞同。

（二）将向婴幼儿的开放式提问变为选择句

处在"叛逆期"的幼儿常常是"一言不合就说'不'"，这真的很容易让人火冒三丈，不妨试试少让他们回答一些疑问句，而向他们提供有限的选择。选择项不要多，两个就够了。这一技巧适用于各种问题，只需要在你希望他做的事情之外再多说一个他一定不要做的事情，比如："你是想吃饭还是吃辣椒？""你想自己玩积木，还是让给哥哥玩？"虽然搭配了一个他们一定会拒绝的选项，但依然会让他们觉得自己有了选择的余地。

如果所给的选项不是幼儿一定会拒绝的，那么无论他选择了哪个，都请家长一定要执行，这是对他独立性起码的尊重。

（三）试着忽略婴幼儿的随口说"不"

有时候婴幼儿自己都分不清自己究竟是真的不想干这件事情，还是只是随口就说出了"不"，有时甚至立马就做出和回答相反的事。他们只是觉得好玩，但父母听到这个字之后的反应给了他们强化，或者纯粹只是想要满足自己反抗和独立的叛逆心理。

对于这一类情况，家长可以试着忽略，不予理睬，而是直接通过动作策略来引导他们干你希望他们干的事情。比如让婴幼儿吃他们爱吃的食物，他却一直说"不"，此时大可不必在语言上和他们争辩，而是把食物放在他们面前，如果真的想吃，他们也就会吃了。

（四）抓住时机培养婴幼儿的独立性

婴幼儿反抗的目的是彰显自我的独立性，他们通过拒绝来争取能按照自己意愿行动的权利。比如婴幼儿大都希望自己喝水，自己去行走、奔跑。所以家长要改变一切包办代替的习惯，给他们提供机会，教会他们方法，鼓励他们去做一些力所能及的事情。婴幼儿由于认知、动作的发展都是稚嫩的，因而常常需要成人帮助。家长首先要改变观念，你是一个"协助者"，而不再是"替代者"，你给予的帮助要适时适当，如果他们能独立操作了，就大可以放手，逐步撤出帮助。

培养婴幼儿的独立性，除了帮助，还需要正强化。一个微笑，一个眼神，都有肯定的作用，能增强婴幼儿的自信心，培养他们的能力。当婴幼儿有了行动的机会，他们的反抗言行自然也会少了。

（五）家长以身作则，少说"不"字

婴幼儿经常说"不"的原因之一就是他们总是听到爸爸妈妈对自己说这个字。家长是婴幼儿模仿学习的主要对象，要以身作则，少说"不"，减少说"不要这样、不可以那样"之类的话。试着找反义词来替代本来已经到嘴边的"不"字，比如把"不要拿起来"说成"请你放下来"是不是更好呢？

（六）坚持原则问题，适当树立威信

正如前文所说，婴幼儿虽然有了渴望独立的意识，但他们的认知、能力都还稚嫩，无法把事情处理好。他们常常会在完全不适宜的时候"闹独立"，比如坐车子的时候说什么也不肯坐安全座椅。在这种关系到安全的原则性问题上，家长必须告知他们，"现在不是你选择的时候，我知道你不喜欢这样，我也不想看到你难受，但为了安全，我们必须这样做"。适当地树立威信，对叛逆期的婴幼儿来说是完全有必要的。

拓展资料

　　2岁左右的贝贝，仿佛不那么乖了。你说东他就说西，你说要什么，他时不时就噘起小嘴说"不"。这不，前天带他出门，让穿衣服、袜子、鞋子，带哪个玩具，哪个包包，直到要踏出家门那一刻，他都大喊着"不要"，真是让人一肚子的气又没办法。对此，宝妈很是头疼，面对总说"不"的贝贝，要怎么办才好呢？当孩子开始说"不"时，我们气归气，但首先得有一个正确的认知，即这种现象是正常的，每个孩子都会有这个阶段，这是孩子的第一个反抗期，也就是常说的逆反期，一般2岁左右开始出现。

　　此时的孩子，随着活动能力的增强，知识的不断丰富，他的心理需求也跟着发生急剧的变化。如果父母还是用老眼光去看待他、要求他，他就会用行动来反抗。此时的孩子开始逐渐把自己和周围的世界分清楚，特别是把自己和他人分清楚，他们成为了一个具有自我意识的"小大人"。当他们发现爸爸有爸爸的想法，妈妈有妈妈的想法，而他们自己有自己的想法的时候，他们会有那么一点点的焦虑，因此，他们要通过某种方式来确定自我的感受，说"不"是最常见的表现，通过与别人不同的意见来确认自我价值的存在。

　　比如，当妈妈提出我们出去吃饭吧，他很可能说："不！"然后你告诉他："那，你到奶奶家去吃，爸爸妈妈出去吃。"他很可能说："不！"然后却紧紧地跟在你们后面。

　　一般来说，经过一两个月时间，宝宝的这个反抗期就会过去，随后他又会心平气和地接受父母的建议了。

　　那么，当孩子说"不"时，我们该怎么做呢？这时，你需要一些小技巧来化解：

　　1. 来点小幽默，让气氛不再那么紧张严肃

　　比如你想要宝宝进澡盆洗澡，但他就是不肯去，如果你强行将他抱入澡盆，或者训斥他一番，让他去洗澡，那么事情肯定会变得很糟糕。这时，不妨给宝宝来点小幽默："洗澡水倒好了，看看谁的小腿跑得快，快告诉你的小屁股，让他坐进澡盆。"这样与平时不同的语言会带给宝宝一种新鲜感，因此他会乐于接受父母的建议。

　　2. 让宝宝放松警惕

　　如果宝宝对什么事情都说不，不妨给他一些特别可笑的选择，一直引导他不停地说"不"，这时候，他就会放松警惕，将注意力集中在那些可笑的问题上，于是，你就可以顺势找到机会把他拽到你要他去的地方，或者让他做你想要他做的事情。

　　3. 把任务变成有趣的游戏

　　宝宝都喜欢游戏，如果将任务变成游戏，相信他会比较乐于接受。比如，他

总是不想去厕所,并因此总尿湿裤子,父母可以在估计他要上厕所的时候,将他扛起来:"现在我要扛着这把枪,让他到厕所发射子弹了。"这样的建议,会让宝宝很快就忘记他的不,乖乖地跟着你走。于是上厕所的任务就变成了一种有趣的游戏,他也就不会说不了。

4. 让宝宝自觉自愿地接受任务

给宝宝准备一些图书,或者给他编一些有趣的故事,让他的任务变成他的一种期待,或者父母做出示范动作,但是根本就不要求他去做,他会因为好奇而产生模仿的欲望。

5. 利用宝宝的逆反心理

当想要宝宝去做某件事情的时候,反着说出要他完成的任务,这时候,他可能就会按照你实际的要求去做了。

6. 严肃地交代任务

有时候,宝宝没有明白父母的真正意图,他也会毫不犹豫地说"不"。因此,跟宝宝交代任务的时候要眼睛看着宝宝,十分严肃地将任务交给他,这样他会明白你不是在跟他开玩笑,他就不会随随便便说不了。

7. 和宝宝轮流来

因为父母也做同样的事,并且大家都有机会去做这样的事情,而且都按照一定的规则来做,这样他会觉得很有趣,一般都会乐于接受父母的建议。

8. 冷落宝宝

如果宝宝不听从父母的建议,不要理睬他,撤销父母对他的注意,让他觉得很无趣,过一段时间他会明白这样不是吸引父母注意的好方式,于是他会尝试改变。

9. 鼓励宝宝自己来

2岁左右的宝宝一般都喜欢自己来,因此,当宝宝说不的时候,父母可以想办法鼓励他利用这个机会来显示自己的能耐,他就会乐于自己来了。

10. 鼓励宝宝做榜样

如果家里有小弟弟小妹妹,鼓励宝宝当小弟弟小妹妹的好榜样,他会尝试担当这个角色。当妈妈说:"你能演示给弟弟看,自己怎么吃饭吗?"宝宝一定乐于为指导小弟弟自己吃饭做出示范。

11. 给宝宝选择

当想要宝宝去做某件事情的时候,最好给他两个选择,一个是你要他做的事情,另一个就是他不喜欢做的事情,通常宝宝都会选择你要他做的那件事情。

(资料来源:39健康网)

第六节 婴幼儿口齿不清的原因及对策

> **案例6**
>
> 萌萌的父母看到别的宝宝1岁多就能比较清楚地发音,而萌萌已经三岁半,9月份就要去幼儿园了,却还是只能发一些简单模糊的音,很多话只有家里人才能勉强辨识出说的是什么。对于这种情况,萌萌父母很担心,担心萌萌长大后会不会口齿不清楚,想带她去医院检查,但奶奶坚决反对,说这是"贵人语迟"。

婴幼儿口齿不清,主要是指婴幼儿的发音不准,通常是由于构音出现障碍。一般来说有以下几种类型:一是省略音,例如将"哥哥"发成"鹅鹅",就是发音时省略一个注音符号,把声母或者韵母省略掉;二是替代音,例如把"哥哥"发成"的的",就是以另外一个音取代第一个音,主要是因为无法准确发出舌根音,而用舌前音取代;三是扭曲音,就是语言发生扭曲改变,无法听清发出的是什么声音;四是赘加音,例如"吃饭"发成"吃飞饭",在原本要发的音中间多加一个音。

一、婴幼儿口齿不清的原因

发音是语言发展的一个重要方面,婴幼儿学说话的过程具有普遍的规律,有的语音在出生不久后就可以发出,有的却要等到6个月甚至更晚之后才能发出。这与婴幼儿发音器官的成熟有关。因此,当婴幼儿在一定年龄段内有个别语音发不清楚是可以接受的,但是一旦超过正常发育的年龄段,就要引起关注,及时去相关机构检查了。婴幼儿口齿不清的原因复杂多样,本节将做简单介绍。

(一)先天因素

1. 发音器官存在异常

发音器官异常主要是指婴幼儿发音器官构造异常和发音器官感知异常两方面。完整的说话过程包括牙齿、牙龈、舌、腭、咽喉及肺部等的联动,只要其中一个环节出现问题,或是彼此之间的协调性不足,就会导致发音不标准。发音器官构造异常主要是指婴幼儿牙齿、牙龈、舌等发音器官构造性的异常。如有的婴幼儿上前齿异常突出,明显超过下牙齿,说话时上下牙齿难以接触,双唇音/b//p//m/和舌尖前音/z//c//s/就发不清楚。还有的发音不准确可能是舌筋过短或过紧等生理因素造成的,要改善发音问题,首先要完善发音器官的构造。

此外,发音器官感知异常是指婴幼儿无法及时感知自己发音器官的运动或在感知自己发音器官的运动方面存在缺陷。

2. 听力系统出现障碍

婴幼儿听力存在缺陷,可能造成他们无法准确、及时接受声音刺激,因而也无法准确分辨语音,进而造成发音不准。家长可以使用相似音来测试婴幼儿是否能够准确分辨,例如"喜"和"起"。即使是轻微的听力系统障碍,也可能造成发音异常,因而,家长在遇到婴幼儿发音不准的问题时,首先要先排除是否由于先天听力缺陷所致,如果确实是由于听力影响发音,要先治疗听力障碍,再进行语言治疗。

(二)后天因素

1. 错误运用发音器官

婴幼儿发音不准的一个最常见的原因就是无法恰当使用发音器官。这一问题属于婴幼儿语言障碍中构音障碍的错音,主要是由于婴幼儿在发音过程中基本正确掌握器官的发音位置,但还没完全到位,就是我们常常说的"大舌头"。这类问题在后期只要加以及时有效的干预指导,就可以改善。

2. 畏难情绪加剧问题

部分婴幼儿在语言学习的过程中,出现了某些语言问题,如口吃现象、发音不清,在与人交流中有一定的障碍,成人没有及时发现并帮助婴幼儿进行情绪疏导,婴幼儿就可能由于害怕或害羞而不敢说话,逐渐形成自卑的心态。还有些没有及时消除问题,婴幼儿还会慢慢形成不良发音习惯,吐字不清,形成较为严重的语言障碍,产生阅读困难,影响学习成绩,甚至影响长大后的工作和生活。

3. 语言环境有待改善

家庭语言环境差也会造成婴幼儿开口难、口齿不清。例如家庭成员各自忙碌,家庭中缺乏情感、感官、语言等的刺激;家中多种方言并存且使用混乱,没有固定的语言方式等,都会影响婴幼儿的口齿清晰度。但语言环境引起的口齿不清问题一般可以经过家庭指导和个别化语言训练而使发音重新清晰。

4. 养育方式引起问题

不科学的养育方式也可能引起或加剧婴幼儿的口齿不清问题。例如婴幼儿在喝水时,不使用吸管或直接端起来喝,而是一直用勺子喂,不利于婴幼儿的气息和肺部功能发展;增添辅食时,始终是以泥状或糊状形式,不利于发展婴幼儿的咀嚼功能;缺少嗅觉训练,缺少闻各种气味的经验,可能引起呼吸不畅等。不科学的养育方式可能会和家长的初衷南辕北辙,反而影响了婴幼儿语言能力和其他能力的发展。

二、婴幼儿口齿不清的对策

(一)及时发现,提早干预

2岁以下婴幼儿发音不清晰是正常的,因为此阶段他们尚在积累发音经验,进行极简单的发音练习;3岁左右的幼儿可以做到基本的发音了,但尚有一些语音发不清楚,例如/s//sh/等,这时家长可以为婴幼儿提供示范,鼓励婴幼儿听着声音、看着嘴形模仿,进行纠正。经过家长的指导,一些婴幼儿会得到改善;还有一些在成人提示下能发音清楚,但自己独立说话时还是会出现问题,这主要是由于还不熟练,多次练习之后会有所好转;最后还有一些依然没有改善,此类婴幼儿可能就是构音存在某些缺陷,需要家长及时带着前往做相应的检查。

（二）生理问题，全面检查

对于口齿不清的婴幼儿,首先要进行听力检查,排除听力障碍。现在的听力筛查可以在新生儿出生三天就进行,3个月内明确听力情况,1周岁内进行听力康复,早发现早干预。

其次,需要检查口腔和舌。舌是口腔内的一个肌性器官,能灵活地运动。舌头的腹部有一条纵向细长的系带。婴儿时期舌系带一般较为紧张,有协助吮吸的功能。随着口腔颌骨的生长发育和牙齿的萌出,舌系带会自动移到正常位置。一些婴幼儿的舌系带不能正常后退,表现为舌头不能自由地伸出口外,舌尖不能上抬,伸舌头时舌头上有凹陷,医学上称为"绊舌",会影响婴幼儿的语言交流和发育,还可能引发舌系带溃疡。

因而,如果婴幼儿在3岁尚且不能清晰吐基本的字,就需要做耳鼻喉的全面检查。

（三）有效指导，及时矫正

为婴幼儿营造一个安全、温暖的语言环境,使他们有说话的愿望。如果婴幼儿说话时口齿不清晰,切忌着急催促,正确的做法是顺其自然,不给婴幼儿施加压力,温和地鼓励。

针对婴幼儿的发音问题给予针对性的指导,通过示范,让他们一边听清晰的吐字发音,一边观看正确的嘴形,跟随模仿,遇到难发的音,家长可以反复清楚地多示范几次。同时,在这一过程中,家长要有意识地在生活和游戏情境中引导婴幼儿重复,同时注意完整句的使用,为婴幼儿树立正确的语言榜样。

此外,要丰富婴幼儿的生活内容,创设发展语言的环境;经常与婴幼儿进行交流,保持并激发他们对语言的好奇心和敏感性;开展早期阅读,丰富婴幼儿的语言素材。

（四）日常练习，关注养育

在日常养育环节,充分挖掘生活契机,养成良好习惯,在生活养育环节发展练习婴幼儿的发音要素。例如鼓励婴幼儿去花园里闻闻花香,进行嗅觉训练;日常喝东西时戒掉奶瓶,换成用吸管吸,进行呼吸练习;不要总是吃流食,多练习咀嚼,促进口腔肌肉和舌头力量的发展。此外,家长还可以为婴幼儿提供不同口感的辅食,丰富对他们口腔的刺激;养成刷牙习惯,避免婴幼儿发生口腔感觉迟钝的问题,还可以利用吐水来练习气息和舌的运动。

（五）明确原则，一以贯之

在对婴幼儿口齿不清的预防和矫治上始终坚持以下几条原则:第一,在婴幼儿学说话的关键期，要教给其正确而清晰的发音；第二，在婴幼儿发声不准确的时候切忌指责、嘲笑，避免更加紧张；第三，在3—4岁后仍有明显发声问题，应及时就诊，明确原因，对症下药。

第七节 婴幼儿词汇贫乏的原因及对策

> **案例7**
>
> 桃桃是个长相甜美的小女孩，颜值很高，走在路上时常吸引路人的眼光，还不时会有人和她"搭讪"。初次见面的人并不知道，桃桃已经2周岁了，会说的话却只有寥寥数词，例如常用的"爸爸""妈妈""奶奶""拿""没""不要"等，其他的就什么都不愿说了。想要东西的时候也常常只是用手指来表示，通常妈妈就会帮她拿好了，如果一定要她说一遍所要的东西，她不仅不肯说，还会用哭闹来表示拒绝。

词汇发展是婴幼儿语言发展的重要标志。词汇量的多少和婴幼儿的语言表达能力以及智力发展水平密切相关。婴幼儿的词汇发展具有一定的规律，但是个体之间又会由于先天和后天教养环境等的不同而存在差异。语言发展的过程中，有的婴幼儿开口比较晚，有的婴幼儿学习新的词语总是很慢，家长常常焦虑，担心是不是自己的孩子哪里出了问题。

其实婴幼儿词汇贫乏的原因有很多，有生理因素造成的，但更多还是由于后天家庭教养环境的影响。辨别清楚婴幼儿词汇贫乏的原因，才能有效促进婴幼儿语言表达能力的提高。

一、婴幼儿词汇发展的规律

6个月的婴儿可以理解母亲所说出的简单的单词；12个月时一般能说2—3个单词，之后的3个月里词汇发展的速度相对较慢；到15个月时大多数幼儿会说的新词增加了7—8个，此时他们的发音更清晰了；16—18个月是幼儿词汇发展的快速增长期，18个月的幼儿一般能说出20个左右的单词，而且此时他们能够理解的词汇更加多；19—21个月是幼儿词汇发展的爆发期，口语词汇量从20个左右增加到50个左右；到24个月时，他们能够表达的词汇量已经高达200个，而且几乎每天都有新的词汇出现。

从词汇的类型上来看，婴幼儿首先掌握的是名词、动词、形容词之类的实词。婴幼儿最先学会表达的 50 个单词中，最多的是表示生活中常见的物体和人物的名词，如"妈妈""球"等。婴幼儿能够表达的虚词较少，主要是"什么""的""了"等。

二、婴幼儿词汇贫乏的原因

（一）语言发展障碍

婴幼儿的词汇量发展虽然有一定的规律可循，但还是存在个体差异的，婴幼儿词汇发展开始的时间有的早、有的晚，数量增长速度有的快、有的慢。但这种差异在 3 岁左右会慢慢缩小，因而 0—3 岁阶段切勿随意给婴幼儿贴标签。如果幼儿到了 3 岁，能够表达的词汇还是十分有限，明显落后于同龄人，且伴随着口齿不清、语言运用混乱等问题时，就需要引起成人关注，及时检查是否是语言发展障碍。除了语言发展障碍，还有一些特殊障碍类型的婴幼儿也会出现类似问题，例如自闭症、全面发育迟缓等，但这些是少数。比较常见的是身心健康，但语言发展存在迟缓或发展障碍的，此类幼儿可以通过一些语言矫治的方法来使词汇量达到正常水平。

（二）缺乏语言交流

有些家长认为婴幼儿还小，还不会说话，就忽略了和他们的语言交流。这其实是一种误区。在日常教养中有意识地和婴幼儿开展一些交流，是婴幼儿学习语言的好时机。因为即使是不会说话的婴幼儿，在日常生活中也已经开始积极地探索环境，试图理解成人经常说的那些词，特别是和他们的生活经验紧密相连的。当他们开始能够理解一些词的意思时，就开始尝试通过肢体的动作和成人进行互动，比如当他们想吃饼干时，他们会指指饼干，此时亲密的教养者虽然已经明白了他们动作的意图，但也一定要克制住自己想要直接帮助的冲动，而是可以抓住这些机会来就孩子感兴趣的东西和日常活动来进行交流，那么婴幼儿就能在语言互动中接触到更多的新词和表达；教养者也可以鼓励他们用新学会的词汇来表达想要达到的目的，但切记不可强求。

（三）家长词汇匮乏

家长的语言输出是婴幼儿语言发展的重要影响源之一。有研究表明，母亲在和婴幼儿互动中词汇的丰富程度和婴幼儿能够表达的词汇的丰富程度有很高的相关性。家长在和婴幼儿交流时使用的词汇丰富、发音准确、语言优美，婴幼儿的词汇发展也会有很大优势。因而家长在和婴幼儿交流时，要注意自己语言的准确性和优美性，为婴幼儿创造生动活泼、丰富多彩的语言环境。

（四）早期阅读空白

婴幼儿早期阅读的研究发现，婴幼儿有丰富的早期阅读经验，他们的语言理解和词汇表达都会显著高于缺乏早期阅读经历的婴幼儿。在亲子共读绘本的过程中，婴幼儿接触到新的词汇、理解新的词汇，熟悉内容后在自言自语的讲述中也会应用新的词汇。因而，缺乏早期阅读的经历也是婴幼儿词汇贫乏的一个原因。

三、丰富婴幼儿词汇的对策

（一）积极走向户外，体验学习新鲜的词汇

家长应该多带婴幼儿到大自然中去活动，让他们感受大自然中的鸟语花香。婴幼儿往往对世界充满好奇心，他们对周围的很多东西都感兴趣，家长要能够敏感地抓住学习新词汇的机会，鼓励他们把看到的东西说出来。在他们说的同时，在尽量不打断的前提下，对他们的讲述进行补充和修正，这是对婴幼儿语言经验的新丰富。

如果婴幼儿不知怎么观察和表达，家长可以采用提问的方法进行引导。例如，婴幼儿一般对小狗比较感兴趣，家长可以通过提问来引导他们观察小区里的小狗。"这是什么？""小狗喜欢吃什么？""小狗吃饱了会怎么叫？"这样的提问不仅是对婴幼儿已有经验的提升，还会激发他们的好奇心和探索欲。如果婴幼儿主动提问了，那么家长应该及时给予回应，并且引导他们进行更加深入的讨论。

图8-5 小蝴蝶，等等我

大自然千姿百态，千变万化。有四季更替，有鸟语虫鸣，有蓝天白云，有电闪雷鸣。当婴幼儿走进大自然，他们会真切地感受到大自然的美好，激发探索世界、表达世界的兴趣。

（二）开展早期阅读，增强词汇理解和积累

绘本故事书通常有许多颜色鲜艳、形象鲜明的图画，简洁却生动的词语，以及连贯和有趣的故事。亲子共读，是一种温馨又美好的经历。在这个过程中，孩子接触到平时生活中没有接触到的新鲜词汇；一边看图一边听故事，使孩子对新鲜词汇的理解更加容易。幼儿2

岁左右起,开始热衷于指认和命名各种物体和图片的名称,借助绘本,他们学会新的单词,而且对于已经熟悉的绘本爱不释手,尝试在熟悉的语言环境中应用这些新的词汇。随着婴幼儿年龄的增长,词汇理解和语言表达能力的发展,还可以鼓励他们复述故事、讨论书中的内容,这对于理解和应用新词汇都有帮助。同时,引导婴幼儿在实际生活中应用图画书阅读时学到的新词汇,帮助他们建立新词汇和实际生活经验的联系,这还有利于他们抽象思维的发展。

此外,和婴幼儿一起唱念有趣的儿歌、朗朗上口的童谣,听有趣的故事、优美的儿童歌曲,都有利于婴幼儿词汇经验的丰富。

(三)加强日常对话,积累语言交流的经验

为婴幼儿创造充满温暖陪伴和交流互动的语言环境,引导婴幼儿在日常生活中交流互动,尤其是他们生活中常见的一些活动或者是他们感兴趣的事件。例如在和婴幼儿一起去水果店的时候,说一说他们爱吃的水果是什么颜色、什么味道。在和婴幼儿进行交流时,在婴幼儿已经理解了某个词的基础上,可以使用意思相近的近义词来表达。在向婴幼儿输入新词汇时,尽量选择他们熟悉的语境,最好是真实的情境下使用真实物,帮助他们建立新词汇和实物的联系。在使用方面,不强求婴幼儿一定要马上会用这个新词,他们需要在不同的情境中多次重复碰到,才会逐渐理解和表达。

图 8-6 骑车去郊游

家长日常和婴幼儿对话时,要注意说话的方式方法,为他们语言的发展提供条件。和婴幼儿说话时语速要适中,不可过快或过于缓慢,口齿要清楚,语调要温和亲切,避免进入和婴幼儿说话越慢越夸张越好的误区。其次,不可用过于严厉的语调和他们说话,更不能恐吓，"你再说不好，我就不要你了"这种话千万不要和他们说。再次，家长和婴幼儿说话，要多使用积极鼓励性的语言，多用提问的方式，引起互动。同时，家长要做好榜样，"好好说话"。

本章小结

0—3岁是婴幼儿语言发展的关键期，三年来，婴幼儿从咿呀学语到说简单的词语，再到能回答简单的问题，这点点滴滴的进步总能让我们欣喜不已。同时，我们也将陪着他们一起面对语言发展中的"磕磕绊绊"。当婴幼儿的语言发展遇到了一些让我们焦虑着急的问题时，我们首先要端正心态，科学看待，合理认识问题；其次要理性分析问题出现的原因；最后，为婴幼儿营造良好的心理和语言环境，对症下药，有效指导、帮助他们改善语言发展中存在的问题。

延 伸 学 习

 拓展阅读

三 字 儿 歌

简单的三字儿歌可以帮助婴幼儿熟悉语音，丰富词汇，体验语言的节奏和优美。

起　床　歌
小宝宝，起得早，
睁开眼，咪咪笑，
咿呀呀，学说话，
伸伸手，要人抱。

穿　衣　歌
小胳膊，穿袖子，
穿上衣，扣扣子，
小脚丫，穿裤子，
穿袜子，穿鞋子。

小　镜　子
小镜子，圆又圆，
看宝宝，露笑脸，

闭上眼，做个梦，
变月亮，挂上天。

叮铃铃
叮铃铃，叮铃铃，
一会远，一会近，
小宝宝，耳朵灵，
听铃声，找到铃。

看画报
小娃娃，看画报，
睁大眼，仔细瞧；
布娃娃，哈哈笑，
伸出手，要你抱。

胡萝卜
胡萝卜，大白菜，
嫩豆腐，鲜牛奶，
红苹果，绿黄瓜，
吃得多，长得快。

逛公园
逛公园，宝宝笑，
东看看，西瞧瞧；
花儿香，鸟儿叫，
小草绿，小树摇。

小汽车
小汽车，嘀嘀嘀，
开过来，开过去，
小宝宝，当司机，
送妈妈，上班去。

小鹅毛
小鹅毛，飘呀飘，

飘上天,不见了;
小鹅毛,飘呀飘,
飘下地,睡着了。

光 脚 丫

小娃娃,光脚丫,
扶着走,跪着爬,
蹲一蹲,站一站,
蹦蹦跳,快长大。

拍 拍 手

拍拍手,点点头,
敬个礼,握握手;
拍拍手,点点头,
笑嘻嘻,好朋友。

扔 皮 球

小皮球,举高高,
扔出去,它就跳,
跳到东,跳到西,
跳到鞋里藏猫猫。

(资料来源:益智堂)

语言障碍的矫正方法

(一)发音器官锻炼:如舌头运动(向前伸出、舌向左右侧运动、卷舌、舌在口内旋转),以克服舌尖、舌根运动不灵活。鼓气练习。声带振动练习。

(二)语言训练:指出某一语言的发音部位,示教口形,令患者模仿。发出正确语音令患者模仿。从语音检查中查出患者难发的音和容易发错的音,耐心教导矫正,宜用个别辅导法,包括用音素分解法和拼音法进行训练。

(三)用语练习:纠正错误语言,耐心教导日常用语,可通过问答进行训练。

(四)说出物品名称训练:以日常生活用的小物品或图画为材料逐一提问,患者不懂得回答时给予指导,令其模仿说出该物名称,反复练习。

(五)读字练习:出示简繁不等的字词卡片,可引导患者读出该字词的音。

(六)会话练习:进行日常生活简短对话,训练"听""说"能力,给予语言刺激,引起患者反应,在会话过程中注意纠正语音、词汇及语法上的错误。

（七）阅读练习：读报纸标题或文章小段落，注意纠正错误语音，改善流畅度。

（资料来源：百度知道）

怎样增加词汇量

早上起来，孩子跑来对你说："妈妈，龟饲料在哪里？"是不是比"妈妈，我要乌龟的饭"显得有水平？走在路上，孩子能说出"汽车尾气"要比"汽车放的屁"更文雅吧？特别是当孩子掌握了"鼻青脸肿""东张西望""筋疲力尽""热锅上的蚂蚁"这类表述之后，他的语言会变得更生动，与人交流的效率也会更高。

想达到上面所讲的境界，其实不难。

1. 对孩子说话

研究表明，与"喋喋不休"的妈妈一起生活的宝宝，会更快、更多地学到口头交流的技能。而一项更新的研究表明，与语言狂人型妈妈生活在一起的宝宝，同崇尚沉默是金的妈妈养育出来的宝宝相比，在 2 岁时，前者比后者多掌握 296 个词汇。也就是说，你同宝宝讲得越多，他相应接收到的也就越多。当然，多说是建立在高质量的基础上的，你一定要注意语言的准确性，并且及时纠正孩子的不恰当用语，这对他的语言学习来说至关重要。

2. 听孩子说话

当孩子对你讲话的时候，请蹲下身来，与他保持平视——用你的眼睛注视着他的眼睛——通过这样的肢体语言告诉孩子：妈妈在认真听你说话。这对孩子是最好的鼓励和赞许，你的态度会帮助他更多地开口，去演练他每天学到的新的词语。如果你因为接电话或其他原因忽略或者打断了孩子对你讲的话，请在第一时间重新面对他，问他："亲爱的，你刚才想跟妈妈说什么？"

3. 与孩子对话

很多时候，我们都是在"对"孩子讲话，而不是"与"孩子讲话，我们只要确定自己说的话孩子听到了，或者得到了孩子"是"或者"不"的答案就足够了。如果你想鼓励孩子讲话，请给他一些开放性的、引发性的话题，并且不要在孩子刚刚表达出自己的观点后就马上开口，稍等一下，也许他还有话讲。孩子是在一来一往中学习会话的，所以请给孩子提供更多的与你对话的机会。

4. 给孩子朗读

给孩子朗读故事或者儿歌，可以使孩子爱上文字、词语和语言的感觉，并且增加孩子的词汇量。阅读中你们会遇到日常对话中难以出现的新词，并且在故事情节的帮助下，使孩子自然而然地领会其含义和用法，这是最好的学习方式。所以保持给孩子朗读的习惯，并且有意识地接触各种风格的文字，尊重并保留原来的用词，是帮助孩子接触新词汇的最好方式。

5. 控制看电视的时间

语言是一种符号，每个词语与特定的事物、动作、感受相对应，让人通过文字联系到它的含义。但是,电视却从很大程度上限制了孩子的想象,因为语言所提及的内容基本都被画面展示出来了,这样也就限制了孩子对于词汇的思考与理解。相对而言,声音节目可以更好地刺激孩子头脑中"词汇—形象"对应的思考,因为他必须把耳中听到的转化成头脑中的形象,这种从抽象到具象的思维过程,可以很好地促进孩子大脑的发育。

6. 寻找好入门词汇

因为名词对应的是生活中的具体事物,所以它通常是孩子掌握的第一类词汇。已经进行的研究表明,在任何一个国家,20月龄的孩子掌握的几乎全部是名词。既然这样,妈妈就可以直接从名词入手。凡是生活中接触到的事物,全部称呼出它的学名——你不用做太多的名词解释,孩子有足够的理解能力,知道什么是奶瓶,哪个是水壶。慢慢地,你可以与名词配合着增加动词(拍、跳、吃、打)和形容词(凉的、大的、沉的、红的)。

7. 在家里营造学习的气氛

在你们全家的生活内容中,哪些东西占更多的比例呢?电视、DVD、网络、电子游戏,还是书籍、艺术品、地图、拼图、填字游戏?无论你和家里其他成年人的实际乐趣是什么,在最初这几年给孩子营造一个学习的环境是非常重要的。看过一辑野生动物纪录片后,和孩子在地图上找找那些猛兽出没的区域,把具体的故事带进你们的无穷幻想当中。这就是最自然、生动、渗透性极强的语言教育环境。

8. 率先丰富自己的词汇量

你已经讲了二三十年的话,不代表你拥有丰富的词汇量,通过阅读和实践来丰富一下自己的词汇量,对孩子也是一种贡献,因为你每天都在和他对话,你的世界开阔了,他自然会受到你的影响。无论看书、看报还是看电视剧,听听那些不一样的表达方式,然后尝试改变,也许你会体验到从未经历过的乐趣呢。

(资料来源:妈妈网)

 学习活动

组织一次小组案例交流。案例交流的主题是:婴幼儿语言发展的常见问题。以个案的形式分析一名婴幼儿语言发展存在的问题,包括表现、原因、对策等,也可以以家长为着眼点,记录并分析家长在面对婴幼儿某一语言问题时的态度和做法,进行简答述评。

复习与思考

1. 试述婴幼儿口吃现象的原因和对应策略。
2. 婴幼儿缄默不语可能是什么原因造成的?
3. 婴幼儿总是缄默不语,成人可以怎么办?
4. 婴幼儿怕生的原因有哪些?
5. 宝宝怕生,是否需要一直鼓励他去与同伴社交呢?为什么?

6. 简述：婴幼儿学习第二语言一定会影响母语学习吗？
7. 在多方言家庭中，如何避免婴幼儿出现多语言混杂的问题？
8. 家长要如何应对孩子说"不"？
9. 孩子说"不"，就是因为他们不喜欢吗？
10. 婴幼儿词汇贫乏是由什么原因造成的？有哪些方法可以预防词汇贫乏？
11. 婴幼儿的词汇量是如何发展的？

参 考 文 献

［1］张明红.学前儿童语言教育与活动指导［M］.上海：华东师范大学出版社，2014.

［2］［英］莎莉·沃德.与宝宝对话（0—4岁）［M］.北京：北京科学技术出版社，2011.

［3］祝泽舟，乔芳玲主编.0—3岁婴幼儿语言发展与教育［M］.上海：复旦大学出版社，2011.

［4］张明红.0—3岁儿童语言发展与教育［M］.上海：华东师范大学出版社，2013.

［5］张明红.学前儿童语言教育［M］.上海：华东师范大学出版社，2001.

［6］王静萍主编.0—3岁婴幼儿早教亲子课程开发研究［M］.上海：上海科学普及出版社，2014.

［7］王卫东主编.教师专业发展探新［M］.广州：暨南大学出版社，2007.

［8］华爱华，黄琼主编.托幼机构0—3岁婴幼儿教养活动的实践与研究［M］.上海：上海科技教育出版社，2006.

［9］文颐.婴儿心理与教育［M］.北京：北京师范大学出版社，2011：209—211.

［10］华爱华，茅红美.牙牙学语［M］.上海：少年儿童出版社，2012.

［11］周念丽.0—3岁儿童心理发展［M］.上海：复旦大学出版社，2017.

［12］周念丽.0—3岁儿童观察与评估［M］.上海：华东师范大学出版社，2013.

［13］周国兴.狼孩的启示［J］.化石，1977（4）：14—16.

［14］王永聘.乔姆斯基理论及其价值管见［J］.外语教学，1994（1）：1—9.

［15］李珂.儿童语言学习理论的发展及其影响因素与策略［J］.学前教育研究，2016（7）：58—60.

［16］吴天敏，许政援.初生到三岁儿童言语发展记录的初步分析［J］.心理学报，1979（2）：153—165.

［17］李慧.言语和语言障碍的行为遗传学研究［J］.中国临床心理学杂志，2012（06）：789—790.

［18］陈伟萍.正确认识和纠正孩子的口吃［J］.基础教育研究，2014（05）：59—60.

后 记

随着"全面两孩政策"贯彻实施，0—3岁婴幼儿保育教育问题得到了社会各界广泛的关注与讨论。一方面，家庭亟需专业支持与指导；另一方面，现有的公共托育服务机构远远无法满足实际需要。为了更好地服务家庭、提升0—3岁婴幼儿保育教育质量，国家积极制定、颁布纲领性文件，加强对我国0—3岁婴幼儿保育教育的规范和管理。为了贯彻国家的政策，顺应社会发展的需要，促进我国0—3岁婴幼儿保育教育事业更好更快地发展，上海科技教育出版社积极发起并组织全国部分高校长期从事早期教育的专家学者，编写了一套关于0—3岁婴幼儿保育教育的丛书，并且邀请参与讨论、制定相关文件的专家对本套丛书进行审核，力求保证本套丛书具有鲜明的理念引领性、教育科学性和实践指导性。

婴幼儿保育教育质量关系到人一生的身心健康，但是要顺利实施科学有效的保育教育却是非常困难的。一方面，目前关于婴幼儿保育教育的理论阐释还比较少，没有形成完善的理论体系。为了弥补这一缺憾，本套丛书的编者广泛收集国内外相关资料开展深入研究，深入浅出地阐释了婴幼儿动作、语言、认知、情感与社会性、心理等方面发展的相关理论。同时，结合托育服务机构多年的实践经验，撰写了大量的教育教学活动观察案例，辅助实施保育教育活动的教师更好地理解和运用。另一方面，由于0—3岁的婴幼儿还不能完全表达自己的需要与情感，对于教师和家庭的主要抚养者而言，如何准确地觉察他们的需要和情感，提供适宜的支持性环境显得至关重要。因此，本套丛书从实践需要出发，就婴幼儿行为观察、婴幼儿家庭保育教育、特殊婴幼儿的保育教育等方面进行翔实的阐述，以期对家庭和早教机构起到积极的指导作用。与此同时，为了更好地推动我国0—3岁早期教育健康发展，提升0—3岁婴幼儿保育教育质量，本套丛书还对如何研究婴幼儿身心发展、如何推进家庭保育教育、如何管理早教机构等问题进行了思考与总结，相信这些努力会对0—3岁婴幼儿保育教育发展产生广泛而深远的影响。

本套丛书的组织编写与出版凝聚了许多人的心血与热情，也得到了多方面的帮助与支持，正是基于此，本套丛书才能按时顺利出版。在此，首先感谢丛书的所有编者们，大家对于丛书的编写倾注了大量的心血和努力。其次，感谢上海科技教育出版社领导的理解与支持，感谢有关编辑为本套丛书的出版付出了大量的精力与时间。同时，也要感谢幼教界同人的关心和鼓励。此外，丛书还引用了国内外同行的研究成果，在此一并表示衷心的感谢。由于时间紧张，难免有不妥之处，敬请批评指正，以期不断修正、完善。

中国学前教育研究会教师发展专业委员会

张明红

2017年7月于华东师范大学